民国趣读

老·城·记

老济南

中国文史出版社

本书编辑组

主　　编： 韩淑芳

本书执行主编： 张春霞

本书编辑： 牛梦岳　高　贝　李军政　孙　裕

目录

第四辑　漫忆当年·那些镌刻在岁月中的前尘往事

第五辑　食不厌精·南北风味遇上地道鲁味

第六辑　坐贾行商·老字号与生意经

第七辑　老城新貌·火车拉来新世界

第八辑　乱世枭雄·军阀、土匪和好汉

第九辑　消闲生活·扁舟藕花济南城

第一辑

历下寻踪·老城老街的往日时光

❖ **刘玉成：** 济南古名称小考

济南最早的名称叫历下邑，因在历山之下而得名，是春秋时期齐国之一县。《史记》中曾有"齐晋战于历下"的记载，事在公元前555年，这是"历下"一名最早的出现，距今已有2500多年的历史了，可谓年代久远。但历下邑的成立，一定还早于此时。

济南在秦朝的时候称历下县，汉朝初年始改称历城县，此时已有了"济南郡"，因在济水（今黄河）之南，故名。历城县隶属济南郡，郡治在东平陵（在今济南市东70里龙山镇）。但"济南"之名，最早见于司马迁的《史记·齐悼惠王世家》，内载："齐哀王二十二年，高后立其兄之子郦侯吕台为吕王，割齐之济南郡，为吕王奉邑。"事在吕后称制元年，公元前187年，距今已有2100多年的历史。

两汉、魏、晋，或称济南国，或称济南郡，名称未变。至西晋永嘉之末，始将济南郡治移于历城县。

南北朝时北魏设齐州，治所在历城县，历经隋、唐、北宋，这是济南又有"齐州"之名的原因。宋徽宗政和六年（1116），改称济南府，直至明清。"济南"之名至今未变。据此，说明济南只有历下、历城、齐州之名，并无其他名称。

有人以为济南的名称还有谭、鲍、泺、鲎、台、平陵等名称，我认为这些说法都值得研究。

"谭"是周朝子爵之国，按周分封制，公侯百里，伯七十里，子、男五十里。按此，谭国仅有五十里的疆域，其故址在今济南城东70里龙山镇之东，即城子崖。当时谭国不能包括今济南地区，与济南无关。《济南府志》曾说济南"周为齐地"，也证明不属于谭国，焉能又称"谭"呢？

▷ 位于济南大明湖东南隅岛上的历下亭

▷ 20世纪30年代济南城一瞥

"鲍"是齐大夫鲍叔牙的食邑，在今济南城东30余里的鲍山下，其辖区不及济南。而且当时历下邑已经设立，是同时存在的两个县邑，因此，鲍不能代表济南。

"泺"是泺水，最早见于《春秋左氏传》，内载："桓公十八年，公会齐侯于泺。"因而有人误济南为"泺邑"，其实不是。北魏郦道元《水经注》载："泺水出历城县故城西南，泉源上奋；水涌若轮，春秋桓公十八年，公会齐侯于泺是也。"这也很明显指的是泺水，而非泺邑。关于这个问题，《续修历城县志》也有明确的记载："泺上台在邑西北洛口，春秋公会齐侯于泺，即此遗址。"并载诗说：

草满荒台泺上寒，当年齐鲁旧盟坛。
如云如水同归处，百尺横梁不忍看。

据此，很明显说的是在泺水之上相会，而不是在"泺邑"。泺口就是当年泺水入济水之处。古代两国君主相会，很多是在城市以外，立盟坛以示郑重。如齐鲁夹谷之会，在今山东莱芜市夹谷峪；又如《春秋左氏传》载："公及齐侯，遇于鲁济。"鲁济指的是鲁界之济水，也不是邑名。诸如此类，不胜枚举。

"鞌"见于《春秋左氏传》"齐晋战于鞌"。"鞌"指的是今北马鞍山（见《山东通志》），并非"鞌邑"。

"台"是齐景公时晏婴的封邑，在华山东北，距济南30里（见《续修历城县志》），其封疆决不及于今济南，而且此时"台"与"历下"已是两邑并存，台已晚于历下十年，焉能说济南又称"台邑"呢？

至于"平陵"，还可以代表济南，因晋永嘉以前济南郡治在东平陵，是济南的发源地，今山镇以东平陵城遗址，可以称为济南的"故乡"。

以上是我对济南古名称的一点浅见，愿提出来就教于通人。

《济南古名称小考》

❖ 倪锡英：济南府的城门

济南府有个12里周围的内城，在内城外面套着一个不定四边形的外郭；这好像穿了西装又罩上大衣一般，重重的，把整个济南的市区围在核心。但是，近数十年来，因为城外有胶济铁路和津浦铁路的通行，所以，旧的城壁围不住新的发展，在城西又造成了一个完全近代型的新式市场，这便是和济南城区互相并列对峙着的商埠地。

济南的内城共有七个城门，这七个城门的分布是：

东——齐川门

南——历山门（本名舜田门）

西——泺源门　新西门

北——汇波门　新北门

西南——新南门

在这七门中，齐川、历山、泺源、汇波四门，是宋朝永嘉年间所筑，明朝洪武年间重修的。到前清光绪年间，又增辟了"乾健""坤顺""巽利"三个城门，这便是现今的新西门、新北门和新南门。汇波门是一个水关，因为风水的迷信，门虽设而常关；齐川门向东接着东关大街，历山门向南接着朝山街，泺源门向西接着估衣市大街，汇波门流通大明湖与城北的水道，其余的新西门、新北门和新南门，都是济南内城交通的要隘。

外城有十个城门，这十个城门的分布是：

东——永固门

南——岱安门、新建门、水门

东南——永绥门

西——麟趾门、普利门、永镇门

▷ 济南北城汇波门外景

▷ 清末民初济南南门城楼和瓮城城楼

西北——小北门

东北——永靖门

这一个外郭绕着一个大圈子，把内城外面的热闹市街，全都围在里面，而这十个城门，却又成了内城与外界交通的一重要隘。

《济南》

❖ 倪锡英：老济南的六个区域

我们如果把济南城内城外的市区来划分一下，那么很自然的可以划分为六个区域：

第一，风景区。这个区域是在内城北部的三分之一地带。那里，大明湖秀美的景色，如一幅天然的图画般罗列着。在那充满着古意的小市街的后面，港泊交叉间，一片绿芦丛生着，几艘游船时常在芦丛间划过，风声水声，如同奏着一种轻快的乐调；在岸边向北望去，湖心的平面上笼着一层淡淡的烟，淡烟中，可以看到树枝上一团一团的模糊的绿色，和那一角古式的亭台，倒映在湖面上，同水光漾成一片。这一带，因为景色的美丽，便无异成了济南的城北公园，在星期假日，济南人们都以此为唯一的游息场所。

第二，政治区。这个区域是在内城大明湖以南的三分之二地带。这一带适当济南城区的核心，三面有城壁环绕着，北面靠近大明湖，虽然也有纵横的街道，但那些街道都很狭小，两旁既没有繁华的市场，也没有喧扰的工厂。因此，这一圈内便显得异常静穆，在静穆中流露着庄严与古雅的意味。

因为这一带的环境是这样的静穆庄严，因此济南所有的政治机关和金融机关，也全都分布在这一个区域里。济南在历史上便是山东全省的政治中心，有时称府，有时改郡，直到现在，还是山东的省会所在地，总绾着山东全省的行政设施。因此，凡是一个省会所必须具备的各个政治机关，也全都集中在内城。这非但是现在如此，历史上相沿下来，是早已把内城作为一个政治区域了。别的不说，我们单就内城里几条著名大街的名字来说，便有"布政司大街""高都司巷""按察司街""贡院前""副官街"等名称；可以知道这些街道的名字，也早已政治化了的。

在这政治区里，分布着管理山东全省的各个政务机关：省政府在院前街，省党部及实业厅在贡院墙根，民政厅在旧省署前，财政厅在学院门口街，建设厅和教育厅在运署街，此外还有许多机关，差不多全都散处在这一带。而总揽山东金融事业的中国银行和山东省银行，就在靠近南城根一带。

第三，文化区。济南的文化机关，除了少数几处散布在内城及商埠地以外，大多数都集中在外城南部，因此那城南一带，便可以称为济南的文化区。那里有齐鲁大学医学院、广智院、山东省立中学及山东女子师范等。此外外人传教的教堂，也大半设在南城。

第四，旧商业区。这一个区域的范围，是在济南城西一带，自内城泺源门起至外城普利门止，中间有两条最著名的大街，一条叫普利门大街，一条叫估衣市大街。普利门大街在西端，靠近普利门，估衣市大街在东端，靠近泺源门。这两条大街连接起来，约莫有一二里长，可以说是济南城内商业最繁盛的区域，堪与城外的商埠地相匹敌。这两条街上的商店，大半都是中国的旧式店面，有卖丝绸的，卖南货的，卖衣物首饰的，以及卖山东特有的名产如草帽玻璃器等的。在从前，街道也和内城一般狭小，遇到拥挤的时候，行人们要推背而行；自从国民政府成立，便把山东省城重新建设起来，把一条本来黑暗窄狭的街道拓宽了，两旁的旧房屋，完全拆除，都改建了新式的楼房。那街道，也放得有二十公尺以上的宽广，而且全用最新的市街建筑法，铺上沥青路面，两旁建起行人道，行人道上种着洋槐树，一眼望去，竟有点像南京的太平路和中华路。汽车自商埠地一直到泺源门内，可以通行无阻。人们在普利门大街踱到泺源门去，无异是置身在商埠地一般。不过因为这一带是旧市街改建的，所以贸易的状况，完全还保留着一种旧式的形态。有许多商店还是靠着几十年的老牌子，得到顾客们的信仰。他们依旧是真诚地抱着

"某某老店""真不二价""童叟无欺"的信念，和一般老实的顾客们交易，所以可算得是一个旧式的商业区。

第五，新商业区。这里的所谓新商业区，包括城西商埠地的全境。所以说它新，是对着城内的旧商业区而言的。商埠地全区的面积，约有3600亩，可以说完全是一个现代型的市场，也可以说是济南商业荟萃的一个中心点。市面的繁荣，比起南京的下关和杭州的新市场，要远胜数倍，竟可与青岛、天津相抗衡，这完全因为商埠地的建设，是十分整饬，而商店的建筑，又都非常宏伟。兼以济南有水陆交通的便利的缘故。

商埠地的市街建筑，好像一个棋盘一般，很有规律，东西和津浦、胶济两路并行着的，都称作"经路"，南北和津浦、胶济两路垂直着的，都称为"纬路"。因此那商埠地境域以内的道路名称，便像算术题里的名数一般，十分有趣。靠近胶济路的那条东西大街就叫经一路，又称大马路。经一路南面的一条就叫经二路，又称二马路，挨着次序向南去共有六条马路，便称作经三路、经四路、经五路、经六路。或像上海英租界一般的称呼为三马路、四马路、五马路、六马路。南北和这些经路垂直交叉的街道，自最东面的一条起，称作纬一路，挨次向西去，共有十条，便称作纬二路、纬三路、纬四路、纬五路、纬六路、纬七路、纬八路、纬九路、纬十路。这六条经路和十条纬路，便把整个的商埠地很整齐地划分成几十个小区域，真和若干块方正的豆腐干一般，有规则地排列着，行人们在这些经纬大道上来来往往，如果对于路途不甚熟悉，那么穿来穿去，四面都是街道，往往会摸不着头脑，仿佛走进了一个迷津里去似的。

在这许多新式街道中，以经一路、经二路和纬三路、纬四路、纬五路的商业为最发达，尤其是大马路和二马路一带，市容也格外整饬；那大街两旁，全是崇高的大建筑，有点像上海南京路的气概。那些建筑，却别具风格，是西式的结构却又含着中国式的意味，但绝不是中西合璧的式样，一般的商店都喜欢建筑着一种不中不西的房屋，结果是把中西建筑的美点都失去了，成为一种俗不可耐的形式。而在济南商埠地上所看见的，却并非如此，它显然是集合了中国和欧西的美点，而这个所谓西式，却十足的充满着日耳曼民族的建筑美，可说是"中德合璧"的一种建筑。"简单""大方""宏伟""美观"，这八个字，唯商埠地的建筑可以当之。

商埠地内各商店的贸易要项，差不多被洋货占了重心去。在大马路和二马路上，我们可以看见极大的百货公司，极大的绸缎洋货庄，随处分布着，几乎是变成了一个外货的倾销市场。在那许多外货中，尤以德国和日本的东西为最多，这因为德国过去曾经一度掌握着山东的营业特权，而日本却在欧战后从德人手中把这些特权移转了过去，现在正把济南作他商品的倾销市场。

关于商埠地开辟的历史，是远在光绪三十年（1904）。这是我国自动开辟的四大商埠之一。在清末，列强的势力侵陵中国，沿海的要隘都在外人的条约威迫之下开为商埠，最初举国上下，对于外人的通商都怀着仇恨的观念，但是这些被迫而开辟的商埠，在外人新法的经营之下，商业日见繁盛，因此，政府和人民才把怀恨的心转为羡慕，由羡慕而起竞争，遂觉醒过来，急起直追。在光绪三十年，才有自动开辟四大商埠的举动，这四大商埠便是济南、潍县、周村、长沙。在这四个中倒有三处是属于山东省境，而且都在胶济路沿线，这一个措置，清政府是颇具有独到的眼光的，因为当光绪二十三年（1897），德国人攫取了胶州湾，把胶州湾沿海的一个渔村建设成繁华的青岛市以后，山东全省的商业势力，全都操纵在外人手中。因此济南、潍县、周村三地的自动开放，实际上是一种商业竞争的行为，当时的目的，全在对付德人经营下的青岛，想用三埠的力量，来挽救已落入德人手中的商业势力。

这一个计划实现之初，便是把济南城西五里沟一带荒凉的坟地开辟起来，建起广阔的街道，新式的市房，没有几年工夫，因为有胶济、津浦两路之便，这商埠地的商业便蒸蒸日上，一天繁荣一天，直到现在，30余年来，这一片就成为济南及山东中部的贸易中心点。

但是看了这样繁盛的街市，谁也忘不了五三惨案的印象。当民国十七年革命军北伐通过济南时，日军希图阻遏革命势力，曾在此与我军发生冲突。我国交涉员蔡公时便殉难于此。到如今济南人的脑海里，都磨灭不了这个恐怖的印象。

第六，交通区。交通区是指商埠地以北，津浦和胶济两路车站附近一带的地域而言。津浦路是山东省自南至北的一条经线，胶济路是山东省自东至西的一条纬线。津浦通过济南城西的地方，适和胶济路在济南的终止点成为一个丁字形的衔接。胶济站在南，津浦站在北，两个车站恰好南北平行地对峙着。

当一个由津浦路来的旅客，自津浦济南站下车以后，便会看见那津浦路济南站的建筑是何等的宏大美丽，是一种富有日耳曼民族艺术意味的建筑。因为津浦路自韩庄以北，是由德国人承建的。出了津浦站向南去，那一片尽是许多平行线的铁轨，自西向东，迎在面前，越过了这许多轨道向南去，便可以看见南面对立着的一座巍峨的大建筑，这便是胶济路的济南站。这一个站屋的建筑，比津浦站更伟大，德国人好出奇制胜，全部都是用或粗或细的肥城石建筑而成的，外观非常壮丽，而内部的布置，更极尽华美，像一座大教堂一般，堪称是"富丽堂皇"。

▷ 民国时期山东省政府

在胶济站前是一片大广场，那广场向南去，便直连着商埠大马路。所以胶济站的地位是比津浦站要冲要得多。自胶济站与津浦站间的交通，有一条沥青大道连系着，这是一条自南而北的路，因为东西有铁道并列着，所以在穿过轨道处的路工建筑是很费设计的。它从胶济站的南面，转向东，再折向北，行近铁路通过的地方，路势便渐渐低下去，从铁道的下面穿过，仿佛一座旱桥一般。

在这个交通区内，日常是不断的车轮声，列车的影子，不绝地在两站间驶过，匆匆的旅客们来来往往，兼以忙碌的货物运输，造成了一个动乱的境域，人们走到车站附近小立片刻，只看见一切都在活动着，前进着。

《济南》

❖ 老舍：路与车

济南是个大地方。城虽不大，可是城外的商埠地面不小；商埠自然是后辟的。城内的小巷与商埠上的大路正好作个对照。城里有些小巷小得真有意思，巷小再加以高低不平的石头道，坐在洋车上未免胆战心惊：车稍微一歪——而且是常常的歪——车上的人头便有撞到墙上的危险；危险当然应放在"有意思"之内。这些小巷并不热闹，无论多么小的巷里也有铺子，这似乎应作济南的特点之一。而且这些小铺子往往是没有后院，一间屋的进身，便是全铺面的宽窄，做买卖、睡觉、生儿养女，全在这里；因而厨房必须在街上。那就是说炉灶在当街，行人不留神一定会把脚踹入人家面盆或饭锅里去；这也当然是有意思的。灶一律拉风箱，小巷既窄，烟火又旺，空气自然无从鲜美。城里确是人烟太稠了。大明湖是越来越小了，或者便是人口过多，不得不填水成陆的证据。

在另一方面，城外的商埠是很宽展的。街市的分划也极规则，东西是经路，南北是纬路，非常的清楚。商埠的建筑有不少是洋式的，道路上也比较的清洁些。

大买卖虽在商埠，可是乡民到城市来买东西还多半是到城里去。城里的铺面虽小，买卖不见得不大，所以小巷里有时比商埠的大路上还更热闹一些。这大概是历史的关系：商埠究竟是后辟的，而乡下人是恋死地方的；今年在此买货，明年还到这里来；其实商埠上的东西——特别是那几个大字号铺的——并不见得一定价钱高。这又是城里的小巷所以有意思的原因，因为乡下人拿它们作探险地。

近两年来，济南的路政很有进步。商埠上的大路不时的翻修，而且多加上阴沟。阴沟上覆以青石，作单轮小车的"专"路——这种小车还极重要，运煤米货物全是它；响声依然是吱吱咯咯，制造一依古法；设若在古时这响声是刺耳的，至今仍使人头痛。城里比较宽些的道路也修了不少处，可是还用青石铺成。至于那些小巷里，汽车既走不开，也就引不起翻修的热心，于是便苦了拉车与推车的。看着小车夫推着五六百斤的东西，在步步坑坎的路上走，使人赞羡中国人的忍耐性，同时觉得一个狗也不应当享这种待遇！这些小巷也无从展宽，假如叫小屋子们退让一些，那便根本没有了小屋子；前面说过，小屋子是没有后院的，门庭就是街道。不过真希望城里的小石路也修理得好好的——推车的到底是比坐汽车的多。多得多！路平而窄，到底比不平而又窄强些。能不能把城里的居民移一部分到商埠里边去？这是个问题，值得一研究。

更希望巡警不是专为汽车开路，而是负着指挥马车之责的。现在的办法是：每逢汽车的喇叭一响，巡警的棒子便对洋车小车指了去，无论他们怎样困难，也得给汽车让路。这每每使行人、自行车、洋车、小车全跌滚在一处。汽车永远不得耽误一秒钟，以大家跌滚在一处为代价！我们要记得，城里的通衢也不是很宽的。

自然话须两说着，汽车要是没有这点威风，谁还坐汽车呢？也对！

《华年》

❖ **倪锡英：** 到千佛山去！

历山是济南离城最近的一重山，山虽不高，却很有名，因为在历史上是虞舜躬耕的遗址，同时又有隋朝开皇年间所建的佛像的缘故。在济南附近尽有许多比历山高大雄秀的山，可是都不及历山有名。这无非是为了历山有历史的与艺术的价值，因此便列为济南的第一名山。历山山顶上，有许多石佛，济南当地人，便把它呼作千佛山，一般的旅客们在第一天游过了大明湖的胜景以后，第二天一定接着要去观光千佛山的名迹。

"到千佛山去！"

当游人们出了南城岱安门，便会有人来招呼你，那里有小驴儿、山轿、街车，罗列在道旁。那些赶驴儿的，抬山轿的，拉车的，都会争先恐后的来兜生意。从那里去千佛山，只有五里路，山道很平坦，所以顶好是骑个小驴儿去。

从南城外面，沿着一条不甚广阔的山道，骑在驴背上，听着蹄声"得得"的向南去，那一路有丛生的林木翳荫着，沿道经过几个小村落，千佛山一个平阔的全形便可以看见了。那峰峦相连处，好像一座横卧的屏风，在那屏面上，淡淡地点染着青苍和丹红。半山里，一抹红白相间的寺庙，隐藏在苍翠的林间，景色十分清穆可爱。

行近了山麓，林木格外青郁，随着一条曲折的石磴，步行上去，不久，眼前就有一座木牌坊，坊颜上写着"齐烟九点"四个字，因为千佛山和九峰相毗连，远望去好像云烟一般。再上去，经过整齐的石盘道，便到第二座木坊，那坊上也写着"云径禅关"四字，过此再上去，便到香积院，自香积院曲折登山，才到丁佛寺。

这千佛寺是六朝时候的古刹，亦名兴国寺，又名迁祓寺，在隋朝开皇年间，就山北的岩石凿成佛像，大小不可胜数，同时在佛岩旁边，又盖起一座千佛寺，其实所谓千佛，只是形容佛像的数量很多，却不是真有一千个佛像。这正和称呼5400余里的长城为"万里长城"一样的含有夸大的意思。那些佛像，因为经过了千余年间的风雨剥蚀，已经残废不堪。千佛寺的建筑虽很宏大，然而年久失修，也呈着破落的气象。在佛岩的下面，有一个大石窟，就是著名的龙泉洞，洞内水很清冽。洞前有一座亭子，叫做"对华亭"，因为正和华不注山相对的缘故。登亭北望，那么济南全城的景物，尽在眼底。那浊浪滚滚的黄河里，点缀着数叶风帆；小清河像一条水晶带子，明亮的从济南城北绕入东北的云烟尽处。对面的大佛山、鹊山、茂陵山和华不注山，好像几案似的罗列着。济南城内和商埠地一带建筑物，都历历在目。在这些建筑物的中间，却平卧着一潭清水，这便是大明湖的胜景。在《老残游记》里，刘铁云曾把从大明湖看见的千佛山比作宋人赵千里的一幅大画，架在数十里的长屏风上。但是同样的从千佛山上俯瞰大明湖，那么大明湖那个波平水静的样子，直可以比作一架明净的大镜子，而济南的全城，便好像一个美人般的，在对镜梳妆。

▷ 济南千佛山

千佛山上，除了千佛寺以外，还有关帝庙、文昌阁、鲁班庙和舜祠等建筑，每年重九节，这一带有热闹的庙会，济南城乡居民，都纷纷的到千佛山来登高，那时候，自岱安门外到千佛山的路上，全摆满了茶肆和小吃摊，游人们穿红戴绿的，络绎不绝，可说是千佛山最热闹的时节。

《济南》

❖ **杨春吉：** 万紫巷，济南最早的外贸商场

清朝末年，山东是德国人的势力范围，德国人根据他与清政府订立的《胶澳租界条约》，修起了东起青岛西至济南的胶济铁路，这样济南城西北

角的火车站一带便热闹了起来，于是山东省的地方官便呈清政府批准在济南城西开辟了商埠，先修了经一路和经二路，纬路修了纬一路到纬五路。由于济南西商埠的开辟，五里沟"湾子巷"已不再是远离市廛的村落，而是新开的商埠内的一座商场了。随着胶济铁路的通车、济南城西商埠的开辟，涌来了众多的到中国"淘金"的外国人，更多的是德国人。当时，德国人要求清政府在济南新辟的商埠划出领事驻地并开设为西洋人专用的商场，于是清宣统二年（1910）清政府指令济南地方政府将地处商埠区内的"湾子巷"辟为外国人专用的商场。清政府既然将这块多年形成的市场让给了外国人，德国人便在市场内建起了一座德国式的"四面亭"，于是"湾子巷"便成为济南最早的中西贸易的场所。

1912年末黄河铁路大桥建成，津浦铁路全线通车，济南成了山东东西、中国南北交通的枢纽，商业更加繁盛，人口日趋增多。1914年第一次世界大战爆发，德国人忙于应付欧洲的战争，撤离了济南，民国政府接管了万字巷商场，民族工商业和小商小贩也相继进入经营。为了便于管理，当时的政府除对德国人遗留的"四面亭"予以保留外，对商场内的其他建筑进行了调整和修建，并对商场内的85户散租菜摊和门前设摊的34户菜商，以占地多少计算，按每平方米4角5分收租，整个菜市场每月收租约为220元。

1937年底，日本侵略军占领济南，日军将德国人修建的"四面亭"改建为四排房，并在商场内开设了洋行、妓院、土膏（专卖鸦片）、海洛因馆20多家，于是万字巷不仅是菜市场，也成了东洋人和汉奸们的游乐之地了。

1948年秋济南解放，人民政府对万字巷大加整顿，惩治了菜霸，清除了毒窟，使商场重现生机。经过几十年的改建、重修，万字巷才成了今天的万紫千红的"万紫巷"商场。

《万紫巷今昔话沧桑》

❖ **任宝祯：**芙蓉街上的百年老店

说芙蓉街是商业街，老济南们对这条街巷中的百年老店会如数家珍般地向你一一道来：街南头的三仙斋眼镜店、治香楼百货店、广立顺照相馆；街中间芙蓉巷里的张巽臣镶牙所，街中段金菊巷内的燕喜堂，平泉胡同中的大成永鞋帽店等等。据老济南回忆，这条长不过500米的街巷与相连的芙蓉巷、金菊巷等支巷在全盛时期共拥有商号140多家。其中，济南最有名气的鲁菜馆、最大的照相馆、最早的镶牙馆都在这里"诞生"。清同治元年（1862），章丘旧津孟家在街上开设"瑞祥"布店。清同治十一年（1872），济南第一家眼镜店"一珊号"在街上开业。民国二年（1913），山东著名教育家鞠思敏、王祝晨等教育界人士在街上创办济南教育图书社，它位于芙蓉街125号。该社原在大布政司街，20世纪30年代迁此建新楼。新楼店堂加阁楼共4层，采用新式砖混结构，里面还铺设高档瓷砖。当时以经营中华书局图书为主，兼营文具和教学仪器，行销本省和河南、河北等地，繁盛一时。清光绪年间，济南最大的百货店"文升祥"在街上开业。而位于芙蓉巷路北，平泉胡同南口的大成永鞋帽店，是当时众多鞋帽商店中较大的一个。据说它发迹于清朝中期，到民国末年歇业，前后有100多年的历史。这个店铺有三进院落，前院为柜台，中院为账房和客厅，后院为作坊。百姓中流传着这样的说法，穿上这里生产的鞋子，就代表着尊贵与地位，当时有句顺口溜是"头戴一品冠，衣穿大有缎，脚踏大成永"。此外，街上还有"宏升斋"等鞋帽铺，"恒祥兴"等绸布庄，"聚蚨祥"等染坊，"宝善斋"等钟表店，"容芳馆"等照相馆，"民华堂"等理发所，专卖养蜂用具、花卉种子及农药的"迦南商行"，以及印刷、中西药、笔墨、京货、首饰、书籍、字画、文具、南纸、乐器、服装、陶器、古董、刻字、楠木、铜锡器、小吃、钱行等店铺。由此可以看出，芙蓉街上的大大小小店铺深刻反映出济南商业由清末到民国的发展和转变过程。

《芙蓉街》

❖ 胥金荣：曲水亭街，小桥流水人家

曲水亭街位于珍珠泉大院的西北侧，南接西更道，北接后宰门街。整条街的中心就是曲水亭河。河水源头有两部分：一是由大、小王府池子的水经起凤桥穿过附近民宅流至西更道北首，在此与珍珠泉大院中的泉水由"水簸箕"流出后汇合，经石板路下暗河折向东后再转向北成为曲水亭河。河的两岸有1米左右高的脊状护墙，墙脊石经多年的人们爬摸，都已铮亮。由于有护墙，河水得到保护，河内荇菜顺水摇曳，四季常青。

在河的南首即河水拐弯处，有一亭取名曲水亭，大概是取古代"曲水流觞"之意。此亭建于何时，已无证可考。到20世纪40年代，此亭已是东西长南北稍短的，门朝西的四面开窗的木制敞厅。亭的四周柳枝披拂，亭下流水，十分幽静。此亭既是茶社，又配备有围棋、象棋等。在亭外的街上就可通过玻璃窗看到一张张的棋台。20世纪40年代，该茶社的主人姓赵名嘉麟。济南解放后被拆除。曲水亭街上还有一些古董字画店，颇有文化气息。记得曾在此街中段有一字画店，字号叫鉴古斋。主人名叫李子谦，此老先生一副儒家学者气派，知识渊博，待人忠厚谦和，与周围邻里关系很好。此外老先生有一特点，即爱护泉水、惜水如油。门口就是潺潺流水，早晨从河中取水洗脸从不过量。有时用盆从河中将水取出后，他认为有些过量，就慢慢地再往河中倒回一部分，直到他认为合适为止。从不浪费一滴水，此优良品德在街上传为佳话。鉴古斋的大量字画、古书籍等文物均在"文革"初被毁。已是耄耋之年的李子谦夫妇二老于20世纪70年代去世。

曲水亭的河水给附近居民带来很大方便，洗濯衣物是此街上的一大景

观。木棒槌的捶衣声终日不断，而且在河边濯衣物者常是排队等候。尤其是在阴历腊月二十三以后，整个河的两岸上下都是一个挨一个的人，在紧张地洗衣、刷灶具、刷"盖垫"等。人们都边洗边聊天，一派热气腾腾的景象。

▷　20世纪40年代济南曲水亭街一瞥

在隆冬时节，曲水亭、起凤桥和王府池子一带洗衣服的少妇们，常有傍晚时分洗毕的女子在河边哭泣，直到天黑仍不回家。何故？手上所戴的戒指不见了。新婚媳妇害怕婆婆怪罪不敢回家。起初，有些人说："王府池子、曲水亭这些地方的水很'馋'，夏天吃人，冬天吃金"，这当然是无稽之谈。丢失金戒指是有原因的。冬季人们的血管收缩，手指变细，在洗衣服过程中有肥皂之类的润滑剂，又是反复揉搓动作，这自然为戒指的脱落创造了良好的条件。再加之寒冷的环境使人们的手都被冻得失去了知觉，不容易感觉到戒指脱落，况且在傍晚光线较弱，即使知道脱落下来也不易被发现，一旦落入水中，沉重的金戒指就沉入泥沙中被水流冲走，找起来非常困难。由于这种情况经常发生，有经验的老人就嘱咐年轻的女子，冬天在河边洗衣前，一定要把手上的戒指摘下来，保存好。

《曲水亭街·后宰门街》

❖ 任宝祯：经一路，近代化的开端

光绪三十年四月一日（1904年5月15日），济南正式开为"华洋公共通商之埠"，亦即老济南俗称的"商埠"，由此艰难地迈出了走向近代化的脚步。根据《济南商埠开办章程》规定，济南商埠的界址划定为"西关胶济铁路以南，东起十王殿（今馆驿街西首），西至北大槐树，南沿长清大道，北以（胶济）铁路为限，东西不足5里，南北约2里，共占地4000多亩。"

对于古城济南来说，百年前的开埠，给这座城市带来巨大嬗变。从开埠之初，商埠局就比较重视基础设施的建设，道路规划首当其冲。济南商埠区的街道规划是按照经纬来设计的，但与地球仪上的经纬正好相反：东西向的道路称为经路，南北向的道路称为纬路。据说这起源于传统纺织业中所讲的经纬线。因东西向的马路长而且宽，所以经一路、经二路等便被老百姓称为"一大马路""二大马路"。经路与纬路将商埠区切割成大小不等的棋盘状街区，沿街可安排商业店铺，街区里面则建设里份或别墅。这种布局是西方近代商业城市常用的一种规划手法，便于功能分区。老城新埠成为济南的新式格局，它既保留了一个具有传统风格的老城，又开辟了一处体现近代工商业发达繁荣的新区。

在当年辟建的商埠区七条经路中，经一路、经二路、经三路、经四路逐渐发展为商业繁华之地，数不清的银行、洋行、老字号及商业市场纷纷在此扎堆，使得当时的济南工商业在国内城市中的地位扶摇直上。

经一路东起馆驿街西口，西至纬八路一段在1914年前形成，再往西是以后拓建纬十二路时形成的。纬十二路在1932年时，只有北起津浦铁路，南至经二路一段，至1942年地图上，纬十二路已通至"兴亚大路"（今经十路），后几经修铺才成为贯穿南北的主要干线。

▷　胶济铁路济南站

▷　津浦铁路济南站

经一路的出现乃至后来的繁荣都与津浦、胶济两条铁路的通车有关。众所周知，20世纪初期的济南火车站有两个，一个是1904年建成的"胶济铁路济南站"（现在经一路上的原济南铁路分局处）；另一个是1911年建成的"津浦铁路济南站"（现在已经拆除重建）。

清光绪三十年（1904）6月，济南开来了一个千百年来从未见过的钢铁"怪物"——火车。许多市民都争先恐后地跑去一睹稀奇——这就是当年胶济铁路通车，第一列火车开至济南时的情景。胶济铁路自光绪二十五年（1899）9月23日，由青岛向西开工修建。光绪三十年（1904）6月1日，这条全长394.06公里的铁路铺轨到济南。同年7月13日，胶济铁路济南站建成。第二年，胶济铁路全线通车营业，车站日均办理车辆190辆左右，发送旅客达400多人次。胶济铁路的建成通车使济南同世界市场直接沟通，商品流量骤增，中外贸易繁兴，济南迅速变成华北的主要市场。济南最繁华的商业中心也从老城移至商埠，民营、官营、官民合营、外资企业等各种商铺、企业纷纷在这里创办，并很快就"商贾云集，店铺林立"。

津浦铁路济南站建成于清宣统三年（1911）12月，位于官扎营与茅家林南侧（今济南火车站站址）。民国二年（1913），1574平方米的站舍落成。这座济南商埠标志性的建筑是德国派青年建筑师在远东设计的最大的公共建筑之一，也是津浦铁路上最豪华的车站之一。其建筑主体为高大的圆形钟楼，楼内分7层，设盘旋扶梯。这一建筑绿色的穹顶、蘑菇石的墙体和屋顶的老虎窗已被几代济南市民熟悉和接受，也成为世界公认的设计典范。虽然它已于1992年夏天老火车站整体改造时被拆除，但迄今40岁以上的济南人都还记得它，不时在茶余饭后谈论着它昔日辉煌的身影，怀念这一历史景观。

津浦、胶济铁路建成后，济南成了南北物资流通和山东沿海与内陆物资的重要集散地。紧邻火车站的商埠区第一条马路——经一路两侧，也成了货物仓库集中的地方。这里杂货、棉花、煤炭等各类仓库林立，其中尤以济南中国银行纬六路第一仓库面积为最大，其原址就是现在的济南工业品批发市场。正是这些鳞次栉比的货栈、客站，记载着这一带曾经的繁华。

《经一路》

❖ 任宝祯：经二路，商业金融一条街

　　昔日的经二路曾是济南商业、金融和邮政中心，沿途至今仍完好地保存着的老德华银行、济南交通银行大厦、德国领事馆旧址、德国义利洋行、山东省邮务管理局大厦旧址、民生银行等一大批老建筑，它们虽然繁华已逝，但却见证着这条马路曾经的辉煌，显示着这条百年老街昔日的风采。

▷ 民国时期经二路一瞥

　　在二大马路上最惹人注意的莫过于山东省邮务管理局大厦了。这座高大建筑物位于经二路158号，1919年由天津外国建筑事务所建筑师查理和康文赛设计，始建于1920年，是民国时期济南最高的建筑。抗日战争和解放战争期间，先后被驻鲁侵华日军军政机关和国民党第二绥靖区司令部占据，还一度成为王耀武的官邸。新中国成立后，历为北海银行、山东省总工会办公楼，1958年始为济南市邮政局办公兼营业楼。该楼平面基本呈"凹"

形，沿街北立面略作凸凹而分为五段，呈"山"字形。内部按使用功能可分割为营业厅、库房、办公室、宿舍等。西侧建有望楼，其巨大的西坡弧状盔顶上置旗杆，通高达30米，作为整体建筑的构图中心，是新中国成立以前济南商埠地区最高大的建筑物，红瓦盔顶具有明显的标志性……

《经二路》

❖ 任宝祯：普利街，从柴火市到黄金通道

说起普利街，老济南们一定会告诉你：它是济南近代变化最大的一条街巷。300多年前，此处只是一个柴火市，随着柴火市的发展，逐渐有人在这里建房居住，形成了一条东西向的小街巷，故而人们就以"柴火市"为名，将此街称作"柴家巷"。明崇祯六年（1633）《历城县志·建置》载有"三元宫，一在杆石桥内，一在柴家巷。"明崇祯十三年（1640）《历城县志·建置考》（清康熙六十一年刻本）上也载有"柴家巷"这个街名。当时的柴家巷是一条僻静的、人流稀少的小街巷。它同周边的郝家巷、冉家巷、券门巷、剪子巷等被称为"西关八大巷"。清咸丰年间（1851—1861）修筑圩子墙时，将柴家巷与会仙桥间通道堵死。光绪三十年（1904）济南开辟商埠后，为便于城区与商埠间的交通，于光绪三十二年（1906），在原西圩子墙永绥门（杆石桥圩子门）和永镇门（迎仙桥圩子门）之间、柴家巷西的圩子墙上又增开了一道"小门"，取名为"普利门"，会仙桥也随之更名为"普利桥"，而位于普利门内的柴家巷身份陡然一变，经拓宽改造后，改称为"普利大街"，故而民国十三年（1924）《续修历城县志·地域考》上就明确地记载着："柴家巷，今称普利街。"

普利大街开街之初，虽然只是一条长400米、宽7米的街巷，但是，由于它西接商埠的东西主要干道——经二路，东经估衣市街与老城西门相通，很快就成为往来于旧城与商埠间的"黄金通道"，变成了老城区与商埠之间

的繁华商业区。不少看好这个生财宝地的旧城老字号、商埠新店以及天津、青岛等地有远见的商家纷至沓来，在这条街上建立商号、作坊或设立了分号，普利大街一时成为"寸土寸金"的宝地。

　　最早在这里开设的店铺是清光绪元年（1875）陕西人开的"恒兴漆店"，它开创了济南化工商业之始。民国初年（1912）以后，是普利街最兴盛的时期。这里是商家云集，店铺林立。廖隆昌瓷器店、鸿祥永布店、老茂生糖果庄、泰康食物店、大生东杂货庄、普华鞋店、大同药房、永兴扬银号等相继开业。草包包子铺也在20世纪40年代由西门太平寺街迁于此。许多年过古稀的济南人至今还在念念不忘的是，那时这条街上的赞玉堂药店自制的"膏丹丸散"声誉颇高，颇受老济南们的认可。赞玉堂的对面，当年便是规模甚大的大同西药房，能与这样的对手面对面抗衡，没有独门绝活是难以立足的。除赞玉堂、大同西药房以外，普利街当年还有家名气更大的药材老店——厚德堂，该店是名扬海内的天津厚德堂的分号。20世纪30年代，厚德堂的传人在祖传秘方的基础上，研制出一种专治妇科各种疾病的中成药"百草丹"。该药问世后，由于疗效显著，当时畅销全国20多个省市。

▷ 20世纪30年代的普利街

在赞玉堂西邻是大生东杂货庄，它创办于20世纪20年代，是主营纸张、糖和海味的百货店。当年这里出售的海参、鲍鱼等名贵海产品以货真价廉而著称。20世纪50年代，大生东杂货庄改为中东旅社，现在则变成20多户人家共住的大杂院了。

在普利大街上值得提及的，还有1923年设立的济南裕兴颜料商店，该店在五柳闸设厂生产硫化青梁料"生生牌"煮青，取代了中国传统的土靛和进口染料，行销近半个中国几十年，成为山东乃至中国最早的大型化学染料厂家和经销商。此外，还有一家糖果庄老号——老茂生，它在20世纪30年代是济南糖果业中的佼佼者，独领风骚达半个多世纪，可惜后来因经营不善，于20世纪90年代停业。

当时普利街街道的建筑风格介于老城的传统与商埠的现代之间。那些新兴的民族商业者所创办的店铺，其建筑吸收了商埠区的外来风格，拱廊、拱券、门窗等建筑手法运用娴熟，水刷石墙面、水磨石地面、钢结构等新技术新材料应用也较广泛，沿街多为二层楼房，几乎全是西式风格。而廖龙昌瓷器店、赞玉堂中药店等几座中国老传统的店铺还在沿用明清时期古老的建筑风格。

那时除了商号企业外，许多机关、团体和公益事业单位也坐落在普利大街上，如1928年设立的西关商业公所警察分局等。20世纪30—40年代，街上文化娱乐活动也很多，每到节庆日，踩高跷、扭秧歌、说书、唱戏、玩杂耍等都要到这条繁华的街道上来，非常热闹。

《普利街》

❖ **徐家茂：** 经三路上的休闲生活

经三路位于市中区中部，是清光绪三十年（1904）开辟商埠时修建的一条东西街道，东起魏家庄，西至纬十路，长2195米，宽15米左右，沥青路面，沿路有铭新池澡堂、聚丰德饭店、皇宫照相馆等老字号商店及电影院、商埠公园等游览娱乐场所。1914年出版的《济南指南》有"商埠有马路数条，尤以一马路、二马路、三马路及纬三、纬四、纬五路最为繁富"记载这条路的繁荣景象。

这条路上有两处始建于1904年济南最早的娱乐场所。

一处是位于小纬二路北口路南的"小广寒"电影院。据著名学者严薇青教授介绍，电影院内布置较精致，中间是"池座"，两边是石头砌的高台子，用石头砌的栏杆和"池座"分开，算做"包厢"。"池座"后边有所谓"正厅"，也是用石头栏杆筑起的高台子，以便和"池座"隔开，这是专门给外国观众预备的。

所谓"池座"，都是后面靠座背，可以放茶具的木制连椅，坐着并不舒服，只有包厢和正厅才有藤椅。后来每至夏季改为露天放映，都改为藤椅，茶具则放到前面的短桌上。

当时"小广寒"专门放映外国武侠片，如《蒙面大侠》等，后来有了国产片，也放映一些，像早期的《孤儿救祖记》《玉梨魂》等。每晚放映两三个小时，除了正片外，再加上卓别林或罗克等主演的滑稽短片和英美或南洋兄弟烟草公司的广告片。当时用的是手摇放映机，为了换片，每演完一集，亮灯一次，这时观众可以喝茶休息，并不感觉不便。

据史料记载：小广寒电影院由德、俄两国人先后经营。1914年票价为：包厢（容6人）每间3元，楼座1元，池座5角。20世纪20年代已成为济南颇有名气的电影院。1946年由王世祥等人合资经营，易名"国民电影院"。1948年底改称"济南电影院"，1950年改名为"明星电影院"。后改为济南卫生教育馆。

坐落在经三路面对纬五路的商埠公园，占地4公顷。因当时是济南唯一的公园，故称济南公园，1925年，孙中山先生逝世后，改称中山公园。济南解放后，称人民公园。1986年11月12日，济南市人民政府决定恢复中山公园名称。

树木花卉是公园的主要景物。据1940年资料记载，公园内计有扫地柏、桧柏、侧柏、油松、刺松、马尾松、刺槐、国槐、垂槐、青桐、木瓜、石榴、桃、杏、李、十里香、百日红、丁香、海棠、杨、柳、椿等观赏花木28种1254株。如今园内尚有百株古树名木。公园建成时北门里迎门有六角水池。池中立高石，顶呈盘形，上置4蛙，口喷清水。池周绕石柱铁链，引人入胜。池南侧，公园中部建有"四照厅"。公园西部有石抱土假山，名"云洞岭"，岭上有"登啸亭"，木架草顶。岭北端有石洞，洞口朝南，顶部嵌"峰回路转"石额。云洞岭东侧，有月牙形水池，周置铁栏，池中植荷，夏日荷开，红花映日，芳香四溢。不系舟、薰风阁南北对峙，圆形、方形、六角形等各种亭台点缀园中。园内松柏苍郁幽深，花卉满园溢香；山石峭立，曲径蜿蜒，有"景多不杂，人众不扰"之誉，是市民消夏纳凉、寻幽行乐的好地方。

公园中部石砌方形高台上有"四照厅"，是一处宫殿式建筑，青瓦屋顶，环廊明柱，飞檐花脊，玻璃门窗，环厅立厦，四面有登台石阶，厅内悬名人字画，备有乐器，供人玩赏，为公园主要建筑。1937年七七事变时被毁。

民国二十九年（1940），曾在遗台上搭建席棚作戏院，1945年，在四照厅台址作茶社，招商承租，商民杨玉祥中标后，设品香茶社，因生意不佳，改为大鼓书场。解放后，也曾在台上演过戏。1980年拆除，仅存台周部分法桐树。

公园东部北侧有"薰风阁"，为方形玻璃方亭、设阅报所，1944年康祥泰承租，开设"利华球社"，损坏日期不明。薰风阁南侧有"不系舟"，外形似船，砖木结构。1944年由马文俊承租，开设"一元照相馆"。新中国成立前夕，因失火焚毁。

听涛亭，也称"松隐亭"，因隐于公园西南角松柏林中，于内可听到风吹树叶发出的状如波涛的声响而得名。亭建在方形石台上，周装坐凳式条石围栏，内设石桌，北面有登台石阶。1983年拆除。

四照厅东侧石台上有"何公纪念碑"，1934年为纪念热心慈善事业的何宗莲（1861—1931，字春江）而建，碑呈方塔状，镌《何公春江纪念碑》及记述何公事迹的碑记，台周装石栏，前有登台石阶。"文革"初破四旧时拆除。

四照厅北侧为纪念济南"五三惨案"而立五三纪念碑。1928年5月3日，在日本军国主义分子的策划下，日军突袭济南守军，残杀中国外交官，纵兵屠掠奸淫，杀害无辜居民，制造了震惊中外的"五三惨案"，为警示国民，勿忘国耻，国民政府在山东各地立纪念碑。中山公园石碑上镌"五月三日"落款为蒋中正书。1937年七七事变后，伪警察厅派人率民夫推倒，后遗失。

公园西北部于清宣统三年（1911）建的"商品陈列馆"，为楼式建筑，馆内陈列各种商品。1914年山东省第一次物品展览会即在这里举办。北京政府农商部总长赴会参观。

还有花室、藏书室、阅览室、茶社等服务场所。

《经三路与中山公园》

❖ 陶纯：后宰门，过去的时光

我要描写的济南一条街是后宰门街。我之所以回忆这条街，有三种原因：一是1921年我20岁那年到济南考省立第一中学，住在后宰门街小店；二是我的一个好朋友陈兄等候我暑假后去北京考大学时，曾住在后宰门街一家小店，因受了这里的社会影响，改变了人生观；三是这条街上饮食业的生产和经营，有的还值得我们今天参考。

后宰门街做生意和开小店的较多，住家户较少，还有基督教堂、报社。街西头路南是曲水亭，有家茶社，经常有下围棋、象棋的。1921年我住在一家小店只有一张床的小屋里，一天一角钱，连喝开水也不管，十住房。喝水很方便，这条街有三四家茶炉，一个铜子儿可以倒一壶开水。如果你长期在这里倒水，交一元钱他们给你一把竹签，一签一壶，大致可以用一个多月。吃饭也很方便，这街上就有馒头铺，半斤三个馒头，高二寸，直径一寸半，水分少，蒸得熟，味道甜，光就点咸菜也可以吃饱。如果你交上钱，留下地址，他们就可以在早10点和下午4点，派人挑着馒头囤子给你送到住处。如果你吃不完，剩下一个，只要不弄脏，不破皮，还可以换个热的。街上也有熟肉铺、酱园，可以顺便买点菜来。卖咸花生米的小店院子里就有，一个铜子儿一包，伴着热馒头吃，吃不完，还可以留着零吃。如果你是南方人，爱吃大米饭，这里也有卖的。这里卖大米饭的是用柳条编的笢子装饭，长约一米，宽约一尺半，一头是棉垫和白布盖着大米饭，据说是济南北园的大米，一打开包布就闻到米香了；另一头是个筒形的锅，下边有生木炭的火炉，用来保温，锅里是酱面筋、酱鸡蛋、把子大肉。所谓把子大肉，是把肉切成二分厚、三寸长的片，为防止炖烂后皮肉脱离，又用一段麻绳捆着。这三件东西，多则一角，少则几分。买一碗大米饭，买一两份菜肴，还给你浇一勺汤，你若是中等饭量，吃得不够饱也差不离儿了。

这条街离贡院不过一里多的路程，穷秀才住在小店里步行去贡院（考场）也不远。辛亥革命以后，从县里来的学生，也大都住在这些小店里，准备去考贡院墙根的省立第一中学，我就是其中之一。

后宰门街西头还有一条弯街，名为辘轳把子街，街上有一个小饭铺，名"文升园"。用这样一个吉利的名字迎接前清的穷举子、后来的穷学生。这饭馆有两样好食品：油旋和坛子肉。他们的油旋又香又酥，到口就碎了。店主人夸口说："先生，您可以试试，五个油旋放在桌子上摞起来，一拳猛击，如果有一个不碎，压扁了，您不用付钱，白吃。"可是我们用筷子敲一个碎一个，不用拳击，就信服了。他们的坛子肉真是用坛子炖的。头一天晚上把肉切成方块，装在坛子里，炖到滚开之后，封上火，只留一个小孔，把坛子封上口坐上（不要压灭火），第二天早上来看，肉还是方块，肉汤里油花也很少，用嘴唇就能把肉咬烂，一点肉味不放散，这肉味还不好吗？小店里的住客，谁不去品尝一次？我们这些来考学的学生，会被先来的同乡、同学约到文升园，花不到一块钱请客。

我的好友陈兄，1923年冬于省立一中毕业，住在小店里预备功课，准备到北京考大学。我常去看他。他住的是小店后院，比较清净。对面一间同样的小屋，住着一位从其他城市来谋个饭碗的人。可是住了一个月，找不到一个糊口的职业，交不上店钱，外边的人常听到从小屋里发出"店主东带过了黄骠马……"的唱腔。不久的一天，早9点他还不开门，店家从窗子破口往里望：他已经吊死了！这院里，还有一间较大的屋子，住着一个被政府裁员裁下来找不到职业的小职员，也付不上店钱。有一天晚上他没回来，店家撬开门一看，床上的被褥，里、表都拆去，只剩了两个棉絮，里、表大概进了当铺，换点路费去而不归了。

陈兄常对我讲在店里的耳闻目见，证明"毕业即失业"的学生前途。当时适逢山东邮政管理局招一名邮务生，他抱着进一次考场受一次锻炼的目的去报了名。报名的100多人，多是大学毕业生，中学毕业的很少。他答的卷子比较完全，但没有抱一点被取的希望。可是三天之后邮递员送来了他被录取的通知。我不同意他去，他开始也不准备去，可是到了报到期限将满，他对我说："从这店的住客来看，大学毕业找不到职业的占不小数目。我家境困难，供我大学毕业后，找不到工作，连饭也吃不上，怎么对得起家庭！"最后两小时他去报了到。两名备取知道他报到了，垂头丧气而去。原来得百分的答卷有三本，他是其中之一，但他的小楷字写得好，在中学就享有盛名，邮局看上了，所以取了他。邮局一年增四元的工资，10年之后，比原工资就加了一倍了。那时邮政海关是外国人管理的，我们为此气愤，他因为依靠外国人，生活有了保证，便妥协了。

后来我考入北京大学，路过济南时还是去文升园吃油旋、坛子肉。转瞬间60年过去了，不知它今天的境况如何？

《回忆济南一条街——后宰门》

❖ 钱金铎：洪家楼天主教堂

1900年轰轰烈烈的义和团反帝运动失败后，帝国主义便企图进一步划分势力范围，瓜分中国。那时德国已占领了胶州湾，山东成了德国帝国主义的势力范围。为了长期霸占和掠夺山东的财富，首先扩建了胶济铁路，并在铁路沿线成立几个教区，建筑几个教堂，作为文化侵略的基地。因此德国传教士选择了济南东郊洪家楼。并把"主教座堂"设在这里。

"主教座堂"每逢大的宗教节日、祝圣大典和丧葬大礼等大的宗教活动，都由主教在此举行。所以在建筑上就要求规模宏大，造型壮观，并具有德国教堂的特色。为此，帝国主义传教士特请德国著名设计师制图，由德国工程师监工，雇佣大批廉价的中国劳动力兴建，费时三年才刚刚建起主体工程。由于当时条件很差，没有先进的吊装和运输设备。据老人讲，当时的工人都是用"土屯法"把一块块沉重的料石搬运上去的。所有大石柱的节间都是

▷ 1912 年的济南洪家楼天主教堂

由一钻一钻透雕而成的料石砌成，门上的砖花都是专门烧制的，这都是中国劳动人民的智慧和艺术结晶。建筑这样一座高大的教堂和群体工程耗费资金很多，具体数字不得而知，但据中国传教士说，那时主教府账房里成天是满当当的银子。这些银子都是哪里来的呢？谁都知道，这笔巨款是清政府对帝国主义"庚子赔款"的一部分。但是一贯颠倒是非、混淆黑白的帝国主义传教士，却把这笔讹诈的巨款，说成是"外国教会捐助的"，借以欺骗教徒，并以此向广大教徒推行崇洋媚外的奴化教育。

在建筑教堂的同时，还在洪家楼庄南划了一大片土地用为埋葬帝国主义传教士的坟地，教徒称之为"主教林子"。坟地四面筑有石墙，院内有用料石筑成的大祭台和大十字架，满院栽植苍松翠柏，每个墓前都竖有为外国传教士歌功颂德的石碑。每年11月初的"诸圣瞻礼""追思已亡瞻礼"都

在这里举行隆重的宗教仪式，以扩大宗教影响。据老年人讲，当时帝国主义传教士还强令历城知县在每个墙垛上都安上一个石刻的圆顶，象征中国人的头，为在义和团运动中被杀害的传教士抵命，借以炫耀帝国主义的威风，恫吓清朝政府和镇压群众。

建堂之后，帝国主义传教士为扩大宗教影响，还举办了一次成千上万人参加的"贺堂大典"。发动各地教徒进行捐献，打着"万民旗""万民伞"，派代表敲锣打鼓前来祝贺，当时清政府的地方官吏由于惧怕洋人，也都送礼送匾前来祝贺。

《我所知道的洪家楼天主教堂》

❖ 倪锡英：泺口镇和大铁桥

泺口镇，可以说是黄河与济南商业交通上的咽喉，也可说是济南北部的门户。因为在地势上，它是距离得济南很近，而又适当在黄河与津浦铁路的交会点上。它是在济南城西北15里地，适当黄河南岸，和黄河的入海口相距460里。这个市镇的外表，竟和一座小城市一般。东南西三面围着城壁，北面靠着黄河堤，市区的面积，南北长一里，东西广三里，是一个长方形的市镇。全镇的住户约有2000多户，人口约15000余人。这些人们，差不多一半是从事于商业，一半是致力于运输事业。因为这里的地位很好，而交通又便利的缘故。

在泺口镇外，每天差不多有一二百号帆船停泊着，这些帆船，有来自河南的，那些船里运载着黄河流域上游各省的货物，像桐油、纸、茶、水烟与漆等，都由泺口卸货，然后由泺口再运赴济南或由小清河运到利津去。还有来自黄河下流的，多数是盐船，因为山东沿海各县是产盐的区域，这些盐都得由水道运到了泺口，再转发到别省去。

泺口镇上有一个最伟大的建筑工程，便是黄河铁桥，这是津浦路越过黄河的一座大铁桥，在泺口镇市街的东端。这一座大桥，完全用巨大的钢骨架成，全长4180英尺（合1300米），桥面的中央是铁轨，两旁是人行道，在人行道两旁有铁栏杆围着。全桥的工程是在前清宣统元年（1909）开始建造的，到民国元年（1912）方才完成，共经过了四年的时光，承建这座大铁桥的是德国人，全部经费共花了1300万马克。

▷　津浦铁路线上的黄河铁桥

在黄河上，一共有三座铁桥，一座是在甘肃兰州，一座是在河南郑州北面，当平汉路渡过黄河的地方。一座便是济南北面的大铁桥，这三座桥比较起来，要算济南的一座铁桥最伟大了。因为黄河的水流很急，而河面又阔，所以在建造的时候，格外困难。

我们试向黄河铁桥上小立片刻，对着黄河作一度展望，那么这情景实在是很伟大的。你可以看见一座纯钢铁的大桥横跨在黄河面上，那巨大的铁梁的影子，静静地映卧在水波上，而黄河的水，却是一片苍茫地，向着东面奔流，对着这历时四载，耗资千万的大桥，好像不值一顾的急流过去。刚好是形成了一个自然力与人为力的对比。如果望得远一点，那么可以看见那黄河两岸的河堤，仿佛城垣一般的，谨防着黄河的水流，又好像一个樊笼里囚着一条猛兽一般。在那河岸的上面，沿岸长着深绿的林荫，有些河兵们在走动着，他们是在防着，在修筑着，而河水有时激动起来，不断地向堤岸边打过去，这又是一幅人类与天然斗争的图画。

《济南》

❖ 刘玉潋：消失的北坛

北坛在济南老城西北隅，天桥区的东南端，明代坛所在地，因在城北，故俗名北坛。

古代世俗，以天为阳，以地为阴；以南为阳，以北为阴；又有"天圆地方"之说，所以古代皇帝祭天神，在宫城的南方建天坛，坛为圆形，象征"天圆"，故又叫圆丘。祭地神在京城的北方建地坛，坛为方形，象征"地方"。封建社会里，祭天地为国家大典，是皇帝独有的特权；因皇帝自称为上天之子，故叫"天子"。如现今北京的天坛，在京城南，正阳门外；地坛在京城北，安定门外，皆为明嘉靖年间所建（见《嘉靖一统志》）。济南为什么也建有天地坛呢？说起来，济南有个独特的巧事！

明英宗第二子朱见潾，于天顺元年（1457）封为德王驻德州。宪宗（英宗长子朱见深）成化二年（1466），德王在济南珍珠泉建德王府，移藩济南，盖得其兄宪宗之许可，以示优待，在王府南，也建起了天坛。按明朝的规定，每年正月合祭天地于天坛，所以今有天地坛街之名。至明嘉靖九年（1530），又规定天地分祭，故济南也建地坛于省城的北方，今北坛之名，盖起于此时，距今已有450余年。明崇祯十二年（1639），清军攻陷济南城，将王爷俘虏，王府也被焚烧，从此，济南德王灭绝，天、地坛也随着王爷逐渐消逝，建为民房，距今也有340余年之久，故北坛遗址，很难确定准确地点，据说在今北坛小学以南。

地坛系皇家坛庙，始建于明朝嘉靖九年（1530），是明清两朝帝王祭祀"皇帝祇神"的场所。明、清两朝皇帝每逢夏至或国有大庆，都要在地坛祭祀地神，礼仪极为隆重。

祭礼共分通神、奠玉帛、进俎、初献、亚献、终献、撤馔、送神、望瘗九个仪程。各个仪程演奏不同的乐章，跳文、武"八佾"舞（由六十四人组成的古代天子专用舞蹈）。每进行一项仪程，皇帝都要分别向供奉着地神的正位、皇帝列宗祖的配位和山神海神的从位行三跪九叩大礼。整个仪程中要下跪70多次叩头200多个，历时两个多小时。

地坛是皇帝封建迷信的祭祀礼仪的地方，早已绝迹，但济南"北坛"地名，留传至今，可为历史的见证。

《街名地名趣谈五则》

❖ 赵宝元：大观园，最热闹的游乐场

民国初年，山东都督旧军阀靳云鹏，山东邹平人，后官居皖系伪北京政府国务总理等要职。他利用手中权势，得知济南拟开发商埠的规划信息，廉价购置了这块土地，他企图拓建后投机发财。1916年靳云鹏离济赴京上任，这块百亩荒地除开拓马路被占用部分外，其余的便由一些穷苦百姓搭设窝棚居住栖身，并一边开荒种植。1930年末，军阀战争暂告平息，社会一度呈现稳定，靳云鹏的二弟靳云鹗来济定居，在经四路北建造私宅一处，后陆续在沿街空地修建了许多门头铺房，打算仿效上海"大世界"的布局模式，创办一个以娱乐为主、商贸为辅的大型游艺场，遂命名为"大观园"。

1931年春，大资本家张仪亭以长丰公司名义，从靳手中承租了这块土地，到1931年9月26日（旧历八月十五日中秋节），建成商场雏形，便仓促对外经营开放。据原商场总体规划资料提供：商场分为南北两段，北段开辟两条东西走廊式通衢，建有酒肆饭铺、布匹杂货、糖果糕点等店铺。南段拟修建四个大型影剧院，即第一剧场位于商场东南角；第二剧场在西北

角；第三剧场即已拆除的新新舞台在西南角；商场中心建造共和厅书场。在商场的北门拟开设妓艺馆（因故未能实现）；在商场的东南隅建造菜场和全商场供水水塔。商场中心建一座大型开放式花园，从商场北门至商场中心处，架设一座天桥，直达花园上空，游客登上天桥可俯视商场全貌。其设计构思细微周至、宏伟壮观。后因资金困绌，力不从心，其规划蓝图难以实现，终于改变设计，从简、从速建成商场雏形后，即对外开放，以尽快尽早换回投资、利润以饱私囊。于是在1931年春二三月间破土动工，先修了第一剧场和共和厅书场，后陆续建造第二剧场、第三剧场。到1932年秋，商场雏形已建成后，在东北角处设立一个小马戏团，在西北角建造三至五个书棚、杂耍场和江湖卖艺的露天场地。这时，商场内摊贩增多，饭铺也逐渐有十余家。开业后，生意较红火。当时比较著名的饭铺要数赵家干饭铺的北园大米焖饭和坛子肉；清真老店马家馆的麻酱烧饼和酱牛羊肉；北京馆的抻面、涮羊肉、朝天锅；天丰园即"狗不理"包子铺的猪肉菊花灌汤包和大观楼的中西餐与普通客饭等等。

民国二十三年（1934），到军阀韩复榘执政末期大观园已经发展成为一个比较繁华兴旺的综合型商场。第一剧场每天公演连台本戏；第二剧场上演有声国产影片；第三剧场每天上演评剧和五音戏等；共和厅书场（1943年曾易名"共和茶社"）上演曲艺，较有名气的演员有张小轩、郑蝶影的京韵大鼓，王凤久的单弦，小玉蓉的梅花大鼓，于素雯的乐亭大鼓，孙大玉的黎花大鼓、赵红云、鑫笑山的京剧清唱，孙少林、李寿增的对口相声，刘宝瑞的单口评词等。逢节假日，该厅上演"双琴换手、五音连弹"，曲艺绝活（现已失传）颇有影响，一时小小曲艺厅名噪泉城，观众经常爆满，座无虚席。商场露天广场打拳卖艺的江湖艺人有佟顺禄、佟顺忠两兄弟民族式摔跤，兼营大力丸；刘仲山、刘仲海的巧要钢义，他俩技艺超轶，颇有吸引力，京津等地著名京剧武生演员李少春、李万春、袁金凯、王金璐等曾专程登门拜访切磋飞叉绝技。另绰号"杠子王"的王振东与"跟头裴""孙铁手"等人的武术、戏法也招徕游客，络绎不绝。

《漫话济南大观园》

❖ 刘玉漋：馆驿街，济南的咽喉

馆驿街在西关交通要冲的迎仙桥（今名英贤桥）以西，西通天桥。这条街是济南西部交通要地，西通长清、齐河等县的古官道。凡自北京和西南各省到济南的车马行人，多由馆驿街入城。《续修历城县志》称之北走燕冀，东通齐鲁，为济南咽喉重地。

周初，封邦建国之后，周王朝出于向诸侯国传达公文政令的需要，始建"置邮"制度。用马传递叫"置"，人力步行传递叫"邮"。《孟子·公孙丑》载："德之流行，速于置邮而传命。"后来汉朝称之为驿亭，唐朝叫驿站。唐朝驿站有定制：每三十里设一驿站，主管官吏叫驿丞，下设驿夫、驿马等；驿夫骑马传递公文，节节传送。驿站各有专名，如长安城东的"灞桥驿"，河南滑县的"白马驿"，济南西南30里的"丰齐驿"等，都是有名的大驿。

据说，当时遇有紧急公文，需飞马驰送。为保持奔马速度，驿站间就像今天的接力赛跑一样飞马迭奔。上站驿吏驰到，下站接过公文即绝尘奔去。那时所谓"急脚文书"，就是指一天要赶走三五百里甚至更多路程。

及至唐代随着社会经济文化的发展，驿站又作为供应过路官员的食宿场所，商贾旅人也可在驿站食宿。这样驿站事务繁多，所以到中唐时即改称"馆驿"，《资治通鉴·唐记》载："玄宗开元二十五年，以监察御史检校两京馆驿。"（两京是西京长安、东京洛阳）又："代宗大历十五年，两京以御史一人知馆驿，号称馆驿使。"唐元稹《论传牒事》载"况丧柩私行，不合擅入馆驿停止。"《辞源》称馆驿为供邮传行旅食宿的旅舍驿站，据此，证明馆驿已经不是单纯传递公文的机构了。

到了明朝，开始建制山东省，以济南为省会，即在交通要道迎仙桥外，设立馆驿站。于是馆驿街也就由此得名了。

清末铁路畅通，航运兴盛，昔日的驿夫、驿马，失其作用。光绪四年（1878）北京设立邮务司。光绪三十三年（1907）北京改设邮传部。光绪三十二年，济南建立山东邮政管理局（即今经二路纬三路邮政局），原馆驿站废除，其故址被津浦铁路护路统领申士魁所占据。新中国成立后成为省百货公司仓库。

《街名地名趣谈五则》

❖ 袁叔诚、刘玉澄：何春江与何家花园

何家花园也叫颐园，在新西门外以西，少年路路北。这个花园是民国五年（1916）北洋军阀军官何春江所建筑，他羡慕北京颐和园之美，故称"颐园"，俗叫"何家花园"。

园中曲溪，来自五龙潭之泉水，终日川流不息，奔流滚滚。河水清清，岸柳依依；奇石假山，伴河峙立。古色古香的六面亭，亭亭玉立于山巅；河中倒影，更为绮丽，诚有"山光潭影"之美景。清流曲溪，北穿荷池，东汇古洑。红葉绿叶，相映生辉，真是映日荷花满塘红。金鱼穿梭莲间，衔尾嬉游，妙趣横生。

绮丽假山西伴六楹宏敞的大客厅，东西两山墙，各有一副玻璃大窗，拱形花缘，既美丽又明亮。正面四楹抱厦，木制花棂隔扇，赤漆光彩；木雕花檐，精巧细致；红漆楹柱，光彩生辉。厅内窗明几净，装饰优雅。正中悬有"千城之寄"四大金字的匾额，辉煌耀目。此匾系民国大总统黎元洪所书，因而增光添彩。

壮丽的客厅，东隔清溪望方厅，两厅相映，结伴侣。方厅造型，风格独异；东西各有大型门窗四，南北各有大型门窗五，皆为拱形花缘，木制

花榇，装有光亮的玻璃，故厅内特别明亮。曲溪环绕，独处碧波中央，犹如美丽的小岛，清秀幽雅，一尘不染，可谓"清光满座绝尘怀"，堪为避暑胜地，故成为何春江的游宴佳境。这座秀丽的园林，是何春江于民国五年（1916）罢官后所筹建，用款10万元。何春江是山东平阴县人，名宗莲，字春江。因家境贫寒，逃出从军，考入李鸿章创办的天津武备学堂，适值袁世凯奉清令在天津小站练新军，因此，结识了李鸿章和袁世凯。毕业后，逐渐飞黄腾达，曾任陆军京畿第一镇统制，保卫清都北京。辛亥革命后，民国元年四月，袁世凯窃取了大总统，何春江又当上了总统府的侍从武官，与袁世凯的关系更加密切。民国二年（1913），调升察哈尔特别区的都统（犹如各省督军）。洪宪失败后，袁世凯于民国五年（1916）6月6日死去。黎元洪当上大总统，何春江是袁派，随即下野，田中玉充当了察哈尔都统。何春江遂即回济南，在新西门外以西，购买藕池，垫平建筑了雄伟壮丽的大楼，充作住宅，古老的大门东向，临护城河。在住宅之西，建筑了这座秀丽的花园，古色古香的大门南向，即面临今少年路。从此，何春江就以此为其度过晚年的娱乐场所。

《何春江与何家花园》

❖ 李良森：老济南的天桥

雄伟壮观、气势磅礴的天桥，是泉城济南的一大景观，它像一条长虹，腾空跨越胶济、津浦两条铁路之上，以天桥命名的天桥区在市区西北方向，是济南城区的组成部分。随着时间的延续，有的街道、商店、工厂也都以"天桥"命名，天桥逐渐形成天桥区代表性的象征。

据史料记载，天桥始建于1911年，它是伴随着胶济、津浦两铁路修筑之后而建造的。胶济铁路始建于1904年，东起山东半岛南岸的胶州湾，湾口即全国著名海滨城市青岛。这条铁路全长393公里，是德国修建的。津浦铁路北起天津，南至江苏省长江北岸的浦口，全长1014公里，1908年破土动工，1911年建成。两条铁路建成后，将济南商埠一带与市区北郊隔离开来，为了疏通南北交通，而架设了这座天桥。原桥为三孔石拱桥（不相连接），桥身主要部分用石块砌垒，中间用土囤起，除了南北通向的主桥外，又从桥顶中间向西延伸，通向官扎营前街，桥是"丁"字形，全长450米，桥面宽4.5米。跨线桥净高5.2米。因该桥架设高出地面十数米，车辆行人皆可在桥下通过，仰视桥顶，给人以高入天际之感，而故名"天桥"。

▷ 济南天桥旧貌

　　新中国成立前，因桥的底端用石块砌垒，上端中间用土堆起，有很大的坡度，旧社会在济南混穷拉洋车、拉地排车以及逃荒要饭的乞丐等，无处栖身，就在两边土坡上扎窝棚居住。桥顶"丁"字形向西去的两边，每天早晨有"旧货市"（也称破烂市）。穷苦人做不起新衣服，买不起新鞋子，就到旧货市上买件旧衣服、旧鞋子穿。直到新中国成立初期还存有旧货市，以后迁往天桥南端东侧天茂路去。后来随着人民生活水平的不断提高，旧货逐渐无人光顾，旧货市也就逐渐消逝。

《天桥今昔》

❖ 吴稚声：魁星楼与解放阁的故事

1948年9月16日，中国人民解放军发动了解放济南的战役，23日先后攻克外城。24日凌晨突破了内城东南墙角，随即展开巷战，全歼守敌。济南为关内最早解放的省会城市。为了纪念济南的解放，在这个突破点，修建了"解放阁"。

从现时解放阁的东南角的东南两面的阁壁看，在南面陈毅同志题"解放阁"三字之下及东面，都有二十一二行高的砌石，南面长约十二三米，东面长约二十二三米的砌石缝中，生有狗尾草及杂草，另外从石块的风蚀磨损处看，都可能看到这是旧城垣残留的遗迹。

在我八九岁时，曾在这城角相距30多米处的一户人家读私塾，放学后或假日，邀几个小友从南门马道跑上城墙，东行至建筑在城角的"魁星楼"去捉迷藏，摸野鸽子，摘小酸枣，这是春暖花开或盛夏秋末之际常做的儿戏。这座"魁星楼"大体上像旧城门楼，有二层，底层是空荡荡的，二层有泥塑神像三尊，靠东西两壁还有小鬼泥塑。由于年久未曾彩油，兼之儿戏迷藏常以鬼神为障，两壁小鬼更是攀登三层的阶梯，形态早已无状，彩身泥土剥脱，遍露筋骨，亦不知是何鬼神。三层是不易攀登的，中间筑一台，塑"魁星"像。虽是尘土蔽体，兼有剥落，大体上形象尚完好，还可辨认其蓝面红发，红袍绿裤，黑靴，右臂高举，手擎泥塑形毛笔，作书点状，左臂弯曲腹部，手握木制方斗，右腿踏台中央，左腿高扬弯曲，面北而立。顽童经常以投石落斗为戏，斗已残缺，像身已是遍体鳞伤，泥土毕露。

1930年韩复榘督鲁，1932年（待考）拆除了"魁星楼"，改建为"气象观测所"，是一所砖砌平房，并在东侧筑以登城台阶。日伪时期仍沿用此房为"气象台"。1945年日本投降后，即驻国民党军队。解放济南战役中毁于炮火。后来在此基础上，修建了解放阁。

《济南旧城垣及解放阁的今昔》

▷　清末济南魁星楼旧影

第二辑

恋上泉城·
羡煞济南山水好

❖ 郁达夫：去济南

由青岛去济南的道上最使我感到兴奋的，是过潍县之后，到青州之先，在朱刘店驿，从车窗里遥望首阳山的十几分钟。伯夷叔齐的古迹，在中国原有好几处，但山东的一角孤山，似乎比较得有趣一点，因为地近田横岛，联想起来，也着实富于诗意。洁身自好之士，处到了这一种乱世，谁能保得住不至饿死？我虽不敢仰慕夷齐之清高，也决没有他们的节操与大志，但是饿死的一点，却是日像一日，尽可以与这两位孤竹国的王子比比了，所以车过首阳之后，走得老远老远，我还探头窗外，在对荒山的一个野庙默表敬意，至于青州的云门山，于陵的长白山、白云山等，只稍稍掉头望了一望，明知道不能去登，也就不觉得是什么了不得的名山胜地了；可是云门的六朝石刻，听说确是货真价实的历史上的宝物。

到济南城后，找着了李守章氏，第二日照例的去游千佛山、大明湖、趵突泉、金线泉、黑虎泉等名胜。自然是以家家流水、户户垂杨的黑虎泉（现在新设了游泳池了）一带，风景最为潇洒。大明湖的倒影千佛山，我倒也看见了，只教在历下亭的后面东北堤旁临水之处，向南一望，千佛山的影子便了了可见，可是湖景并不觉得什么美丽。只有蒲菜、莲蓬的味道，的确还鲜，也无怪乎居民的竞相侵占，要把大明湖改变作大明村了。就在这一天的晚上，我们离开了李清照、辛弃疾的生地而赶上了平浦的通车，原因是为了映霞还没有到过北平，想在没有被人侵夺去之前，去瞻仰瞻仰这有名的旧日的皇都。

《青岛、济南、北平、北戴河的巡游》

❖ 倪锡英：泉之城

人们走进济南城第一个印象，便可以看见如刘铁云所说的"家家泉水，户户垂杨"，在沿着城墙内外的两条护城河里，一带清洌的泉水急急地自南向北流动着，而水清见底，那底里的长叶水草，受着水流的压力，也向北披靡着。傍水的人家，都是在石驳岸上建起他们的住家，时常从他们的窗户间，泼出一桶水，豁刺刺地一声响，惊破了水面上的沉寂。每天虽然有那么些住户人家的脏水污物投向泉流上去，但是泉水是毫不停留的，一会儿功夫就把这些污浊的东西，流向北去，变成湖底里的泥浆了。所以，济南内外城的泉流，无异是做了济南的一个清滤器。

因为有泉水纵流全城，所以在济南城里，在那些泉水经过的溪流旁边，蔓生着青草、绿柳、红白的花树，把济南城点缀得十分清丽。游人们如果走向济南的东北城去，随处可以在街道旁边，见到这些红花绿草的点缀，几乎似同置身在一个幽静的乡间。

济南全城的泉水，在往昔相传有七十二泉，都是极著名的。这七十二泉的名称，据名泉碑上的记载是：

（1）趵突泉——在坤顺门外（坤顺门即新南门）；（2）金线泉——在趵突泉东；（3）皇华泉——在金线泉东；（4）柳繁泉——在金线泉东；（5）卧牛泉——在金线泉东；（6）东高泉——在金线泉南；（7）漱玉泉——在金线泉南；（8）无忧泉——在趵突泉南；（9）石湾泉——在趵突泉南；（10）酒泉——在无忧泉西；（11）湛露泉——在无忧泉西；（12）满井泉——在趵突泉北；（13）北煮糠泉——在趵突泉北；（14）北珍珠泉——在省政府白云楼前；（15）散水泉——在北珍珠泉东；（16）溪亭泉——在北珍珠泉东；（17）濯缨泉——在北珍珠泉西；（18）灰泉——在濯缨泉西北；（19）知鱼

泉——在灰泉东南；（20）朱砂泉——在灰泉西；（21）刘氏泉——在北珍珠泉西北；（22）云楼泉——在刘氏泉南；（23）登州泉——在万竹园内；（24）望水泉——在万竹园内；（25）洗钵泉——在登州泉东北；（26）浅井泉——在洗钵泉西南；（27）马跑泉——在洗钵泉西南；（28）舜泉——在舜祠下；（29）香泉——在舜泉西；（30）鉴泉——在舜泉南；（31）杜康泉——在南舜庙；（32）金虎泉——在李承务巷；（33）黑虎泉——在李承务巷；（34）东蜜脂泉——在金虎泉西南；（35）西蜜脂泉——在东蜜脂泉西；（36）孝感泉——在孝感坊内；（37）玉环泉——在同知巷前；（38）前罗姑泉——在塌行街东；（39）混沙泉——在城西南角场下；（40）灰池泉——在城西南角场下；（41）南珍珠泉——在铁佛巷东；（42）芙蓉泉——在姜家亭前；（43）滴水泉——在西务北；（44）清泉——在西务北；（45）灰湾泉——在五龙堂东；（46）悬清泉——在五龙堂东；（47）双桃泉——在丁字街北；（48）温泉——在城西石桥北城下；（49）汝泉——在神童寺内；（50）龙门泉——一名龙泉在神童寺东；（51）染泉——在龙门泉东；（52）悬泉——在龙洞口；（53）都泉——在中宫镇东南；（54）柳泉——在中宫东远泉庄；（55）车泉——在中宫东远泉庄；（56）煮糟泉——在四里山南；（57）炉泉——在南山下；（58）白虎泉——在大佛山；（59）甘露泉——在大佛山；（60）林汲泉——在佛峪内；（61）白泉——在王舍店内；（62）金沙泉——在龙洞山中；（63）白龙泉——在龙洞山中；（64）花泉——在张马泊；（65）独孤泉——在灵岩寺或云在天麻岭下；（66）醴泉——又名金泉，在黄堂岭北；（67）浆水泉——在盘泉镇东南；（68）南煮糠泉——在蝎山窝北；（69）苦苣泉——在柳镇东，一名莴苣泉；（70）熨斗泉——在黎峪门家庄；（71）鹿泉——在石固寨；（72）龙居泉——在章丘长城岭西。

　　在这七十二泉中，以趵突泉为最著名，珍珠、金线二泉次之。而现今有泉迹可考者，除趵突、珍珠、金线三泉外，还有玉环、舜泉、杜康、马跑、黑虎五泉，其余的泉，有的因为年代久远，泉名湮没不彰，有些已流入大街小巷和人家的住宅里面去，被人们当作普通的井水一般汲取，早已忘却了它们的名称了。所以在名泉碑上虽有七十二泉的名目，而实际上到济南去的人，已不能按照这个名目去寻到这些泉水了。但是在济南城内，却到处可以看到那许多泉名湮没的或是无名的泉流，它们的总数是决定不止七十二个。大约七十二泉的命名，是在明朝时候，当大明永乐二年（1405），山东佥事晏璧曾把济南的七十二泉咏成了七十二首七绝诗，称曰《济南七十二泉诗》，每首诗内把每一个泉水的景色描述出来，在那个时候，七十二泉是都有实景可寻，传到后世，才渐渐的湮没了的。

▷　趵突泉

济南为什么会有这许多名泉汇流的呢？关于这些泉水的来源，却是一个值得研究的问题。曾子固在《二堂记》上有几句解析济南泉源由来的文章说："历下诸泉，皆岱阴伏流所发，西则趵突为魁，东有百脉为冠。"

这几句话，说明济南的泉源，都是由泰山的伏流衍发出来的。我们若以地理的眼光来观察泰山与济南的地位，那么我们便可以知道曾子固的观察是很对的。泰山是山东省中央的一个主峰。是古济水和汶水的发源地，姚鼐的《登泰山记》上所谓："泰山之阳，汶水西流，其阴，济水东流，阳谷皆入汶，阴谷皆入济。"

这便是说明泰山的水，南流入汶河，北流入济水。济南适当泰山之北，济水之南，因此北部泰山的水流要注入济水，都要打济南经过，当这许多水流下注的时候，从山崖里，石隙间，迂缓的延流下去，砂石把水质滤得十分澄清，到达济南时，便成为清洌的泉水。在另一方面，济南本身的地形，便好像一个平坦的盆，足以容纳这些汇流的泉水。在济南城的东南西北四周，远远地全有高低不等的山脉，只在西北留了一个空缺，便成为小清河的上流。泉水刚好流过济南城而注入清河。因此，济南便能成为一个名泉汇流的"泉之城"，这全是地理的形势使然的。

《济南》

❖ 林蓁：七十二泉涌济南

济南城北有鹊华二山，冈岭相连，隐隐若长堤。城南则千佛山高峙，环其三方，是以济南省垣，地形凹下，成一盆地，缘城诸水，皆由南山下注，而为北面之山冈所束，流路缩狭，伏泉特多，因而随地涌出。订东有金线、皇华、柳絮、卧牛、东高诸泉，南有漱玉、无忧、石湾、湛露诸泉。泉凡七十二，多根据古诗所记，而以附会出之。今可考者为趵突、玉乳、黑虎、珍珠诸泉而已。其中以趵突泉最奇，地点在西关南侧，永绥门西南之剪子巷。

趵突泉从平地下三个穴孔上涌，泉水突然高涨，激荡有声，涨起了就围在一个石栏杆的方池里，深约五尺，广约三丈，清澈见底。经常有三个水柱在冒起，池旁筑观澜亭。池的另一边装了一个堰口，再让泉水流出去，看它飞浪急湍的下注，知道这流量正也不小。泉水经过无数沙滤消毒的步骤，实在是最卫生的饮水，所以济南市政府就利用趵突泉做了自来水的水源。

考趵突泉中间三泡迸发，起伏不休，冬夏如一，泉极清冽，那是因为泉底都是沙，以故不为污泥所汩，后就其地建为中山公园，济南通俗图书馆亦设泉南，附近商业鼎盛，有点像北平的天桥似的。

清沈复《浮生六记》云："趵突泉为济南七十二泉之冠。泉分三眼，从地底忽涌突起，势如腾沸，凡泉皆从上而下，此独从下而上，亦一奇也。"池上有楼供吕祖像，游人多爱在这品茗。又清人怀应聘文道："趵突泉有三穴，相去不远，水自三穴中涌出，三柱鼎立，并势争高，不肯相下，喷珠飞沫，又如冰雪错杂，自相斗击。呜呼！水之劲挺，一至于此！"明晏璧有诗道："渴马崖前水满川，江水泉迸蕊珠圆。济南七十泉流乳，趵突独称第一泉。"在地质学上，因伏流水压关系，泉涌喷薄，自是奇景。"倒喷三窟雪，散作一池珠"及"平地忽堆三尺雪，四时常吼半空雷"，诗人早就把它描述得淋漓尽致了。附近有漱玉、柳絮等泉，词人李清照的居宅即在泉旁，她的词集冠以"漱玉"，即因泉而名。

珍珠泉在县府内，泉水上扬，散如一珍珠，故名。有云"泉从河际出，忽聚忽散，忽断忽续，忽急忽缓，日映之，大者为珠，小者为玑，皆自底以达于面。"瑟瑟然累累然。但因失于维护，泉眼渐塞，泉流不畅，有待整修，至于黑虎泉则在一个小冈上，它与众不同，水从石隙上涌，聚于一石池里，然后暗注斜壁，经过三个石刻龙头的嘴，流入坡上的一个大池中，泉势沸腾，不可抑遏。

《萍踪识小》

❖ 老舍：趵突泉的欣赏

千佛山、大明湖和趵突泉，是济南的三大名胜。现在单讲趵突泉。

在西门外的桥上，便看见一溪活水，清浅，鲜洁，由南向北地流着。这就是由趵突泉流出来的。设若没有这泉，济南定会丢失了一半的美。但是泉的所在地并不是我们理想中的一个美景。这又是个中国人的征服自然的办法，那就是说，凡是自然的恩赐交到中国人手里就会把它弄得丑陋不堪。这块地方已经成了个市场。南门外是一片喊声，几阵臭气，从卖大碗面条与肉包子的棚子里出来，进了门有个小院，差不多是四方的。这里，"一毛钱四块！"和"两毛钱一双！"的喊声，与外面的"吃来"连成一片。一座假山，奇丑；穿过山洞，接连不断的棚子与地摊，东洋布，东洋瓷，东洋玩具，东洋……加劲地表示着中国人怎样热烈地"不"抵制劣货。这里很不易走过去，乡下人一群跟着一群地来，把路塞住。他们没有例外的全买一件东西还三次价，走开又回来摸索四五次。小脚妇女更了不得，你往左躲，她往左扭；你往右躲，她往右扭，反正不许你痛快地过去。

到了池边，北岸上一座神殿，南西东三面全是唱鼓书的茶棚，唱的多半是梨花大鼓，一声"哟"要拉长几分钟，猛听颇像产科医院的病室。除了茶棚还是日货摊子，说点别的吧！

泉太好了。泉池差不多见方，三个泉口偏西，北边便是条小溪流向西门去。看那三个大泉，一年四季，昼夜不停，老那么翻滚。你立定呆呆地看三分钟，你便觉出自然的伟大，使你不敢再正眼去看。永远那么纯洁，永远那么活泼，永远那么鲜明，冒，冒，冒，永不疲乏，永不退缩，只是自然有这样的力量！冬天更好，泉上起了一片热气，白而轻软，在深绿的长的水藻上漂荡着，使你不由得想起一种似乎神秘的境界。

池边还有小泉呢：有的像大鱼吐水，极轻快地上来一串小泡；有的像一串明珠，走到中途又歪下去，真像一串珍珠在水里斜放着；有的半天才上来一个泡，大，扁一点，慢慢地，有姿态地，摇动上来；碎了；看，又来了一个！有的好几串小碎珠一齐挤上来，像一朵攒整齐的珠花，雪白。有的……这比那大泉还更有味。

新近为增加河水的水量，又下了六根铁管，做成六个泉眼，水流得也很旺，但是我还是爱那原来的三个。

看完了泉，再往北走，经过一些货摊，便出了北门。

前年冬天一把大火把泉池南边的棚子都烧了。有机会改造了！造成一个公园，各处安着喷水管！东边做个游泳池！有许多人这样的盼望。可是，席棚又搭好了，渐次改成了木板棚；乡下人只知道趵突泉，把摊子移到"商场"去（就离趵突泉几步）买卖就受损失了；于是"商场"四大皆空，还叫趵突泉做日货销售场；也许有道理。

《华年》

❖ 黄炎培：黑虎泉·东流水

▷ 20世纪初的黑虎泉

10月1日，独游黑虎泉。泉在城东南，潺湲一水，荇藻交萦，捣衣女子十百为群，泉声与杵声相和。临流小阁，曰"杨柳青"，倚栏啜茗，所谓"济南潇洒似江南"在此矣。泺水会黑虎、珍珠、趵突诸泉，30年代的黑虎泉、珍珠、趵突诸泉，环城西作护城河，掠泺源门而北，一水西来入之，曰"东流水"。声若奔马，水草长几及丈，逐一碧之，清流萦拂，尽致转入北城。则大明湖上，游艭三五，楼阁撑云，长堤覆柳，觉江南无此潇洒也。明日将离济南，特来此与湖作别。

《济南记游》

❖ 黄炎培：千佛山中开元寺

25日午后独游千佛山。山在城南五里，自城遥望，蔚然深秀，如画屏高立。其间栋宇嵯峨，粉墙一道横于山腹，则佛寺也。山一名历山，相传为舜耕稼地。是日，出南关步行，及山趾遇童子，叩其姓，曰"无"；异之，叩其名，曰"大亮"；问是否自寺中出，曰"然"。乃拉之为导，上山入寺，曰兴国寺。僧一真出见，迓入茶室，推北窗一望，闾阎朴地，郁哉葱葱。山脉自南来，至此遂尽。大野高秋，其气逾爽。大清河自西来，蜿蜒向东北以去。帆影出没，泺口之桥，隐约可见。西北有山，曰"药山"。东北曰"华不注"，郦道元称其"单椒秀泽，虎牙桀立"，良肖；又有山曰"鹊山"，皆孤立河干，古人盛称"鹊华秋色"，此其时矣。寺迤西有轩辕殿，塑黄帝像；重华殿，塑舜像，皆俗陋可笑。大亮导之下山，越涧复上，得开元寺。其地入山渐深，境益幽邃，门外石壁镌"逍遥游"三大字。门内槐荫下，二人对弈，夷然不知旁之有客也。峭壁下一穴深广可三尺，滴水泠泠，海棠一本自穴深处斜出，当秋而花，幽艳可爱，额曰"秋棠泉"。夫泉终岁不涸，而棠不常花。余见泉，得复见花，斯为良遇。壁高，下凿大小佛像无数，石罅往往得小室供佛。一室佛龛下，泉一泓，室深黑，而泉清绝见底，鱼游泳其中，亦一奇也。寺之南，岭上一大佛头，嵌入崖际，壁斩绝。大亮疾行上，左手扳其肩，右手尚不及抚其耳，其大可想。旁有洞曰"卧云"。

《济南记游》

▷ 位于千佛山的兴国禅寺

▷ 千佛山石窟造像

❖ 林藜：一城山色半城湖

有人说：济南之胜，在于一泉、一山及一湖。一泉是指趵突泉，已如前述；一山及一湖，指的便是千佛山和大明湖。

千佛山在济南城南三公里处，本名历山，相传大舜尝躬耕于此，故又名舜耕山。山中最具规模的丛林为千佛寺，始建于六朝，先后称兴国、迁祓等名，历史久远。寺旁有佛岩，人们依岩之高低凿成石佛大小千尊，不可胜记，故名千佛山。佛家始雕于隋，后因唐诗人李贺有"遥望齐州九点烟"之句，故今山半有坊大书"齐烟九点"等字样以喻其美。山上树木葱郁，四时游踪相属，而敞亭曲榭，连甍接宇，堪备憩息游宴。人们登高俯视济南，历历在目。北望黄河，蜿蜒如带。每遇旧历重阳，都人士女，都会纷至沓来，一时颇形热闹。所谓"坐看云起处，好山绕郭佛千尊"正指此。

至于大明湖，位于济南城的西北角，周围十里多，约占全城三分之一。湖界城垣东北西三边，弥漫无际。遥望华不注峰若在水中，这是济南城的绝胜处。每当破晓及黄昏时，景色朦胧，人们打从鹊华桥沿湖而西北，两岸垂柳披拂，湖中芦蒲齐茂，特别是夏秋之交最为恬美。这湖湖水极浅，水色碧青，望之可以见底，足与杭州西湖相比拟。湖中水鸥浮沉，游鱼可数，天然美景，有非笔墨所能形容得出的。

《老残游记》上有一则描述大明湖的名联道：

四面荷花三面柳，
一城山色半城湖。

这一描绘，真是恰到好处，罩眼碧莲，香风阵阵，是夏日的好去处。

▷ 泛舟大明湖

湖边停有玻璃花舫，专供游人乘载之用。舫极清洁，与秦淮河之游船相仿佛。湖中还有一座历下亭，四面环水，孤立湖心，中有道州何绍基所书杜工部的名句道："海右此亭古，济南名士多。"笔劲雄浑，中立戴隆御书碑。一进大门，中央为一八角亭，亭后有临湖阁、名士轩及大殿，回廊曲折，颇为幽致。亭内遍设茶座，为游人休憩览景之所。

大明湖亦小清河之上源，市政当局曾将湖河间加以浚深，舟楫以便。但今又为淤土壅积，湖中航路便形成港汊无数。湖中还有汇泉寺、关帝庙、文昌阁、张公祠、曾公祠、水仙祠以及铁公祠等点缀，山色湖光，辉映于苍烟暮霭中，别饶幽趣。而碧水回环，两旁芦荻萧萧，翛然尘俗之外，加以荷香拂座，柳荫盈堤，夏日风光绝丽。

《萍踪识小》

❖ 石评梅：大明湖不服气

大明湖，我常听永叔说风景不错，所以我想未得和西湖一样，或者也有点特别风韵，勉强支持去品评它去。到湖边一望，芦草绿浓，风过处，一片瑟瑟声。在芦苇的缝里，或可看一点很浊的湖水。我当时就觉着失望！我们雇扁舟先到历下亭，两旁都是芦草，中间有三个船宽的一条绿水。到历下亭，亭中有石碑，乾隆题着"渔歌隔浦远，桥影卧波湾"；有轩，联为："抱榭石泉流添几分人影衣香风月都教山水占；凭栏鱼鸟过睹四面柳塘莲漪渔樵还让鹭鸥来。"写的风景未免太佳，但可惜吹的只吹，而大明湖，固俨然自守其为朴素之村女，不作明媚之西子。"万叠鱼鳞漾空碧，千丸佛髻拥遥青"，这两句是实写，大明湖的佳处，就在望中有千佛山。"云蓝水碧之间看杨柳楼台荷花世界，树绿山青而外认圣贤桑梓齐鲁封疆"，写大明湖偏借重孔子和封疆，是遮饰语。

由此到汇泉寺，有妇人（苏州）烧香，使我猛忆到天竺路上！内有弥勒佛一尊，现在改为武术教育讲习所。无景，只壁上有"靠天吃饭"石。出此到张公祠，供前清山东巡抚张曜；"伟绩竟黄河两岸昆仑东至海，崇祠壮青岱遥连鹊华近凭湖"，写景写实。有一件为民的事，百姓绝不致忘德的。民国以来的大人物，眼睛只在地位高、洋钱多，将来只好多铸几尊铁像供奉吧！此外尚有北极阁等，因天晚亦无好景，仅闻芦苇瑟瑟而已。惠和促令返棹，遂满载荷香而归。登岸一望，不见湖水，只见芦苇摇曳。徐世光题历下亭："最好是秋月圆时春晴雪后。"惜哉！我来既非秋月圆时，又非春晴雪后，贸然评之，当然大明湖有几分不服气吧！

《匆忙中的济南》

❖ 瞿秋白：明湖之别

山东济南大明湖畔，黯黯的灯光，草棚底下，一张小圆桌旁，坐着三个人，残看剩酒还觑着他们，似乎可惜他们已经兴致索然，不再动箸光顾光顾。……其中一个老者，风尘憔悴的容貌，越显着蔼然可亲，对着一位少年说道："你这一去……随处自去小心，现在世界交通便利，几万里的远路，也不算什么生离死别……只要你自己不要忘记自身的职务。你仔肩很重呵！……"那少年答应着站起来。其时新月初上，照着湖上水云相映，萧萧的芦柳，和着草棚边乱藤蔓葛，都飕飕作响。三人都已走过来，沿着湖边，随意散步，秋凉夜深时，未免有些寒意。对着这种凄凉的境界，又是远别在即，叫人何以为情呢？

我离中国之前，同着云弟、垚弟住在北京纯白大哥家里已经三个年头；我既决定要到俄国去，大约预备了些事物之后，就到济南拜别我父亲。从我母亲去世之后，一家星散，东飘西零，我兄弟三个住在北京，还有两弟一妹住在杭州四伯父跟前，父亲一人在山东。纯哥在京虽有职务，收入也很少。四伯做官几十年，清风两袖，现时中国官场，更于他不适宜，而在中国大家庭制度之下，又不得不养育全家，因此生活艰难得很。我亲近的支派家境既然如此，我们弟兄还不能独立，窘

▷ 瞿秋白（1899—1935）

急的状况也就可想而知。所以我父亲只能一人住在山东知己朋友家里，教书糊口。在中国这样社会之中既没有阔亲戚，又没有钻营的本领，况且中国畸形的社会生活使人失去一切的可能，年纪已近半百，忧煎病迫，社会还要责备他尽什么他所能尽的责任呢？我有能力，还要求发展，四围的环境既然如此，我再追想追想他的缘故，这问题真太复杂了。我要求改变环境：去发展个性，求一个"中国问题"的相当解决，——略尽一分引导中国社会新生路的责任。"将来"里的生命，"生命"里的将来，使我不得不忍耐"现在"的隐痛，含泪暂别我的旧社会。我所以决定到俄国去走一走。我因此到济南辞别我亲爱不忍舍的父亲。

当那夜大明湖畔小酒馆晚膳之后，我父亲的朋友同着我父亲和我回到

他家里去。父亲和我同榻，整整谈了半夜，明天一早就别了他上火车进京。从此不知道什么时候才能相见呢！

济南车站，那天人不大多，待车室里只有三四个人。待车室外月台上却有好些苦力，喘息着。推车的穷人，拖男带女的背着大麻布包，破笼破箱里总露着褴褛不堪的裙子衣服。我在窗子里看着他们吸烟谈笑，听来似乎有些是逃荒出去的——山东那年亦是灾区之一。有的说，买车票钱短了两毛，幸而一位有良心的老爷赏给我半块钱，不然怎能到天津去找哥哥嫂嫂，难道饿死在济南破屋子里么？又有一个女人嚷着："买票的地方挤得要死，我请巡警老爷替我买了，他却要扣我四毛钱，叫我在车上拿什么买油果子吃呢！"——"怎么回事……"忽听着有人说，火车快来了。我回头看一看，安乐椅上躺着的一位"小老爷"，戴着一副金丝眼镜，上身一件半新不旧的玄色缎马褂，脚上缎鞋头上已经破了两个小窟窿，正跷着两腿在那里看北京《顺天时报》上的总统命令呢。我当时推门走出待车室。远看着火车头里的烟烘烘的冒着，只见一条长龙似的穿林过树的从南边来了。其时是初秋的清早，北地已经天高风紧，和蔼可亲的朝日，虽然含笑安慰我们一班行色匆匆的旅客，我却觉得寒风嗖嗖有些冷意，看看他们一些难民，身上穿的比我少得多，倒也不觉得怎么样冷。火车来了。我从月台桥上走过，看见有一面旗帜，写着"北京学生联合会灾区调查团"，我想他们来调查灾区，——也算是社会事业的开始。也许有我们"往民间去"的相识的同志在内。过去一看，只见几个学生，有背着照相架的，有拿着钞本簿籍的，却一个也没有相熟的。火车快开，也就不及招呼，一走上车了。

我坐的一辆车里，只五六个人。中间躺着两个人：一个是英国工头模样，一个广东女人，他的妻子，两人看来是搭浦口天津通车到天津去的。英国人和他妻子谈着广东话，我一句也不懂。停一忽儿，茶房来向他们说了几句话，意思是说，今天火车到天津了，讨几个酒钱。英国人给他一块钱。茶房嫌少，不肯接。英国人发作起来，打着很好的上海话说道："你们惯欺外国人！你可得明白，我在中国住了三十多年，什么事我不知道！为什么两个人必得给你两块钱？不要就算了。"我听得奇怪，——这种现象，于中英两民族交接的实况上很有些价值，因和他攀谈攀谈，原来他也是进京，就那东城三条胡同美国人建筑医院的豫王府工程处的工头之职，谈起来，他还很会说几句北京话呢。

一人坐在车里，寂寞得很，英国人又躺下睡着了。我呆呆的坐着思前想后，也很乏味，随手翻开一本陶渊明的诗集，看了几页又放下了。觉着无聊，站起来凭窗闲望。半阴半晴的天气，烟云飞舞，一片秋原，草木着霜，已经带了些微黄，田地里禾麦疏疏朗朗，显得很枯瘠似的，想起江南的风物，究竟是地理上义化上得天赋较厚呵。火车的轮机声，打断我的思潮，车里却静悄悄的，只看着窗外凄凉的天色似乎有些雨意，还有那云山草木的"天然"在我的眼前如飞似掠不断的往后退走，心上念念不已，悲凉感慨，不知怎样觉得人生孤寂得很。猛然看见路旁经过一个小村子，隐约看见一家父子母女同在茅舍门口吃早饭呢。不由得想起我与父亲远别，重逢的时节也不知道在何年何月，家道又如此，真正叫人想起我们常州诗人黄仲则的名句来："惨惨柴门风雪夜，此时有子不如无。……"

这天当夜到天津，第二天就进京，行期快了。其时正是1920年10月初旬光景。

《饿乡纪程》

❖ 老舍：大明湖之春

北方的春本来就不长，还往往被狂风给七手八脚地刮了走。济南的桃李丁香与海棠什么的，差不多年年被黄风吹得一干二净，地暗天昏，落花与黄沙卷在一处，再睁眼时，春已过去了！记得有一回，正是丁香乍开的时候，也就是下午两三点钟吧，屋中就非点灯不可了；风是一阵比一阵大，天色由灰而黄而深黄，而黑黄，而漆黑，黑得可怕。第二天去看院中的两株紫丁香，花已像煮过一回，嫩叶几乎全破了！济南的秋冬，风倒很少，大概都留在春天刮呢。

有这样的风在这儿等着，济南简直可以说没有春天，那么，大明湖之春更无从说起。

济南的三大名胜，名字都起得好：千佛山，趵突泉，大明湖，都多么响亮好听！一听到"大明湖"这三个字，便联想到春光明媚和湖光山色等等，而心中浮现出一幅美景来。事实上，可是，它既不大，又不明，也不湖。

湖中现在已不是一片清水，而是用坝划开的多少块"地"。"地"外留着几条沟，游艇沿沟而行，即是逛湖。水田不需要多么深的水，所以水黑而不清；也不要急流，所以水定而无波。东一块莲，西一块蒲，土坝挡住了水，蒲苇又遮住了莲，一望无景，只见高高低低的"庄稼"。艇行沟内，如穿高粱地然，热气腾腾，碰巧了还臭气烘烘。夏天总算还好，假若水不太臭，多少总能闻到一些荷香，而且必能看到些绿叶儿。春天，则下有黑汤、旁有破烂的土坝；风又那么野，绿柳新蒲东倒西歪，恰似挣命。所以，它既不大，又不明，也不湖。

话虽如此，这个湖到底得算个名胜。湖之不大与不明，都因为湖已不湖。假若能把"地"都收回，拆开土坝，挖深了湖身，它当然可以马上既大且明起来：湖面原本不小，而济南又有的是清凉的泉水呀。这个，也许一时做不到。不过，即使做不到这一步，就现状而言，它还应当算作名胜。北方的城市，要找有这么一片水的，真是好不容易了。千佛山满可以不算数儿，配作个名胜与否简直没多大关系，因为山在北方不是什么难找的东西呀。水，可太难找了。济南城内据说有七十二泉，城外有河，可是还非有个湖不可。泉，池，河，湖，四者俱备，这才显出济南的特色与可贵。它是北方唯一的"水城"，这个湖是少不得的。设若我们游湖时，只见沟而不见湖，请到高处去看看吧，比如在千佛山上往北眺望，则见城北灰绿的一片——大明湖；城外，华鹊二山夹着弯弯的一道灰亮光儿——黄河。这才明白了济南的不凡，不但有水，而且是这样多呀。

况且，湖景若无可观，湖中的出产可是很名贵呀。懂得什么叫作美的人或者不如懂得什么好吃的人多吧，游过苏州的往往只记得此地的点心。逛过西湖的提起来便念道那里的龙井茶、藕粉与莼菜什么的，吃到肚子里的也许比一过眼的美景更容易记住，那么大明湖的蒲菜、茭白、白花藕，还真许是它驰名天下的重要原因呢。不论怎么说吧，这些东西既都是水产，多少总带着些南国风味；在夏天，青菜挑子上带着一束束的大白莲花菁菜出卖，在北方大概只有济南能这么"阔气"。

▷　1930年老舍在济南

我写过一本小说——《大明湖》——在"一·二八"与商务印书馆一同被火烧掉了。记得我描写过一段大明湖的秋景，词句全想不起来了，只记得是什么什么秋。桑子中先生给我画过一张油画，也画的是大明湖之秋，现在还在我的屋中挂着。我写的，他画的，都是大明湖，而且都是大明湖之秋，这里大概有点意思。对了，只是在秋天，大明湖才有些美呀。济南的四季，唯有秋天最好，晴暖无风，处处明朗。这时候，请到城墙上走走，俯视秋湖，败柳残荷，水平如镜；唯其是秋色。所以连那些残破的土坝也似乎正与一切景物配合：土坝上偶尔有一两截断藕，或一些黄叶的野蔓，配着三五枝芦花，确是有些画意。"庄稼"已都收了，湖显着大了许多，大了当然也就显着明。不仅是湖宽水净，显着明美，抬头向南看，半黄的千佛山就在面前，开元寺那边的"橛子"——大概是个塔吧——静静地立在山头上。往北看，城外的河水很清，菜畦中还生着短短的绿叶。往南往北，往东往西，看吧，处处空阔明朗，有山有湖，有城有河，到这时候，我们真得到个"明"字了。桑先生那张画便是在北城墙上画的，湖边只有几株秋柳，湖中只有一只游艇，水作灰蓝色，柳叶儿半黄。湖外，他画上了千佛山；湖光山色，连成一幅秋图，明朗，素净，柳梢上似乎吹着点不大能觉出来的微风。

对不起，题目是大明湖之春，我却说了大明湖之秋，可谁教亢德先生出错了题呢！

❖ 樊长征：齐烟九点之——鹊山

鹊山地处济南市天桥区北部，与华山隔黄河相对。华山峻拔孤秀，如出水芙蓉；鹊山则岩壁横展，似临流翠屏。每当阴雨之际，登上千佛山，凭高远眺，两山对峙，云雾环萦，若有若无，若离若合，自有一种朦胧缥缈之美，昔人誉之为"鹊华烟雨"。

据说，每年七八月，当"日落溶金，暮云合璧"之时，四方的鸟鹊，翔集于山的林莽之间，故而得名为"鹊山"。这使人自然地联想到牛郎织女鹊桥相会的神话。

鹊山旧有鹊山院、扁鹊祠，是纪念战国时期名医扁鹊的。传说，扁鹊曾在此山烧炼丹药。扁鹊本名秦越人，幼学医长桑君（故鹊山院又名长桑院），精通各科，在赵为"带下医"（妇科），入郑为"耳目、痹医"（五官科），至秦为"小儿医"。虢国太子疾笃已死，扁鹊诊治，使其复生，于是人们都说他能"生死人"（起死回生）。而他却说，虢太子不过是假死，我只是使之苏醒，并没有使死人复生的本领。可见他不仅医术高明，而且医德高尚，具有实事求是的精神。鹊山西麓旧有扁鹊墓。清沈廷芳有诗记云：

赖为卢医墓，墓碣字了了。
丹灶剩虚名，荒墟啼怪鸟。

自汉以来，济水泛滥，鹊山脚下，一片汪洋，哪儿会有战国古墓遗存。看来，这只是一种传说而已。

唐天宝五年（746），李白寓居任城（今山东济宁市），北游济南，有《陪从祖济南太守泛鹊山湖诗三首》，是现存描写鹊山最早的诗。其诗曰：

水入北湖去，舟从南浦回。
遥看鹊山转，却似送人来。

诗人爱鹊山，鹊山也追随着他的归舟，依依惜别。

▷ （元）赵孟頫绘鹊华秋色图（局部）

❖ 老舍：济南的秋天

济南的秋天是诗境的。设若你的幻想中有个中古的老城，有睡着了的大城楼，有狭窄的古石路，有宽厚的石城墙，环城流着一道清溪，倒映着山影，岸上蹲着红袍绿裤的小妞儿。你的幻想中要是这么个境界，那便是个济南。设若你幻想不出——许多人是不会幻想的——请到济南来看看吧。

请你在秋天来。那城，那河，那古路，那山影，是终年给你预备着的。可是，加上济南的秋色，济南由古朴的画境转入静美的诗境中了。这个诗意秋光秋色是济南独有的。上帝把夏天的艺术赐给瑞士，把春天的赐给西湖，秋和冬的全赐给了济南。秋和冬是不好分开的，秋睡熟了一点便是冬，上帝不愿意把它忽然唤醒，所以作个整人情，连秋带冬全给了济南。

诗的境界中必须有山有水。那么，请看济南吧。那颜色不同，方向不同，高矮不同的山，在秋色中便越发的不同了。以颜色说吧，山腰中的松树是青黑的，加上秋阳的斜射，那片青黑便多出些比灰色深，比黑色浅的颜色，把旁边的黄草盖成一层灰中透黄的阴影。山脚是镶着各色条子的，一层层的，有的黄，有的灰，有的绿，有的似乎是藕荷色儿。山顶上的色儿也随着太阳的转移而不同。山顶的颜色不同还不重要，山腰中的颜色不同才真叫人想作几句诗。山腰中的颜色是永远在那儿变动，特别是在秋天，那阳光能够忽然清凉一会儿，忽然又温暖一会儿，这个变动并不激烈，可是山上的颜色觉得出这个变化，而立刻随着变换。忽然黄色更真了些，忽然又暗了些，忽然像有层看不见的薄雾在那儿流动，忽然像有股细风替"自然"调和着彩色，轻轻地抹上层各色俱全而全是淡美的色道儿。有这样的山，再配上那蓝的天，晴暖的阳光；蓝得像要由蓝变绿了，可又没完全绿了；晴暖得要发燥了，可是有点凉风，正像诗一样的温柔；这便是济南的秋。况且因为颜色的不同，那山的高低也更显然了。高的更高了些，低的更低了些，山的棱角曲线在晴空中更真了，更分明了，更瘦硬了。看山顶上那个塔！

再看水。以量说，以质说，以形式说，哪儿的水能比济南？有泉——到处是泉——有河，有湖，这是由形式上分。不管是泉是河是湖，全是那么清，全是那么甜，哎呀，济南是"自然"的情人吧？大明湖夏日的莲花，城河的绿柳，自然是美好的了。可是看水，是要看秋水的。济南有秋山，又有秋水，这个秋才算个秋，因为秋神是在济南住家的。先不用说别的，只说水中的绿藻吧。那份儿绿色，除了上帝心中的绿色，恐怕没有别的东西能比拟的。这种鲜绿色借着水的清澄显露出来。好像美人借着镜子鉴赏自己的美。是的，这些绿藻是自己享受那水的甜美呢。不是为谁看的。它们知道它们那点绿的心事，它们终年在那儿吻着水波，做着绿色的香梦。淘气的鸭子，用黄金的脚掌碰它们一两下。浣女的影儿，吻它们的绿叶一两下。只有这个，是它们的香甜的烦恼。羡慕死诗人呀！

在秋天，水和蓝天一样的清凉。天上微微有些白云，水上微微有些波皱。天水之间，全是清明，温暖的空气，带着一点桂花的香味。山影儿也更真了。秋山秋水虚幻地吻着。山不动，水微响。那中古的老城，带着秋色秋声，是济南，是诗。

《济南的秋天》

❖ **老舍：** 济南的冬天

对于一个在北平住惯的人，像我，冬天要是不刮大风，便是奇迹；济南的冬天是没有风声的。对于一个刚由伦敦回来的，像我，冬天要能看得见日光，便是怪事；济南的冬天是响晴的。自然，在热带的地方，日光是永远那么毒，响亮的天气反有点叫人害怕。可是，在中国北方的冬天，而能有温晴的天气，济南真得算个宝地。

设若单单是有阳光，那也算不了出奇。请闭上眼想：一个老城，有山有水，全在蓝天下很暖和安适地睡着，只等春风来把他们唤醒，这是不是个理想的境界？

小山整把济南围了个圈儿，只有北边缺着点口儿。这一圈小山在冬天特别可爱。好像是把济南放在一个小摇篮里，它们全安静不动地低声地说："你们放心吧，这儿准保暖和。"真的，济南的人们在冬天是面上含笑的。他们一看那些小山，心中便觉得有了着落，有了依靠。他们由天上看到山上，便不觉地想起：明天也许就是春天了吧？这样的温暖，今天夜里山草也许就绿起来吧？就是这点幻想不能一时实现，他们也并不着急，因为有这样慈善的冬天，干啥还希望别的呢。

最妙的是下点小雪呀。看吧，山上的矮松越发的青黑，树尖上顶着一髻儿白花，像些小日本看护妇。山尖全白了，给蓝天镶上一道银边。山坡上有的地方雪厚点，有的地方草色还露着；这样，一道儿白，一道儿暗黄，给山们穿上一件带水纹的花衣；看着看着，这件花衣好像被风儿吹动，叫你希望看见一点儿更美的山的肌肤。等到快日落的时候，微黄的阳光斜射在山腰上，那点薄雪好像忽然害了羞，微微露出点粉色。就是下小雪吧，济南是受不住大雪的，那些小山太秀气。

古老的济南，城内那么狭窄，城外又那么宽敞，山坡上卧着些小村庄，小村庄的房顶上卧着点雪，对，这是张小水墨画，或者是唐代的名手画的吧。

那水呢，不但不结冰，反倒在绿藻上冒着点热气。水藻真绿，把终年贮蓄的绿色全拿出来了。天儿越晴，水藻越绿，就凭这些绿的精神，水也不忍得冻上；况且那长枝的垂柳还要在水里照个影儿呢。看吧，由澄清的河水慢慢往上看吧，空中，半空中，天上，自上而下全是那么清亮，那么蓝汪汪的，整个的是块空灵的蓝水晶。这块水晶里，包着红屋顶，黄草山，像地毯上的小团花的小灰色树影；这就是冬天的济南。

❖ **老舍：** 领略济南之美，要更大一些的想象

要领略济南的美，根本须有些诗人的态度。那就是说：你须客气一点，把不美之点放在一旁，而把湖山的秀丽轻妙地放在想象里浸润着；这也许是看风景而不至于失望的普通原则。反之，你没有这诗意的体谅，而一个萝卜一个坑的去逛大明湖、趵突泉等，先不用说别的，单是人们口中的葱味，路上吱吱扭扭小车子的轮声，与裹着大红袜带的小脚娘们，要不使你想悬梁自尽，那真算万幸。单听济南人说话，谁也梦想不到它有那么美，那么甜，那么清凉的泉水；而济南泉水的甜美清凉确是事实，你不能因济南话难听而否认这上帝的恩赐。好吧，你随我来吧，假如你要对济南下公平的判断，一个公平的判断，永不会使济南损失一点点的光荣。

比如你先跟我上大明湖的北极阁吧，一路之上（不论是由何处动身），请你什么也不看不听，假如你不愿闭上眼与堵上耳，你至少应当决定：不使路上的丑恶影响到最终的判断。你还要必诚必敬的默想着，你是去看个地上的仙境。

到了，看！先别看你脚下的湖；请看南边的山。看那腰中深绿，而头上淡黄的千佛山；看后面那个塔，只是那么一根黑棍儿似的，可是似乎把那一群小山和那片蓝而含着金光的天空联成一体，它好像表现着群山的向上的精神。再往西看，一串小山都像带着不同的绿色往西走呢。远处，只见天边上一些蓝的曲线，随着你的眼力与日光的强弱，忽隐忽现，使你轻叹一声：山，伟大图画中的诗料。到北极阁后面来看，还有山呢，那老得连棵树也懒得长的历山，那孤立不倚的华山，都是不太高不太矮，正合适作个都城的小绿围屏；济南在这一点上像意大利的芙劳伦思。你看到这几乎形成一个圆圈的小山，你开始，无疑的，爱济南了。这群小山不像南京

的山那样可怕，不像北平的西山北山那样荒伟的在远处默立，这些小山"就"在济南围墙的外边，它们对济南有种亲切的感情，可以使你想到它们也许愿到城里来看看朋友们。不然，它们为什么总像向城里探着头看呢。

看完了山，请你默想一会儿：山是不错，但是只有山，不能使济南风景像江南吧；水可是不易有的，在中国的北方。这么想罢，请看大明湖吧。自然，现在的湖已成了许多水沟，使你大失所望。我知道，所以我不请你坐小船去游湖，那些名胜，什么历下亭咧，铁公祠咧，都没有什么可看；那些小船既不美，又不贱，而且最恼人的是不划不摇不用篙支不用纤拉，而以一根大棍硬"挺"的驶船方法。这些咱们全不去试验，我只请你设想：设若湖上没有那些蒲田泥坝，这湖的面积该有多大？设若湖上全种着莲花，四围界以杨柳，是不是一种诗境？这不是不可能的；本来这湖是个"湖"，而是被人工作成了许多"水沟"；上帝给济南一些小山，也给它一个大湖，人工胜天，生把一个湖改成沟，这是因穷而忘了美的结果，不是自然的过错。

城在山下，湖在城中。这是不是一个美女似的城市？你再看，或者说再想，那城墙假如都拆去，而在城河的岸旁，杨柳荫中修上平坦的马路，这是不是个仙境？看那城河的水，绿，静，明，洁，似乎是向你说：你看看我多么甜美！那水藻，一年四季老是那么绿，没有法形容，因为它们似乎是暗示出上帝心中的"绿"便是这样的绿。河岸上，柳荫下，假如有些美于济南妇女的浣纱女儿，穿着白衫或红袄，像些团大花似的，看着自己的倒影，一边洗一边唱！

这是看风景呢，还是做梦呢？一点也不是幻想；假如这座城在一个比中国人争气的民族手里，这个梦大概久已是事实了。我决不愿济南被别人管领；我希望中国人应当有比编几副对联或作几首诗（连大明湖上的游船都有很漂亮的对联，可惜没有湖！）更大一些的想象。我请你想象，因为只有想象才足以揭露出济南的本来面目。济南本来是极美的，可惜被人们给糟蹋了。

《华年》

第三辑

木铎声声·
文教之城名士多

❖ 倪锡英：济南人的性格

一般人都把山东人看作是一种刻苦、诚挚和爽直的人性典型，这个观察是很对的。山东人的确是堪称得起具有"刻苦耐劳""诚挚待人"和"生性爽直"诸美德。那里的老百姓都非常仁厚，还遗留着古老的风气。

我们试把全国各地人民的习性来作一个综合的观察，那么我们可以得到一个大概的结论：江浙是山明水秀的一个富有之乡，因此人民大半很文弱的，在文弱中含有一种雅逸的气味，江浙人善于享乐，不惯耐苦，而对于学术思想的进修方面，却较胜于他省。两广地滨南海，和海外的交通最早，感染日久，人民都具有向外发展的雄心，从年幼时就习惯于航海远征的生活，为人都非常俊爽，肯进取，并且具有世界的眼光，因此便成为中国近百年来革命的策源地。两湖的人民，是兼有了江浙的文逸，和两广的英勇，自古来文人出在两湖的很多，而名将也不少，竟有许多是名将而兼具文才的，可以说是文武兼全了。到现在，我们还可以见到军界里是独多湖南人，而著作界里湖南人也占着重要的地位，就是他们这种文武兼全的性格表现。河北和关内一带，在地理上占有雄秀的形势，所谓"燕赵多悲歌慷慨之士"，自古以来，这一带的人民，即所谓"北方之强"，都便具有尚武和慷慨的气格。至于山东和河南这一带的居民，都是习惯于勤苦、诚挚和爽直；可以拿"粗直"两字来包括。人们都戏称山东人为"老粗"，这并不是一种轻蔑，这的确是代表了山东人一种天真和老实的性格。

济南，自古以来是山东省的一个首城，几千年来为山东政治文物的中心。因此济南人民的性格，当然是离不了山东人粗直的本色。但是因为地理上的关系，济南却比山东各地不同的具有一个明静美丽的环境。山不高而秀，水不深而清，在这般潇洒得如同江南的境地中，人民的习性也趋向于和平俊爽，而脱去了北方的"劲悍之气"。所以杜工部的诗句上称说"济南名士多",这是不错的。在历史上,济南代有文人,最著名的如一代的词曲大家李清照和辛弃疾辈,都是济南人氏。我们试读他们的词,便处处感到温存与清丽的意味,没有一丝山东气息,却还以为他们两人一定是诞生在江浙一带的山水名区里的呢!

《济南》

❖ 刘玉澄：书院改学堂

清末由于帝国主义不断侵略,国家几濒危亡,激起了部分爱国知识分子倡导维新运动以图挽救中国。其中康有为、梁启超等提出实行变法,得到皇帝的采纳,遂于光绪二十四年(1898年,即戊戌年)实施"戊戌变法"。其中就提出大力提倡西学,废科举、兴学堂的办法。虽然戊戌变法失败,但提倡西学之事,仍得到实行。清政府下令"各省、府、州、县,开设中西学……即将各省、府、厅、州、县现有之大小书院,一律改为兼习中学西学之学校。至于学校的等级,自应以省会之大书院为高等学堂,郡城之书院改为中等学堂,州、县之书院改为小学学堂"。

此令下达后,泺源书院于光绪二十七年(1901)改为"山东省高等学堂"。景贤书院于光绪二十七年(1901)改为"东运中学堂"。尚志书院于光绪二十九年(1903)改为"校士馆",不久改为"师范讲习所学堂",后来又改为"存古学堂",光绪三十三年改为"山东省优级师范学堂"。济南书院于光绪三十年(1904)改为"济南中学堂"。

济南的书院,创自元代天历年间,至清代先后成立了10处书院,其中只有泺源、景贤、济南、尚志四处书院传留到清末光绪年间。五六百年来这些书院培养了大量人才,给济南的文化教育做出了一定的贡献。

《济南的书院》

▷ 1901年山东大学堂开校教职学员合影

❖ **李庆胜:** 山东大学堂，中国最早的省立大学

1901年（光绪二十七年），慈禧太后发布"变法"上谕不久，袁世凯闻风而动，除向慈禧太后建议"广建学堂"外，又与他的部属唐绍仪立即在山东筹划自己的学堂。同年旧历八月率先拟定了兴办山东大学堂的包括办法、条规、课程、经费四项内容的《试办章程》，奏报清廷。当年10月15日，清廷谕令政务处"将袁世凯的原奏和单开章程，通行各省，立即仿照举办，毋许宕延。"这样该章程就成为全国各省兴办大学堂的具体、唯一的样板了（此奏折、试办章程和谕旨现存北京图书馆珍贵文献特藏部，山东大学校史档案馆存有影印件和抄件）。于是，在全国最早的省办大学堂——山东大学堂，正式宣告成立。

山东大学堂于1901年旧历十月，在济南泺源书院正式开学。按袁世凯奏报的《学堂试办章程》，定名为山东大学堂。

1902年和1903年，清廷先后推出张百熙奏定的《钦定学堂章程》和张之洞、荣庆、张百熙三人重定的《奏定学堂章程》（所谓"壬寅学制"和"癸卯学制"）。两个章程规定，大学堂相当于大学，只设在京都，原各省办的大学堂一律更名为高等学堂。因此，1904年冬，山东大学堂迁入新建校舍时，正式更名为山东高等学堂。

1912年中华民国创立，国家教育部重新制定了各种学校的章程（所谓"壬子学制"）。按这个章程，山东高等学堂又更名为山东高等学校。

1913年（民国二年），教育部又定新章（所谓"癸丑学制"），把全国分为几个学区，每个学区只有中心城市设立包括预科在内的大学，预科不再独立设置，也不再分类。山东所在学区的中心城市是北京，这样山东高等学校即定于1913年6月撤销。因有两个正科班（一类九班、三类二班）不便转送，所以经批准后，延续到这两个班毕业时（1914年7月）正式停办。由于高等学堂的名称使用时间较长，所以人们常把该校统称为山东高等学堂。

山东高等学校决定撤销后，绝大部分教职员和未毕业学生，分别转入省立法政、农业、商业、工业、矿业、医学6所专门学校，原校舍归法政专门学校使用。1926年8月，6所专门学校又合并为省立山东大学。1930年，省立山东大学迁到青岛，改称国立青岛大学，后又改称国立山东大学。以后又几经离合，终于在1958年秋山东大学迁回济南至今。

由上所述，1901年创建的山东大学堂，理应是今日山东大学的历史源头。

《全国最早的省办官立高等学校——山东大学堂》

❖ **许慕贤：** 栾调甫与齐鲁大学国学研究所

山东私立齐鲁大学是美、英、加拿大三国的基督教会为了便于传播宗教而集资兴办的。它的文学院中的国文系，是为各教会中学培养国文教员而设的。它的历届国文系的系主任和教员，都是擅长八股文的举人、拔贡之类的老夫子。尽管1919年波澜壮阔的"五四"文化运动遍及全国，可是并没能影响到齐鲁大学的国文系。直到1924年的冬天，教员于兰洲先生因病去世，该系的学生许慕贤、张维思、孙碌等，深恐系主任周干庭先生依旧介绍老夫子来任教，就直接找到院长李天禄博士（他是留美的哲学博士），说明学生们的意见，并推举没有学历和没有教学经历的栾调甫先生来校任教，因为栾先生已经给我们文学研究会的成员讲过《墨子的物理学》，我们想请他来指导我们国文系的学生在诗词文章之外，也研究一点中国古代学术。院长看了我们拿去的栾先生于1922年及以后在《东方杂志》等刊物上发表的《谈梁任公墨经校释》《梁任公五行说之商榷》《评章胡墨辩之争》及《墨子的物理学》等著作，就说："你们的意见很好，只要你们认为栾先生对你们研究古代学术有帮助，我们就请他来。"这样，第二年（1925）春天，栾先生就成了齐大第一位由学生推举而聘来的教授，我们也就成了栾先生的第一班大学学生。从我们这一班起，国文系就不是光读诗词文章，而是更重视古代学术的研究，因而国文系也就称为国学系了。

国文系改成国学系，说明原国文系的学生研读的范围扩大了，国学研究所的出现有了可能。果然，1929年的秋天，国学研究所成立了。先是，这一年的春天，文学院院长林济青在北京得知私立燕京大学经管着一笔美国用来研究中国文化的款子，他就想到我们国学系里栾先生所指导的一部分学生是研究中国古代学术的，把这一部分扩充一下，一定能够要到一点款子，也好给学校做点事情。院长对栾先生是有所了解的，但也只限于从梁任公给栾先生的信中得知先生对中国古代学术有所研究而已，至于研究的深度和广度如何，能否负得起国学研究所的责任，还是需要摸摸底的。因此他回来后，马上就同栾先生商量。栾先生把手边的《国学》《东风》《齐大旬刊》《齐大心声》等，翻给院长看，并说："这里边绝大多数都是我们《文学社》的成员写的，都是国学系的毕业生，只要把他们找几个回来，研究工作就有了帮手。院长再去北京请几位名教授来，一面担任研究工作，一面担任教课，这样对研究所和学校都有好处。"院长听了很以为然，于是就把组织国学研究所的事交给栾先生，叫栾先生去找《文学社》的成员回

▷ 墨子学家栾调甫（1889—1972）

▷ 1941年齐鲁大学部分师生合影

校工作。院长本人就去北京请来舒舍予（即老舍）、郝立权、余天麻、陈祖裕、谢惠等，分别在各学系任教，一面就所教学科联系中国古代学术进行研究。这些人的薪金都由研究所开支，研究项目由各人自选，俟有成就，统由研究所汇编上报。齐大国学研究所就这样宣告成立了。

《齐鲁大学国学研究所简介》

❖ 倪锡英：图书馆像一座大花园

山东省立图书馆，地处大明湖西南岸，那里饶有庭园之胜；与其说它是一个图书馆，毋宁说它是一座大花园来得确当些。从大明湖的西南角进去，门口有一片广场，面临大明湖，有一带铁栏围着，大门是一座中国式的门楼，进得门去，便可以看见一角的亭台花木，旁边有一座虹月轩，右面是朝爽台，台后是碧云轩，踏着碎石的曲道进去，两旁竹篱间尽植着花木，小路尽处，便是一个大庭院，有一幢古旧的西式大楼。楼前是一个花圃，楼西是一带回廊，廊下是一流清泉，那便是玉带河，在河上建着一座小石桥，桥下的流水直向南去，汇成一个长方形的大池；那池上，全叠着奇石作假山，在石隙间长着几十株低矮的松柏。那池水和大明湖的泉流相通，明朗得如镜子一般。在池东的假山上，还曲折盘旋的辟着小道，构起小桥，循着小道上去，有几座古式的亭子，登亭一望，园内的花木胜景，和园外明湖的一角，尽入眼底。

从玉带河过去，又是一个院落，那是博物部，里面有许多珍奇的禽兽，两廊壁间嵌着隋唐年间的古碑，和汉代的石像。走廊旁有五间宽广的厅屋，题名曰碧琳琅馆，非常清雅。

《济南》

❖ 倪锡英：广智院

广智院俗称保古堂，在济南南围子门外，是英国的牧师怀恩氏向各界募款二十万所创建，怀恩氏在山东传教多年，当前清光绪年间，他便有志创立一个广智院，最初设在青州，后来才搬到济南。怀恩和他儿子经过了几十年苦心经营，到现在已成为山东全省最完备的一个博物院。那院内所有的一切建筑与模型设备，总价在七十万金以上。

从内城向南去，没有多路，就到广智院，那附近是一个宗教区域。广智院的房屋，外观是中式，而内部布置却是欧西式样。大门向北，进门便是一片大庭院，整齐的点缀着各种花木，再进去，便到陈列室的正厅，入口处有一架计数器，走进一个人去，便自动的会转动一个数目，每天进去参观的至少有千人以上，这可见广智院吸引观众力量的伟大了。那正厅上陈列着一副极大的鲸鱼骨骼，高悬在空际，下面便是几十个玻璃柜，柜内放着几十座不同的模型，有关于卫生的，有关于教育的，有关于工商业的，有关于建筑及名胜古迹的，可以说是无所不包。中间有一架黄河铁桥的模型，有二丈多长，桥梁的建筑及河底积沙的样子，和真的十分相像。还有一座中山陵的模型，也是惟妙惟肖。四壁悬着各种动植物大挂图，两旁的橱里是各种禽兽的标本。从正厅进去，便是各种风俗模型，再进去到后厅，陈列着各国议院模型，还有世界大战的模型，希腊古庙和罗马的古战场，以及上古各民族如埃及巴比伦等的古建筑，完全用模型来表现。后厅旁边，有一室专门陈列着世界各国的人种模型，和各民族进化的史迹，还有一室完全陈列世界上各种交通器具，表示着人类交通的进化程序。这许多模型，每一个都经过十二分精细的设计和制作，如果你要把每一个都仔仔细细地看一遍，至少可以看六七天。若是走马看花，也得花上半天时光。这里，

▷　济南广智院外景

▷　济南广智院内陈列的鲸鱼骨架

可说是一部智识的万有文库。去游济南的人，山水的胜景少领略一点倒不要紧，可是广智院是不能不去参观一下的。

《济南》

❖ 老舍：广智院，逛一逛罢了

逛过广智院的人，从一九〇四到一九二六，有800多万；到如今当然过了千万。乡下人到济南赶集，必附带着逛逛广智院。逛字似乎下得不妥，可是在事实上确是这么回事；这留在下面来讲。广智院是英人怀恩光牧师创办的，到现在已有28年的历史。它不纯粹是博物院，因为办平民学校、识字班等，也是它的一部分作业。此外，它也做点宗教事业。就它的博物院一部分的性质上说，它也是不纯粹的：不是历史博物院、自然博物院或某种博物院，而是历史地理生物建筑卫生等等混合起来的一种启迪民智的通俗博物院。生物标本、黄河铁桥模型、公家卫生的指导物，都在那里陈列着。这一来是因为经费不富裕，不能办成真正的博物院；二来是它的宗旨本来是偏重社会教育。颇有些到过欧美、参观过世界驰名的大博物院的君子们对它不敬，以为这不过是小小的西洋牧师弄些泥人泥马来骗我们黄帝的子孙。可是，人家的宗旨本在给普通人民一些常识，这种轻慢的态度大可以收起去。再者，就以这样的建设来说，中国可有几个？大英博物院好则好矣，怎奈不是中国的！广智院陋则陋矣，到底是洋人办的。中国人谈社会教育，不止30年了吧？可是广智院有了28年的历史，中国人自办的东西在哪儿？

再请这游过欧美的大人们看看贵黄帝子孙。您诸位大人们不是以为广智院的陈列品太简陋么？您猜猜贵黄帝子孙把这点简陋东西看懂了没有？假如您不愿猜，待小子把亲眼所见的述说一番。

等等，我得先擦擦眼泪。不然，我没法说下去。

山水沟的"集"是每六天一次。山水沟就在广智院的东边，相隔只有几十丈远。所以有集的日子，广智院特别人多。山水沟集上卖的东西，除了破铜和烂铁，就是日本瓷、日本布、日本胶皮鞋。买了东洋货，贵黄帝子孙乃相率入西洋鬼子办的社会教育机关——广智院。赶集逛院是东西两端，中间的是黄帝子孙！别再落泪，恐怕大人先生们骂我眼泪太不值钱！

大鲸鱼标本。黄帝子孙相率瞪眼，一万个看不懂，到底是啥呢？蚊虫放大标本。又一个相率瞪眼，到底是啥呢？碰巧了有位识字的，十二分的骄傲说道：这是蚊子！大家又一个瞪眼，蚊子？一向没看过乌鸦大的蚊子！识字的先生悻悻然走开，大家左右端详乌鸦大的蚊子，终于莫名其妙。

到了卫生标本室。泥作的两条小巷：一条干净，人皆健康；一条污浊，人皆生病。贵黄帝子孙一个个面带喜色，抖擞精神，批评起来："看这几块西瓜皮捏得多么像真的！"群应之曰："赛！""赛"是土话，即妙好之意；"快来，看这个小娘们，怎捏得这么巧呢！看那些小白馍馍，馍馍上还有苍蝇呢！"群应之曰："赛！"对面摆着"缠足之害"的泥物。"啊呀！看这里小脚的！看，看，看那小裹脚条子，还真是条小白布呢！看她小妞子哭的神气，真像啊！"群应之曰："赛！"哼，怎么这个泥人嘴里出来根铁丝，铁丝上有块白布，布上有黑字呢？"没有应声，相对瞪眼。那识字的先生恰巧又转回来，十二分的骄傲，说道："这是表示那个人说话呢！"群应之曰："哼？""干吗说话，嘴里还出铁丝和白布呢？"不懂！

…………

这就是贵黄帝子孙"逛"广智院的获得。人家处处有说明，怎奈咱们不识字！这还是鬼子设备的不周到；添上几位指导员，随时给咱们解说，岂不就"赛"了么？但是，添几位指导员的经费呢？鬼子去筹啊！既开得起院，便该雇得起指导员！是的，予欲无言！

《华年》

❖ 王恒：泰戈尔济南演讲

下午1时，第一师范学校大礼堂内已座无虚席，但听讲者还是一个劲儿向里挤，他们是来自四面八方、各行各业的文学爱好者，包括女青年，这在当时她们是不愿到群众场合的。不一会儿，礼堂内走道、窗台上也有人了，讲台上的横幅是"山东省市各界欢迎印度大诗人泰戈尔先生大会"。台下一边有一小桌，王祝晨校长特安排了记录席，他特意挑选了二位中英文高才生作记录，一位是英语专修科的陈会文，一位是中文专修科的李光家。1时30分，泰戈尔先生在王祝晨校长与王统照先生陪同下进入大厅，后面是徐志摩与林徽因。大厅中爆发了热烈的欢呼声和掌声。王祝晨校长致了简短的欢迎词后，年仅27岁的著名诗人徐志摩身着深色长袍马褂，鼻梁上戴着一副金边无框眼镜，头发从正中向两边分开成一八字形（那是当时最流行的发式），他笑盈盈地快步跳上讲台脱帽鞠躬向大家问好。他说："我最亲爱的朋友们，山东是个好地方，济南是个好地方，今天一次到了两个好地方，能不高兴、不激动？"他着实有魅力，像火一样一下子把大家的情绪给燃烧起来，大家都喜欢上了他，不由得爽朗地笑了起来。徐志摩接着说："泰戈尔先生从遥远的家乡来到你们身边，这是你们的福气。他从上海登岸以来，不曾有过半天完整的休息。我能有机会在泰戈尔先生来华访问的短期内天天陪着大师，随时聆听他的教诲，这是我一生中莫大的殊荣，得以随侍世上一位伟大无比的人物而难禁内心的欢欣跳跃。"台下又是一阵热烈的掌声和赞叹声。"今天站在你们面前的长者是我们日思夜想的伟大诗人诺贝尔文学奖获得者泰戈尔先生，他是我们新的诗歌启蒙人、受苦受难者的歌颂者、热情赞美人民的使者，更是我的领路人、严师和长者。再说明一下，泰戈尔先生身体不太好，时时离不开药物，可他热爱中国，他是在众多亲朋好友反对下，摆脱了压在他身上的所有重要工作，坚持来访问我们国家的。他说过很多次，他从小就喜爱中国。"又是一片感激的掌声。徐志摩接着说："泰戈尔先生在讲述中你们会听到称呼你们是小孩子或说几句孟加拉语，那是泰戈尔先生的良好习惯，他爱青春和少年，所以他以羡慕的口气称呼青年人为小孩子们；他热爱母语、尊重母语，他时时告诫自己永远不能忘却祖国，祖国就是母亲。好，现在热烈欢迎我们最尊敬的印度加尔各答大学教授、博士，泰戈尔爵士为我们讲话。"徐志摩讲完后向着泰戈尔先生鞠躬，并说："我最尊敬热爱的泰戈尔先生，站在您面前的是一群刚摆脱了旧传统的青年，他们像花枝上鲜嫩的蓓蕾，只候南风的怀抱以及晨露的亲吻，便会开放，而您是风露之源。"全场沸腾啦，掌声、欢呼声似雷鸣一般。

泰戈尔先生留着半尺多长有些曲卷的白胡须，披肩的银白长发，身穿白素大褂，外罩棕红色拖地长衣，头上有一布帽。63岁的他看上去脸色有些苍白，但两眼矍铄有神。他双手摆动、笑眯眯地不要大家鼓掌，可掌声反而更热烈了。他轻轻地摇了摇头，快步走上了讲台。泰戈尔先生右手扶左胸上方深深地一礼即兴地说："我的青年朋友们！很高兴，今天我们集会在这个美丽的泉水喷涌歌唱的地方，看着你们年轻的面目，个个闪亮着聪明与诚恳的志趣，但我们中间却是间隔着年岁的距离，我已经到了黄昏的海边，你们远远站在那日出的家乡。你们给予我真诚的欢迎，我感谢你们，我想用自己那颗对你们和亚洲伟大的未来充满希望的心，赢得你们的心。当你们的国家为着那未来的前途，站立起来，表达自己民族的精神，我们大家将分享那未来前途的愉快。我再次指出，不管真理从哪里来，我们都应该接受它，毫不迟疑地赞扬它。如果我们不接受它，我们的文明将是片面的、停滞的。"他停顿了一下，好像是换了一种口气接着说："刚才我来的大街上，那走路的人们也像我的家乡人一样，日子过得并不好，不像你们可能是为了我来穿上了漂漂亮亮的衣服，是吗？"大家一阵赞叹声。诗人徐志摩宣布："今天讲述的题目是'一个文学革命家的供状'。""年轻朋友们，我们来外邦做客的，只能在当地人自然流露的情感里寻求乡土的安慰……"泰戈尔先生开始了带有生动表情的讲话，加上徐志摩的诗一般的翻译，使听者如醉如痴。有时听众掌声过于激烈，泰戈尔先生就用双手合十来请求安静下来，偶尔与徐志摩低声交谈一下，有时林徽因（其父林长民曾任北洋政府秘书长）在旁边与同坐一起的王统照先生低声交谈后对徐志摩的译词表示异议，徐志摩与她有时商讨一下，有时立即改正，引起了听众对他们的兴趣。林徽因又是与徐志摩共同创办《新月社》的发起人和朋友，她今天穿一藕荷色旗袍，外罩一红色短薄毛衣，短发，很有大家闺秀的味儿。她穿戴非常入时，她腿下的那双三寸金莲更成了听众窃窃私语的话题，再加上场内在座的女性中也有好多位同她一样，她的到来使场中气氛更加浓郁了。

▷　1924 年泰戈尔来华期间与其翻译徐志摩（右）、林徽因（左）合影

讲学进行了两个多小时，王祝晨校长请泰戈尔先生休息，泰戈尔先生又用一点时间结束了讲话。徐志摩很快跳下讲台点上烟吸着与林徽因和王统照先生坐在一起，三人低声地说着。听众们有的在低声交谈，有的在相互对照笔记。王祝晨校长伴随泰戈尔先生，搀扶他坐下休息，泰戈尔先生拉着王祝晨校长一同坐下低声说："我不爱讲演、请客吃饭、说客套话这些大场面，我爱安静，爱看潺潺泉水，爱听海洋的波涛声，喜爱在黄昏或月下两三个朋友喃喃细语无拘无束的谈话，比那青年男女说悄悄话更有味儿。"担任翻译的是23岁的于道泉，他流利的口语和渊博的佛教历史知识，使泰戈尔先生颇为青睐，对他说"你是我们一行来中国见到的第一位对印度文化和语言发生兴趣的人"。泰戈尔先生接着又与于道泉笑盈盈低语了一会，于道泉对王祝晨校长笑着说："泰戈尔先生忽然想起在庙宇中您与他谈的拴娃娃风俗，他说一想到那泥娃娃就要止不住的笑，他说'太美啦，是一首绝妙的诗篇，我回去一定告诉我的家人和朋友们，我想创造这个迷信的人一定是一位天才的农民。"这是在送子娘娘庙中发生的一幕：当时泰戈尔先生一行对一些妇女拿钱买泥娃娃还要很虔诚地用红绸布包起来拿走非常奇怪和感兴趣，于是王祝晨校长对泰戈尔先生说，"这是民间风俗，拴个娃娃回家，就可以怀孕生小孩，如果真生了小孩，还得买高香带红绸帐来叩头拜谢送子娘娘给孩子之情。有钱有势的还要扎台唱大戏呢。可是小孩不能上这山和这庙，不然送子娘娘会收回她送的孩子，也就是说孩子就活不成了。"泰戈尔先生听着笑得已有点肚子痛，没想到王祝晨接着说："我娘就是为了有我来此拴的泥娃娃……"还没有讲完泰戈尔先生已经笑得把王祝晨抱住了，连声说："太美啦、太美啦！这不是风俗，这是一首动人的诗篇，人民总会想出一些意想不到的动人诗篇。"这时泰戈尔先生握住王祝晨先生的手低声问："您陪同我上山不怕送子娘娘把您抱回去？"王祝晨也笑了起来说："那是迷信啊，我可不信那一套。"泰戈尔先生双手握住王祝晨先生的手并用头顶着王的头笑着，听见这话的都笑得出了声。休息过后泰戈尔先生走上讲台对徐志摩说："我想听听孩子们想说些什么。"徐志摩转头问大家："先生想要听听你们的，怎么样？谁先发言？"会场热烈的气氛一下子冷了下来，泰戈尔先生笑了，他说："山东不是英雄辈出的地方吗？怎么还不如上海的青年们，我还想听到山东的花木兰的提问。"这激将法的确很灵，有一女青年当即提问："梦幻是美的，可现实不如梦幻，这如何面对？"泰戈尔先生笑答："我过去也是梦幻多于现实，这是我早期作品的致命弱点，要摆脱梦幻、面对现实，最好的方法就是到人民中间去，要活在人民中间。"

徐志摩翻译完了这句话，马上朗诵起泰戈尔先生的诗："用人民的悲哀与欢乐编成诗歌，为他们修筑一座永恒的住所。"这引起一阵狂风般的掌声，有人问：

"世界上什么最伟大？"

"母亲！慈爱无私的母亲！"

"最热烈最富有的生活在哪里？"

"在锄着瘠地的农民那里，在敲石的筑路工人那里，要劳动和流汗，才能接近他。……"

提问越来越多，场内成了欢乐的殿堂。有人提议请徐志摩朗诵自己的作品，徐笑着反问对方"你愿意在你的老师面前展示你的才华呢，还是要老师打你的屁股？"大家一片笑声。提问不断，笑语连连，时针很快超过6点，分离的时刻到了，大家一再要求请泰戈尔先生朗诵一首诗歌才能分别。泰戈尔先生笑了，沉思片刻，两眼闪烁地含着无限热忱与温暖，低声喃喃吟咏：

仰仗恶的帮助的人，建立了繁荣昌盛，

依靠恶的帮助的人，战胜了他的仇敌，

依赖恶的帮助的人，实现了他们的愿望。

泰戈尔先生提高了嗓音：

但是，有朝一日他们将彻底毁灭。

《泰戈尔在济南》

❖ 吕长源、吕君朴：进步的东方书社

1928年5月3日，日寇炮击济南，造成国际上罕见的"济南惨案"。当时，省会临时迁到泰安，教育图书社也在泰安设立了办事处，派王畹荺、刘震初两人去泰安负责中、小学教科书的发行。两人同处一室，相互有了深刻的了解，面对国家多难之秋，深感要抗日救国，只有唤起民众，而图书则是激励民众的有力武器。从泰安回济南后，经过充分酝酿，他们毅然离开教育图书社，于1929年2月，组建起东方书社。"东方"这个名字，含义深邃，是经过王畹荺、鞠思敏、王祝晨等人多次探讨而定的。人们常说："东启明，睡狮猛醒。"其寓意是唤起民众反对外来侵略，因而，"东方"两字有时代意识。同时，"东方"也象征着朝气蓬勃、生机盎然。又考虑到济南是古今名士荟萃的地方，应"以文会友，以书结社"，故取名"东方书社"。

创建伊始，只有5个人，4000元股金。按照股份有限公司体制组建。经理王畹荺，副经理刘震初、曲慕西，另有两名营业员。后来，袁坤生又加入，为副经理。经过短暂筹备，在院西大街租赁到一幢三开间三层的旧楼房开张营业。该楼年久失修，条件简陋。当时有四句打油诗："地板吱吱响，楼梯摇晃晃，铺面后面摆饭桌，楼梯底下当账房。"万事开头难啊！

创业的艰难还在于面对着强大的竞争对手。当时，在东方书社周围有商务印书馆、教育图书社和世界书局三大家书店，还有30多户中小型书店，都集中在院西大街一带。在这种激烈竞争的形势下，刚诞生的东方书社要生存发展，就必须独辟蹊径，办出自己的特色。为此，四位经理各展所长，全力扑在事业上。王畹荺驾轻就熟与教育、文化界人士广泛联系；刘震初"长袖善舞"，往返沪津，很快取得上海各出版单位的信任与支持；

袁坤生精于计算安排，主持内部管理；曲慕西脚踏实地，认真细致组织推销。经理们的同心同德，带动了职员的奋发努力，大家志同道合，亲如一家，形成了一个同甘共苦的战斗集体。经过一年多的艰苦创业，励志图新，业务蒸蒸日上，很快就站稳了脚跟，并以后来居上之势跻身于济南四大书店之列。到1934年，他们又以3000元购进院西大街的艺林书店，形成东西两座门市部，业务范围不断扩大，人员发展到30多人，资金增值为6万元。

在抗日救国浪潮高涨的30年代，东方书社成为济南推销进步书刊最多的一家书店。刘震初对此立下了汗马功劳，他走南闯北，眼界开阔。先后与上海开明书店、北新书局、生活书店等建立起代办分店和特约经销处的关系。开明书店当时由叶圣陶、夏丏尊主持编辑工作，出版了一系列受读者赞誉的好书。北新书局以大量出版鲁迅著作扬名于世。生活书店在邹韬奋带领下，始终站在抗日救国的最前线，是新书业中的一面战斗旗帜。这三家是东方书社的支柱，再加上儿童书局和黎明书局，使"东方"有了强大的书源后盾。另外，还同十几家出版新思想、新文化读物的出版单位建立了经销处的关系。一批批时事读物，一箱箱进步书刊源源而来。特别是发行生活书店出版的《叱咤风云集》的情景，更令人难忘。该书由吴涵真选编了《义勇军进行曲》《救国歌》等74曲抗日救亡歌曲，按当时书籍定价标准应为0.40元，而生活书店只零售0.06元。"书价低廉，志在唤醒同胞共同抗日。"东方书社尽全力宣传发行这本歌曲集，连续电报订添，满足供应。同时，他们还冒着极大的风险积极发行邹韬奋主编的《生活》周刊、《大众生活》周刊，杜重远主编的《新生》周刊，金仲华主编的《永生》周刊，李公朴主编，柳湜、艾思奇编辑的《读书生活》半月刊，胡愈之、金仲华创办的《世界知识》半月刊等。这些刊物风行一时，万人争诵。为防国民党迫害，他们有的公开陈列，有的放在书架底层，有的卷包好藏在柜内秘密发行。在这些刊物中，"三生"（即《生活》《新生》《大众生活》）最受欢迎。该社每期都是先收到航空寄来的三五百本，然后，再收到邮局寄发的三五千本。到后，三五天内即售完。那时国人最关心的问题是中国向何处去？这些进步书刊，给千百万祖国儿女指明了方向，使其走上了革命征途。东方书社通过发行进步书刊，起到了传播、媒介、桥梁作用。

《王畹芗与东方书社》

❖ 万永光：梁漱溟与山东乡村建设

在河南办"村治学院"时期，梁漱溟先生就与韩复榘建立了联系。早在冯玉祥任北洋政府陆军检阅使时，曾请梁到驻地南苑为所部军官讲学，当时韩为团长，就听过梁的理论，对梁的"乡村建设"主张极为赞赏。当然，韩复榘有他自己的打算，他看到乡村基层组织的改革，将有利于巩固和加强他的军阀统治，梁先生的乡村建设则依靠实力派来实现。他说："我们与政府是彼此相需的，而非不相容的。至于落到依附政权，则亦有不得不然者。"并说，"你不能排除它，就要利用它；不反对它，就要拉住它。否则你就不算会办事，就要自己吃亏而于事无益。"而梁先生对当时中国政局的一种看法——认为由于中国没有西洋那样强大的资产阶级，不可能形成一个现代统一国家。自民国以来，袁世凯、吴佩孚直到蒋介石都要用武力统一中国，都是痴心妄想。中国的统一，只有在乡村建设式的地方自治的基础上实行联合才能实现。这种看法无异为地方军阀割据提供了理论根据，当然也适合韩复榘的需要。

1930年，韩复榘任山东省主席不久，就电邀梁漱溟先生来济南商谈在山东开展乡村改革问题，决定设立一所像河南"村治学院"那样的学校，并决定划给一定地区，供作改革实验，于是山东乡村建设运动的各项工作就逐步开展起来。自1931年到1937年时达七年之久，乡村建设的改革办法已在全省许多地区推广实行。

韩复榘对梁漱溟先生非常尊敬，称之为"梁先生"而不名，在有关乡建工作方面可谓言听计从，任凭他放手去做。有一次，韩复榘在省政府纪念周上讲话说："我就是迷信梁先生啦。"梁在山东办乡建，不但与国民党势力有矛盾，而且与韩复榘的省政府各部门也发生了矛盾，因为"乡建派"的骨干分子不少人身居专员、县长要职，他们的实验区、实验县用人行政自作主张，还在全省许多地区分配干部，掌握基层政权，夺取了省政府各部门相当大的一部分权力，如用人权、财权、教育权等。只是由于韩复榘全力支持，谁也不敢说话。

▷　青年时期的梁漱溟

　　七七事变后，日寇打到山东，韩复榘在撤退前夕的1937年11月下旬，曾在千佛山与梁漱溟先生作过一次长谈。梁漱溟先生对韩复榘放弃山东深感失望，他曾到武昌向蒋介石报告韩复榘的撤退意图，并到徐州要求李宗仁下令阻止韩的撤退。但没有阻止住韩的撤退行动，"乡建派"的大部分人也都跟着韩复榘撤退了。

《梁漱溟先生及其在山东的乡村建设》

❖ 严文圣：德高望重范明枢

1921年后，范明枢任省立曲阜师范学校校长，历时8年多。他团结教师，认真领导，办学成绩卓著，全省赞誉。他平日态度和蔼，诲人不倦。积极引导学生上进。他经常找学生谈话，了解学生的学习和家庭情况，根据学生的思想实际，向学生进行爱国主义教育和劳动教育。他关心学生的学习，更关心学生的健康。他有"四到"，就是上课时到教室听课，晚上到学生自习室查自习。开饭时到学生餐厅看就餐，下晚自习后到学生寝室看就寝。他生活朴素，勤劳艰苦，经常带领学生种菜、植花、栽树。并亲自锄草浇水。学校里处处是花畦、菜圃，树木成行，郁郁葱葱。

范老对教师的课堂教学要求很严格，不讲私情。当时有位英语教师孙哲青，是教务主任的朋友。一天，范老到他班上听课，时间过了，教师没到堂。范老走上讲台讲了个故事："从前有个剧团，团里有名出色的花旦演员，很骄傲，戏报贴出去了，他的主演，至时他没到场。其实班头也会唱花旦，于是班头上了装替唱起来，台下阵阵掌声，啧啧称赞。"范校长讲完了以上故事后说："我不会英文，我不如那个班头。"此事传闻全校，对教师教学有很大促进。

在学校，范老主张学孟子"善养吾浩然之气"，主张做"富贵不能淫，贫贱不能移，威武不能屈"的大丈夫。在范老的领导教育下，学校培养了大批革命青年。其中不少人至今仍担负着党政和军队的领导职务，成为建设社会主义的栋梁之材。

1930年，范明枢因宣传抗日，掩护学生中的共产党员，遭到反动当局的迫害，遂辞去曲阜师范校长职务。

1931年，范明枢应济南乡村师范学校的聘请，任该校图书馆主任。在他的主持下，图书馆购置了大批马列著作和有关社会主义的书籍。他将自己学到的马列理论和心得体会，向学生宣传介绍。九一八事变后，范老积极宣传抗日救国。1931年"双十"节，学校举行大会，范老登台讲话，他说："……我不老，你们更年轻，我们应当共同努力，抗日救亡。"这些，都为反动政府所深忌。1932年3月，年近七旬的范老竟以"赤化""共产党"嫌疑被捕入狱。

在狱中敌人审问范老："为什么看赤化书籍？"范老理直气壮地回答："这些书里写的是真理，所以要看。"敌又问："为什么还介绍给别人看，还到处宣传？"范老答："不只我要追求真理，还愿意更多的人都追求真理，我认识了真理不愿自私，所以到处宣传。"敌大声问："你不知道这是犯罪吗？"范老答："让青年看好书做好事是我的责任，何罪之有？"敌法官恼羞成怒，气急败坏地喊："难道你不知道看共产党的书是犯法，当共产党是要杀头的吗？"范老毫无惧色，坚毅地说："怎么不知道？我已是白发苍苍的人了，还能活几年，只要为了国家和民族的利益，死了也是光荣的。"范老的慷慨陈词，驳得敌人理屈词穷，瞠目结舌。以后敌人拿出范老的读书笔记，又进行了百般的威胁和利诱，而范老毫不动摇，表现出不屈不挠的斗争精神。

有很多学生到狱中看望范老。范老劝学生学习史可法，而自比左光斗。学生目睹范老在狱中的坚强意志，受到深刻的教育。

由于范老德高望重，反动当局也不敢下毒手。后经范老部分学生的联名担保和冯玉祥先生的斡旋帮助，范老获释。范老出狱后，多方奔走营救被捕的教员、学生，使很多人脱离了铁窗生活。

范老回到泰安故乡，积极开展平民教育。他亲自捐献款项，与本县山口镇的爱国进步人士姚新府商议，在山口镇兴办"民众学校"，让贫苦青少年免费就学。学校办起后，范老任校长，并亲自任课。范老赴泰山后，还多次到山口民众学校了解情况和帮助解决问题。

1933年秋后，退居泰山的冯玉祥聘请范老为教师，为他讲《左传》等课程。范老借讲书之机，抒发爱国情感，给冯先生不少影响。冯先生在泰山办起武训小学15处，分布在泰山南麓的山村中，委任范老做武训小学的总校长。

▷ 教育家范明枢（前排中）与抗战进步人士合影

山口村的民众学校和泰山南麓的武训小学，都实行半工半读。学校里分别成立了木工厂、石料厂、铁工厂和工艺雕刻厂等。学生不仅免费上学.而且还补助部分衣食。这样的学校很受群众欢迎，范老为这些学校的开展与巩固，付出了很大的努力。

范老办的学校和他的家中都是掩护共产党员的寓所，他热情地照顾地下工作人员的食宿，方便了地下工作的开展。范老在办学的同时，还与多方面联络，把一大批有志革命青年团结在自己的周围，为以后的抗日运动培养了不少人才。

《范明枢先生事略》

❖ **雍坚：** 路大荒避居济南

1937年12月，日军攻陷济南，当城中百姓纷纷携家外逃的时候，一个背着土布口袋的中年人却从淄川乡下悄然潜入济南。对他来说，个人的荣辱安危可以置之度外，但口袋中的东西却万万不可落入侵略者的手中。越危险的地方越安全，置身于日本人的眼皮底下或许能躲过一劫。这位外乡人在济南定居下来，以做家教、街头写字为生。当时街坊们都以为他不过是个落魄书生，直到抗战结束后外乡人被聘为省图书馆特藏部主任时，人们才知道，原来他就是著名蒲学专家路大荒先生。当年他初来济南时口袋中背的不是干粮和衣物，而是弥足珍贵的蒲松龄手稿。

▷ 著名蒲学家路大荒（1895—1972）

1895年3月，路大荒生于淄川县北关乡菜园村，该村距蒲松龄的家乡蒲家庄只有6（华）里。大荒7岁入学读书时，启蒙老师蒲国政就是蒲松龄的同族后裔。蒲国政经常向他讲起《聊斋志异》中一些故事的渊源和真相，由此激发起他对聊斋的浓厚兴趣。后来，路大荒转入县城王东生家的私塾求学。王家有不少《聊斋志异抄本》和蒲松龄诗集手稿本，令路大荒大开眼界。此后，他就四处奔走借阅蒲氏作品，遇到相关的内容就随手抄录，比较同异，初步开始了蒲松龄研究。20世纪30年代初，他陆续在上海《申报》《国闻周报》、天津《大公报》上发表研究蒲松龄的文章，还纠正了胡适把《醒世姻缘》列为蒲松龄著作的糊涂考证。

1936年，上海书局出版了路大荒主编的60万字《聊斋全集》，此事一举在学界引起轰动，路大荒集有大量蒲松龄手稿的消息也不胫而走。1937年12月，日军攻陷淄川城后，直奔路大荒家欲抢夺聊斋文集手稿，事先得到消息的路大荒背起手稿躲进了深山，后辗转来到济南。日军一怒之下，放火烧掉了他家的房屋，并在淄川城四处张贴捉拿路大荒的告示。很长一段时间，路大荒家里人悲痛欲绝，不知道路大荒去了哪里。

《中国蒲学研究第一人——我所知道的路大荒先生》

❖ 吴鸣岗：教育家綦际霖，莫谓书生报国无门

綦老（綦际霖）与我共事，开始在1941年。这年冬天，当我正在北平燕京大学文学院历史系聚精会神地写大学毕业论文的时候，太平洋战争爆发了。日寇封了燕京大学的门，我狼狈地奔回济南家里，在沦陷区，一个青年学生不上学，又没有职业，赋闲在家是很危险的。汉奸、警察和保甲长等狗腿子三天二日跑到家里"查户口"，盘问这，盘问那，总认为你是在搞抗日活动，起码是思想上抗日，是危险分子。这时我家的经济情况也每况愈下，我父亲逝世已10多年，我上高中、大学又花了不少学费，家中积蓄已消耗殆尽。家中老母、弱妹，再加上寄居我家的孀姐孤甥，一家四口皆须我一人供养。而当时又物价飞涨，生活实在困难。

这对我一个20多岁的青年来说，国难家愁一齐压到头上来，过的真是从出生以来最愁苦的日子，就在这个时候，綦老向我伸出了援助之手，他

不顾我还是一个没有大学毕业文凭的学生（而且是日寇封了门的大学），主动聘请我到他任校长的私立正谊中学去任史地和英语教员。一天（具体的日期我记不清了，只记得是一个天气很冷的傍晚），綦老冒着严寒，由我的亲戚赵凤村老先生陪同，亲自到我家来了，赵老先生对我说，他曾向綦老说过"鸣岗是自己人，理应他先来拜望你这位前辈长者。不然的话，通知他到学校里见面，也就可以了。"而綦老却坚持要亲自"登门敦请"。说这才是"尊贤之道"。这真使我感动得手足无措。这天晚上，我与綦老第一次进行了长达3小时的深谈。通过这次谈话，我才深刻理解了綦老对全国和全世界局势的认识、立场和他的办学思想，从而产生对綦老十分崇敬的心情。我们先谈了国内的形势和世界形势。当时，国内因国民党蒋介石施行消极抗日积极反共的政策。日寇对蒋介石施行诱降，而以重兵疯狂地扫荡解放区，抗战正处于艰苦的阶段。

▷　济南正谊中学校长綦际霖（1887—1969）

太平洋战场上和欧洲、北非战场上，日寇与德、意法西斯势力接连得手，气焰十分嚣张。綦老和我都认为这不过是暂时的现象，中国绝不会亡国，抗战必胜，而全世界总的趋势是走向进步而不是走向反动。在这一点上，我们深感同心。我于是向綦老倾诉我心中的苦闷。我的意思是我国正处在一个空前伟大的历史时代，作为一个新时代的青年，不能走向抗战前线，痛感辜负了时代赋予自己的责任。我还谈了在燕大学习时，我的老师、著名的历史学教授、《中华二千年史》的著者邓之诚先生对我说的："我们这些偷生在沦陷区的中国人，只有加强钻研祖国的优秀文化遗产，才能坚定这样一个信念：曾经创造过这么光辉的文化，对人类的文化有过这么伟大贡献的中国人，绝对不会亡国！书生报国无门，只有如此而已！"綦老很赞赏这个说法，他说，思敏老先生（私立正谊中学的创办人）在济南沦陷后，坚决不做汉奸教育部门的官，却千方百计地要使正谊中学复校。这一方面是为了使正谊中学的校舍、校界、图书、仪器等等不至为汉奸学校吞没，更重要的是在教育阵地上为国家努力保存一片干净土地，不让奴化教育污染了整个教育阵地！我们的力量就这么大，能对奴化教育抵制一分，就是报国一分，能抵制十分，就是报国十分。莫谓"书生报国无门"，这就是报国之一条路，起码是无愧于自己的爱国心。

綦老还谆谆教导我，面对日寇、汉奸这帮恶毒的人，抵制奴化教育要十分谨慎、机智。不能露骨地、信口地讲，否则，便是冒险行为、愚蠢的行为。譬如讲历史，讲到日本是受了中国文化的熏陶、影响，才开始从野蛮时期进入文明时期的。这时，不用添枝加叶，只是如实地讲历史事实，很自然地增加了学生民族自信心和自豪感，无形中抵制了奴化教育，还不让汉奸们抓到岔子。我问，如果形势所迫，非硬逼你讲日寇汉奸的谬论不可时，应怎样应付？綦老说，可以用"指出来源"，就是说先讲这是"皇军"讲的，"现在政府当局"讲的，或"报纸上是这么登的"等等，然后照本子念，念完就算完了，不再多说别的。当然不能正面批驳，但也绝不正面发挥。这样做的意思是让听的人明白这一套胡说八道是日寇汉奸的心意，我只是告诉你就是了。

中国人心不会死的，会有很多的人能领会我们的苦心的，綦老的一席话使我很受教育，我深感像我这样一个青年学生，在险恶的环境里，初次离开学校走向社会独立谋生就遇到这样一位完全可以信赖的长者来扶持帮助，真是幸运。

《怀念綦际霖先生》

❖ 崔力明：胡适三访济南

胡适第一次来济南是1919年12月24日。这年二三月间，胡适在美国哥伦比亚大学留学时的教师杜威在日本东京帝国大学讲学，胡适、蒋梦麟（曾任北大校长、教育部长）等听到这个消息，便商请北京大学、南京高等师范、江苏教育会、北京尚志学会等，集资邀请杜威来华讲学。杜威是美国唯心主义哲学家、社会学家、教育学家、实用主义者。杜威在日本接到中国邀请，于1919年5月1日到达中国。这时正当五四运动前夕，北京是这个运动的中心，风狂雨骤，杜威在北京连续作了5次讲演，匆匆离京。以后又陆续在沈阳、天津、太原、济南、湖北、湖南、广东等地讲演。杜威在北京、天津、太原、济南讲演时，胡适是主任翻译。

胡适陪同杜威于1919年12月24日到达济南，旋即在省议会发表讲演，胡适任翻译。参加者100余人，省教育厅长袁荣叟与会。杜威是唯心主义哲学家、社会学家，在社会历史问题上，他反对马克思主义关于阶级斗争和无产阶级革命的学说，主张阶级协作和社会改良；在教育问题上，他认为教育即生活，学校即社会，教学方法应根据"从做中学"的原理。通过教育的手法调和阶级矛盾。杜威这次在济南的演讲，既批评了资本主义制度，又鼓吹不要流血斗争。作为杜威博士的高足，称职的英语翻译，胡适为杜威的演讲生色不少。当时五四运动的余波乃汹涌澎湃，济南的学生正在罢课，各校学生坚欲出校游行，军警奉令包围学校，不准学生走出校门，以致造成冲突，学生被殴伤者不计其数，且有4名学生被军警捕去。在这种情况下，胡适陪同杜威讲演后，匆匆离开济南。杜威此次来华，待了两年，于1921年返美。

胡适第二次来济南是在1922年7月上旬。这一年，"中华教育改进社"

决定在济南召开第一次会议，各省派代表参加。7月2日晚，北京大学英文系主任兼教授、教育学家胡适，偕同北京大学校长蔡元培等到达济南，当晚住在济南经一路纬三路口、德国人Schidain（中文译名为石泰岩）开设的石泰岩饭店。这个饭店当时是济南最高级的饭店，不仅卖西餐，还设有住宿房间，并且有洗澡间，有50多个床位，每晚住宿费需银洋4元。当时外国人来济南办事的都住在这个饭店，中国人来住的大多是大官僚和大资本家，根据蔡元培和胡适等人的社会地位，当然应住在这里了。

7月3日，蔡元培及胡适去山东省议会出席"中华教育改进社"召开的会议，参加会议的各省代表有100多人（一说300人），山东省教育厅长谢学霖也参加了会议。在这个会议上，蔡元培、蒋梦麟及胡适都发表了演说。

7日上午，济南10余家报馆共同设宴招待胡适、蔡元培、蒋梦麟、汤尔和一行。对于济南这个当时人口不到50万的城市，竟然有十几家报馆，胡适表示非常惊奇。

7日下午，胡适一行去参观"广智院"的山东历史博物馆。"广智院"的负责人英国浸礼会传教士怀恩光向胡适等人介绍说，"广智院"原名"博古堂"，是英国浸礼会传教士怀恩光1887年在山东青州创办的，它作为一种向知识界和官员们传道的特殊方法。起初，在"博古堂"大门两边，用两块石板刻了下面一副对联：

飞潜动植群生，悉上帝慈悲实验；
电磁声光诸学，皆下民富强本源。

从这副对联即可看出"博古堂"的宗旨。1905年由于胶济铁路的通车，济南的重要性日益突出，怀恩光于是将"博古堂"迁往济南，并改名为"广智院"。

胡适虽非基督教徒，但却是受过西洋文化熏陶、沐浴过大西洋阳光的中国名人，因此，怀恩光对"广智院"的介绍更为详尽，他说："博古堂"迁到济南以后，其展览内容较在青州时更为全面，具有科学启蒙作用，如海底珊瑚、飞禽、走兽、动植物标本及物理、化学、地质、天文等各种挂图。但"广智院"的展出目的不在讲科学，而在传教。欧洲有句名言："科学是信仰的仆婢。"这句名言可以说明广智院的工作。

当胡适听到广智院负责人介绍，1909年全年参观者达21.5万多人次时，大为惊奇，认为"此院在山东社会里已成了一个重要的教育机关。"

胡适第二次到济南共盘桓了一周时间。与此同时，全国农业讨论会也在济南举行，梁启超、黄炎培都参加了这次会议，并与胡适等会晤。

胡适第三次来济南是1922年10月。这年10月12日，全国教育联合会第八届会议在济南召开。各省代表共45人出席会议。胡适以北京教育会代表名义参加了此次会议，并发表了讲演。

前于本年9月20—30日，北京政府教育部曾召开了全国学制会议，在北京大学校长蔡元培主持下通过了规定小学修业6年、中学6年、大学4—6年的新学制。在济南召开的全国教育联合会对此进行了讨论，经过争论，会议同意了此一学制。

在此次会议上，山东社会主义青年团代表贾乃甫、山东劳动组合支部代理主任王用章、山东劳动周刊编辑王鸣球等，提出了"实行劳动教育建议"案。

▷　著名学者胡适（1891—1962）

胡适此次到济南来除参加教育会议外，还在山东省立第一中学（简称济南一中）发表了以"科学的人生观"为题的演讲，并且忙里偷闲逛了书店，游览了大明湖、千佛山、趵突泉等名胜，这些名胜给胡适留下了深刻的印象，他还即兴吟咏了五四运动后非常时髦的白话诗。

《胡适三访济南及其他》

❖ 张世镕：梁思永与龙山文化

梁思永通过对城子崖的考古发掘工作和济南结下了不解之缘。这位学者英年早逝，年龄未过50岁，但他的学术成就丰硕，包括对山东文化遗址的大量考古工作。梁思永于1930年26岁入中央研究院考古组工作，先后在1930年、1931年、1936年驾临齐鲁大地，开展考古发掘工作。其间，他在章丘龙山镇东北，主持和参加的考古发掘城子崖遗址，是中外闻名的新石器时代文化遗址，并根据当地的镇名称为龙山文化。

1930年、1931年，梁思永满怀热情，不辞辛苦地活跃在城子崖遗址工作面，带领全体工作人员开凿探沟95条，揭露面积15600平方米，出土了大批陶器、石器、骨器、蚌器等古文物。考古界认为，这是继仰韶文化之后，我国新石器时代文化的又一重大发现。在当时的考古发掘工作中，梁思永和同事们首次发现以磨光黑陶为主要特征的新石器文化遗存。这些出土文物在整个堆积的下层，它的上层为周、汉时期的遗存。其中，有一处东周、西周的城址，东西390米，南北450米，墙基宽8米，可能是古谭国都城遗址。

1934年，梁思永负责主编出版《城子崖》，这是我国考古学史上第一部科学的田野考古报告集。梁思永在章丘考古发掘告捷，创造的事业堪称之最的还有：龙山文化的命名和年代序列的判定，是我国考古学史上具有划时代意义的重要收获；城子崖龙山文化遗址，是由中国学者自行发现和发掘的第一处原始社会遗址。

饶有意义的是，1936年夏，梁思永又在日照市西北的两城镇西北岭一带，主持发掘了瓦屋村、大孤堆的龙山文化遗址，对龙山文化有了进一步的认识。由于两城镇龙山文化遗址和城子崖龙山文化遗址，各有各的明显特征，被梁思永等学者分别称作"两城镇类型""城子崖类型"，也叫"鲁东类型""鲁西类型"。梁思永对二"城"二"鲁"两大类型龙山文化遗址的发掘贡献，也就成为考古学界的美谈。

　　因此，"龙山"这个章丘原来微不足道的小镇名字，顿时蜚声中外。1939年，梁思永在第二次太平洋学术会议上，发表了他的重要论文《龙山文化——中国文明的史前期之一》，文中汇报了在章丘等地考古发掘全部工作的心得，不但对龙山文化作了综合性的论述，而且对不同区域类型的龙山文化提出预见，从而受到各国同行的高度赞扬。

《梁启超一家情系济南》

▷　中国近代几位著名历史学家和考古学家，左起依次为董作宾、李济、傅斯年、梁思永

❖ 段子涵：短命的报馆

济南《昌言报》创设于1919年4月。创办人张景云，济南人，是安福系分子。编辑负责人为薛惠卿。该报经费由北京安福俱乐部每月接济500元；创办初期经费，由张景云自己负担。被捣毁复刊后，北京安福俱乐部每月正式接济500元。在五四运动时期，学生罢课、商人罢市、工人罢工，宣传游行，唤起民众觉悟。人民群起响应，组织各界联合会，并组织请愿团，赴北京请愿，要求收回青岛和胶济铁路，拒绝在巴黎和会签字。济南各报一致声援，唯有《昌言报》独持异议，诽谤学生是"狂热"，民众是"胡闹"。因此，激起各界愤怒。是年7月间，各界群众在省议会开会，由张正芳宣读《昌言报》屡次所载之荒谬言论，群众听到之后，一致要求捣毁该报馆，取缔这个亲日报纸。经大会讨论，决定推选代表警告该报主编人，促其反省，改变言论。不料该报经理张景云态度强硬，不但不接受警告，反说群众无权干涉言论自由。群众在盛怒之下，即将该报馆捣毁，并将其经理张景云，编辑薛惠卿，发行人张祝云、王简溪拉出报馆游行，以儆戒其他亲日分子。游街之后送交省长公署，要求省长沈铭昌惩办这些卖国分子。沈铭昌以民意难违，将张景云等转交审判厅依法处理。到审判厅后，当日即将张景云等释放。自从《昌言报》馆被捣毁后，山东军政双方施行高压手段，督军张树元宣布戒严，镇守使马良带领军警包围学校，不准学生出外游行，并逮捕回民马云亭和朱姓二人，以宣传过激主义的"罪名"，滥行枪决。《昌言报》经理张景云在审判厅起诉，控告省长沈铭昌，纵使"暴民"骚扰捣毁报馆，捆绑记者；并控告《通俗白话日报》经理罗亚民、编辑段子涵、付仲令受沈铭昌指示，指挥"暴民"，捣毁《昌言报》馆。审判厅以案情重大，又拘捕王春圃、苏桐岗二人，按骚扰罪判处王、苏二人15年徒刑。《昌言报》到是年10月间复刊。1920年直皖战起，段祺瑞失败，安福系解散，王、苏二人始宣告无罪。《昌言报》亦即停刊。

《济南〈昌言报〉馆被捣毁记》

第四辑

漫忆当年·那些镌刻在岁月中的前尘往事

❖ 路遥：四任巡抚与山东义和团

山东义和团运动的发展同山东地方当局的态度和对策也有关系。义和团运动期间，山东巡抚历经四届，先后是李秉衡、张汝梅、毓贤和袁世凯。对于前三任巡抚，传教士和外国公使、领事都斥责他们为顽固排外。事实当然不是如此。但从外国公使和外国教会的谴责之词中也可反映出前三任巡抚对民教矛盾并不采取完全偏袒教民的态度。前三任巡抚的方针，可用李秉衡提出的应该"持平办理"这一句话来概括。事实上持平办理很难做到，所以就采取"调和民教"对策。即使如此，仍为教会势力所不容。对于拳会的对策，前三任巡抚之间并无多大不同，因为制定具体政策时都同毓贤有关。毓贤先是于1889年署曹州知府，1891年得实授，1895年授兖沂曹济道，1896年补山东按察使，直至1899年3月补授了山东巡抚。这三任巡抚的主张是对拳会采取"会、匪有别""剿抚兼施"政策。两江总督刘坤一对此亦不持什么异议。张汝梅任期时又多出了"改拳勇为乡团"的对策，企图将拳会"化""改"在民团之内。这个措施仍然没能得到贯彻。所以后来毓贤也放弃了这一政策。总的说来，前三任巡抚对拳会的对策是在一定程度上影响了清廷的决策。光绪二十五年十二月十一日颁布上谕指出："因念会亦有别"，"严饬地方官办理此等案件，只问其为匪与否，肇衅与否，不论其会不会、教不教也。"这同"一意剿办"的主张相比，多少是有利于山东义和团运动的发展。

袁世凯任鲁抚后，他原打算通过肥城教案而向山东拳会大开杀戒；但上任半个月内，却连接遭到言官的十封折片弹劾。为此，袁世凯暂时不敢公然实施其残酷镇压政策。袁世凯与毓贤不同，毓贤只把"滋事"拳民诬为"匪徒"，而袁则不分滋事与否统视为匪类。毓贤是设立乡团以图

"化""改"拳会；而袁世凯则动员乡团配合官军镇压义和团。袁对义和团是集中兵力对付大股，而对分散于各地乡村的零股则札饬县级地方官动员乡团配合剿击。直至庚子之战爆发后，袁世凯才转而采取残酷镇压的手段。尽管山东义和团在庚子之战爆发前未遭到严重屠杀，但由于袁采取了更为狡猾的手段，所以在袁任山东巡抚后两个月，义和团活动也渐趋于沉寂。

《义和团运动在山东》

▷ 义和团团民

❖ **张景文：** 济南师生与五四运动

1919年春，中国在巴黎和会上关于山东问题外交失败的消息传到北京以后，激起了"五四"爱国运动的大爆发。5月4日，北京的大、中学生，在早期共产主义者李大钊等同志的领导下，举行了游行大示威，喊出了"外争国权、内惩国贼"的口号，"五四"的号角很快吹响了全国。山东是响应五四运动较早的省份。5月5日早晨，济南市各学校知道北京五四运动的消息后，立刻响应，纷纷组织学生会，选出学生会长率领学生，集中西门大街，分赴商埠、城郊，进行讲演，抵制日货，不坐日本人霸占的胶济路火车等等。当时，济南参加运动的学校有济南的省立一中、省立一师、省立女子师范、私立正谊中学、私立育英中学、趵突泉工专、黄花馆商专、东关外农专、北园医专、齐鲁大学、东关蚕桑学校等。唯独皇亭街武术传习所的学生，受济南镇守使马良的压迫，不让参加。各县来信联系参加运动的，有曲阜二师、聊城三师、四中、十中、济宁二中、泰安三中、临沂五中、蓬莱七中、潍县八中、惠民九中、烟台石益学馆等13个学校。学生约计4000余人。均在各地发动抗日活动，抵制日货。后来济南高小学校及其他各界也派代表参加运动。

济南各校学生会成立后，选派代表在省议会开会，成立全省学生联合会。选出正副会长，下设组织部、评议部。工专学生张文英被选为会长，刘文言被选为副会长；正谊中学的学生李怀珠为组织部长，一中学生王建兴为评议部长。学生总会对运动的目的与要求制定如下几项：

1. 惩办卖国贼；

2. 废除"二十一条"不平等条约；

3. 拒签"巴黎和约"，无条件收回青岛和胶济铁路；

4. 抵制日货，提倡国货；

5. 争取学生有游行示威和讲演的自由。

我当时是省立一中的学生，被选为代表回本县宣传抵制日货，开展抗日爱国运动。5月8日，我和法专学生刘士林从济南出发，坐船回到原籍寿光县辖区羊角沟。中国陆军第五师的一个连驻在那里，连长姓王，对我们欢迎又招待。在义隆公土产店大院开会讲演，王连长怕在羊角沟的日本人捣乱，派岗警备。我们讲到日本人怎样侵略中国，怎样剥削和欺侮中国时，听讲的劳动群众和商人们感动的痛哭失声，表示誓为学生后盾，坚决不买卖日本货物，不坐日本霸占的胶济路火车。当时日本人霸占的火车跑空了数月之久。5月底，我们回到济南，听说其他回本县的学生代表宣传抵制日货等活动，也都很顺利。

《山东学生参加五四运动回忆》

❖ 石愚山: 反对卖国！山东各界请愿团赴京请愿

（1919年）6月17日，得悉北洋政府仍准备在巴黎和会上签署不平等条约，日期预定在6月底。听到这个消息后，济南各界人士纷纷举行集会，强烈抗议反动军阀政府的卖国阴谋，并纷纷致电北京反动政府和巴黎中国专使，表明坚决反对签字。为了制止反动政府的卖国勾当，在学联会倡议下，由省议会出面主持，于6月18日召开了一个各界联合会代表会议，一致议决，立即派出"山东各界请愿团"，到北京请愿，并议决请愿团由各联合会分别推派代表组成。当场选出代表83人。现在还记得的有省议会代表王乐平、聂湘溪、李子善、李向山、朱仲廉、张毅伯等。学联代表有王建兴、李澄之（一中）、庄达中、王汝霖（商专）、张文英（工专）、张辑吾（农专）、石志昆（一师）等。教育会代表有田信卿、连之铎、违季真、冉庆容等。律师公会代表有鲁佛民、吴镜苏、张思维等。

次日即6月19日一早，天方微明，一师全体学生和其他各界代表都赶到车站，为请愿代表团送行。晚7时左右，到达北京车站。食宿由山东同乡会的几位代表负责安排在私立山东中学内（在化石桥）。饭后就有关请愿的具体问题做了研究：（一）明日（20日）赴总统府请愿；（二）推选王乐平、李子善、聂湘溪、王香苏、庄达中等五人，代表大家发言。并推选聂湘溪为交际、张毅伯为文书、朱仲廉为会计、李向山为庶务等工作的负责人。

6月20日早饭后，请愿团代表整队出发，11时左右，到达总统府门前。此时此地警卫密布，如临大敌。请愿团上前要求晋见总统，几经交涉，得到的回答都是："不接见。"后来，竟索性把朱红大门关闭起来，把请愿团代表们拒绝于门外。许多代表见此便高呼口号，向着朱红大门手捶脚踢，由于天气极热，加之心情过分激动，有的代表当场晕倒。这时总统府门外，围聚的人愈来愈多，看到代表们的正义要求无不表示气愤，纷纷咒骂反动军阀政府无耻，只知卖国殃民。这种情景一直坚持到下午，由于群情所迫，反动政府终于派出了一个什么军警督察处处长马龙标来（原山东的第五师师长，山东济南人），以山东人的身份，装模作样来劝说代表们暂时回寓，听候政府答复。但代表们坚决声言外交危局，已届刻不容缓，代表不远千里来京，岂有不见之理！非立见总统不可。到晚10时左右，马龙标又出面，并代表总统府答复说："今天已晚了，明天上午大总统一定接见。"代表们商量了一下，始勉强同意，整队回寓。

▷　五四运动中山东请愿团在北京新华门前请愿

　　第三天（6月21日）一早，马龙标来了，把代表们带到了总统府。约在8点钟左右，北洋政府的大总统徐世昌，终于被迫出来接见了。但开始时他站在阶上一声不吭，两旁簇拥着步军统领王庆、警察总监吴炳湘和侍从等数十人。我们请愿团代表们，站在阶下递交了山东各界人民请愿书，然后分别讲话。内容除了陈述山东人民身受日本帝国主义种种蹂躏的痛苦和人民激愤的心情外，着重提出了对政府请愿三条内容，要求采纳民意，明确表示态度，以便回告山东父老。尽管代表发言情词恳切，徐世昌那副黄胖脸上，却毫无表情。他的答复是：……关于外交上失去之权利，政府一定要竭力收回。至于所提三事，第一条，关于和约问题已电巴黎专使，暂缓签字；第二条，高徐、顺济两路草约问题，是可以废除的，不过先偿还日本垫款的2000万元，目前尚有困难；第三条，并于惩办曹、陆、章等人问题，事属司法范围，本总统无权过问。代表们要求他当面批还请愿书，他把手一挥说："这须转由国务院总理批复。"接见就这样结束了。代表们回寓后，仔细一琢磨，得到的答复是：一"从缓"，二"困难"，三"无权"，竟把代表的三条要求推得干干净净。于是，大家又计议决定：一方面推出六位代表，明天就去见总理龚心谌，要求他明确表示，拒绝签字；另一方面，各代表分头去各界联系，请求声援。

6月22日反动政府的总理龚心谌，接见了请愿团的代表，口头答应马上批复。可是，一直到了25日，这个批复才送到我们手里。这个批示原文如下：

此次欧会和约，政府以关于山东各条最为主要，迭经电饬专使悉力争持，近接专使电述，保留一节尚在多方进行。所有各代表等陈请不能保留拒绝签字等情，昨亦经电达专使遵照在案。国家主权碍难丝毫放弃，政府与国民主张初无二致。无论如何，必将胶济铁路设法收回。此则凤具决心，可为国民正告者也。

所称高徐、顺济路约一节，查该路原系草约，自必多方磋议，力图收回，决不续订正约，以慰民望。

至中日二十一条密约，及高徐、顺济路约经过情形，案牍俱在，前经择要公布。共和国家，一切措施，悉为准诸法律。必有确实证据，乃能受法律制裁。

政府于国家利害，人民疾苦，无日不在注念之中。乃以国家多艰，致该代表远涉京师，有妨本业，殊属轸念。其各归告父老子弟，俾晓然于外交真相，及政府维护国家之苦心，各持镇静，勿滋疑虑。此批。

以上这个批复，表面看，冠冕堂皇，面面俱到；但实际上是玩弄笔墨，欺骗人民。我们要求拒绝签字，他说正在"悉力争持"，"必将胶济铁路收回"；我们要求废除两路草约，他说："自必多方磋议，力图收回"，"决不续订正约"；我们要求严惩卖国贼，他说："一切措施，悉为准诸法律。"这样的答复，不但纯粹是敷衍搪塞，一点没有能够解决我们的正义要求，而且埋伏着许多出卖祖国的阴谋。代表们越研究越生气，一致认定：不能带着这个结果归见山东各界人民，非要弄出个结果不可，于是，经过商讨后，决定如下：一、立即将原批复退回，要求明白表示保证决不签字。二、立派代表李子善专程回济组织第二批请愿团来京增援。三、再次通电各省，约请各省组织请愿团来京作全国大请愿。

这样，又过了两天，到6月27日晚，接到了龚心谌的第二次批复。大意是：已电令巴黎和会我国专使，不保留山东问题，对和约决不签字。随后6月29日，又接到消息：巴黎和会我国专使来电，已在和会拒绝签字。就在6月29日，山东各界第二批请愿代表80多人，又赶到了北京。两批代表碰头后，经过研究，认为请愿的主要目的已经达到，于是，决定离京反济。这次北京请愿就这样结束了。

《济南学生与五四运动》

❖ **刘连仲：** 人力车、推车和肩舆

据1914年版《济南指南》记述，当时流行于市内的主要交通工具是人力车（即所谓"洋车"）。这种车有两种，一种是胶皮轮车，一种是铁轮车。人力车租用有三种计价：一是计里程，每一里铜圆两枚；二是计时间，每小时铜圆十二枚；三是月包车，每月十五元，铁轮车较胶皮轮车租价约低三分之一。

另外还有推车和肩舆（二人抬小轿）。推车主要用于搬运货物，兼营远路程的"客运"。此种车每次可坐二人，其运价与铁轮车相等。肩舆，则常用于行车不便的去处，并多属日包租用，在省城租用者甚少。轿金：不出城者，每日京钱二千四百文，出城者加金一千文，出圩门加金一千文，如

▷ 济南街头运货的独轮车

▷ 民国时期的交通工具之———肩舆

上千佛山和北洨口者，每里再加四百文。整月包用，价约十六元。租用车、舆的多系客商和游人，而平民百姓只能"安步当车"。

《建国前济南市的公共交通》

❖ 刘子衡：震惊中外的临城劫车案

孙美瑶、孙美崧和众杆子头听到孙美珠在羊庄战死，均充满愤怒，为了报仇，他们一致推孙美瑶继任乃兄"建国自治军五路联军总司令"职务。孙美瑶继承了孙美珠职务后，即召集各股匪首开紧急会议，策划为乃兄报仇。孙向各路匪首们说：一定要报仇，一定要坚守抱犊崮，并集中力量和北洋六旅拼个死活。此外，还要派人到沂蒙山区、曹州平原各地进行活动，做好一切报仇的准备。接着说话的是丁开法，他讲："最近朱陶由上海到薛城，转告了张聘卿对鲁南局势的看法，据张说：'北洋政府将调集重兵，肃清山东匪患，这样鲁南必是围剿的重点，大家要有远见。非闯大祸不好渡过难关。'另外朱陶还带来了两句话：'穷干看幻，最好在津浦路上打主意'。"经过一番商讨，他们决定改变活动方式，不再在抱犊崮山区和北洋官军硬打，要用政治手段达到报仇的目的。简言之，就是按张聘卿和朱陶的意思干，扒铁路、劫火车、架富票，不论中国人还是洋鬼子，得手便一齐绑架，使北洋政府和军阀政客来个手足无措，大而造成国际事变，小而叫他们丢丑，从而使他们不敢轻易围剿。这就是临城劫车案的前因。

劫车时的兵力部署：孙美瑶为总指挥，指挥部设在巨山山上；孙美崧部留下少数匪众，配备精良武器，坚守抱犊崮；丁开法、周天松分选所部身强力壮、精通武术者，持短枪劫车；郭琪才部身藏短枪秘密潜入临城街里和车站附近，监视和牵制第六旅的驻防部队和徐兖警务段警务人员；刘清源、阎守聚两部，位于临城—枣庄间，牵制第六旅驻邹坞的部队，并负责打援和接应；王守义和褚思振两部，隐蔽铁路以西的卜岭和白山一带，作为疑兵，牵制滕、峄两县的警备队，并通过微山湖水上运输，及时与沛县、曹县一带的土匪范明新部取得联系；吴臭部出没于马庙—峨山口之间，忽东忽西，牵制第六旅前沿阵地的兵力；刘守庭小队骑匪，位于青山—焦山之间，搜查山外行人，专负通信联络之责；王继湘选拔归国华工有技术者，负责扒铁路。另外，他们还派出一部分匪众，伪装行旅搭乘火车，负责劫车的内应。部署可谓周到详尽。

劫车时间是1923年5月6日晨2时50分。

劫车地点在临城和沙沟车站之间。

被劫车次是由浦口开往天津的二次蓝钢皮快车。

劫车情况：由于王继湘在火车到达前已将路轨拆掉两节，火车到达时车头和三等客厢二节出轨，全车停驰。丁开法和周天松便带匪众夺门破窗而入，加上伪装旅客匪众的内应，顿时将车上金银细软等物及一部分中外旅客掳去。匪众行十余里，北洋六旅官军闻讯赶来，双方交绥，且战且行。后来因为被架英国人罗士满被流弹击毙，其他被掳乘客恐危及自身生命，要求丁、周停战。丁、周乃派西人台氏携一译员赍书六旅追军。声言如再不停止追击，则枪杀所有中西乘客，追兵鉴于枪杀外人责任重大，当即停止了追击。于是匪众们便驱赶中西旅客，奔向抱犊崮老巢。唯一法国女人不堪步行，被弃于邹坞，后转天津。

劫车案发生后，铁道房工人立刻驰赴临城向济韩警务段段长报告，段长当即派警长刘均率警员20余人持短枪前往抢救，中途遭伏匪截击，纷纷逃回。后驻防沙沟的第六旅一团一营某连连长王某到临城车站向营部报告说："今晨5时许，得到第二次蓝钢列车在沙沟、临城之间被劫的消息后，当即率队往救，及到，匪已远飚。"翌晨，当地军队及护路警兵去出事地点进行实地调查，见该处铁路两侧，箱笼皮包狼藉满地，至第二次复查时，一切物件便都不翼而飞了。

此次劫车被架中西乘客共计71人，除一人半路被流弹击毙，一人被弃于邹坞外，被劫持到抱犊崮匪巢的为69人，计中国乘客30人，外国乘客39人。

孙美瑶劫走中外旅客，确实给北洋政府制造了不少麻烦，欲打恐危及外国人生命安全，引起国际纠纷；不打，又恐以后匪患更甚，且中外人士纷纷要求救援被架人员。因而，他们一方面调兵遣将加强津浦线各要站的防务，另一方面又不得不向孙美瑶匪众妥协退让，派人进山与匪众进行谈判。谈判是从5月11日（即劫车后的第六天）开始的，直至6月12日，历时一个月零两天。参加这次谈判的北洋政府官员和地方绅商有陈调元、申士魁、杨琪山、陈孝全、郑士琦、温世珍、黄德本、李麟阁、崔广沅、徐廉泉、陈华亭、刘正举、刘翰卿、薛耀宗、金方远、刘子干、刘玉德、陈家斗、陈炳辰、金省臣等20余人；匪方代表有孙美瑶、孙桂枝、孙美崧、郭琪才、王继湘、丁开法、周天松、刘玉斗、孙鸿图、诸葛亭、刘清源、刘守庭、褚思振、周天伦、孙经汉、刘梧桐、济振江、刘凤翔、王文卿、朱陶等20人。此外，上海总商会的孙筹成、冯少山及北京总商会代表等，也参与周旋，并为被架"肉票"送了生活用品。

谈判的主要议题有二：一是释放"肉票"的条件和办法；一是招抚收编匪众的条件和办法。

双方谈判争执颇多，开始匪众要求条件甚高，孙美瑶还曾发过布告；官方也曾准备中止谈判，发动新的围剿，并调集了数架飞机，准备轰炸匪巢抱犊崮。后经多方周旋，始最终达成如下协议：

（一）包围抱犊崮的各路官军自现地撤退，以示诚意。

（二）孙美瑶接受招抚改编，条件是：各级匪首加官留用；编成新编旅由孙美瑶任旅长；现在匪众有枪者收编2000，成立两个团，无枪者收编500，作为补充兵，余者遣散。

（三）无论就编与否，每个匪徒发给银洋20元。

（四）改编后归北洋第六旅节制。

（五）即日起释放所有被劫中西"肉票"。

6月11日协议达成后，12日即将全部未释之被架"肉票"放出。六旅亦当即派人进山收编匪众，至7月29日收编完成，孙美瑶率新编旅下山，设防于枣庄车站，旅部设在下马道路南。

新编旅接受枣庄防务后，孙美瑶当即发了一纸所谓安民布告：

照得本旅官兵，原具本土良民，只因被匪所扰，复为官府不谅，家产荡然，不能安业。不得已铤而走险，久在地方父老洞察之中。此次幸蒙政府开诚招安，地方父老担保，得使编成正式军队。本旅官兵，素明大义，俱深感政府与地方之德，誓当宣力为国，以赎前愆。至于对服从命令，保护地方，尤属应尽之天职。兹因出防伊始，诚恐对外间或有谣言，地方发生误会，故特恺切布告，凡本旅所驻各地，务望人民各安生业，勿相惊扰，经此出示之后，倘有前项情事，一经查出，或被人民告发，即予严办，决不宽贷，特此通告。

至此，孙美瑶部也成为北洋官军一部分了。

新编旅成立后，各部比较融洽，经过编组和训练，蔚成新军。孙美瑶担任了旅长，终日送往迎来，忙得不可开交，除赴西沙棚祭祖外，又曾亲到济南晋见山东督军田中玉。但田中玉却一直在设法消灭孙及其新编旅。为此目的，田派北洋五师第十七团团长吴可璋。带领全团人马和孙美瑶同驻防枣庄，并委吴兼驻枣庄的执法营务处长，对孙部进行监视、瓦解，寻机将孙诱杀。他首先拉拢孙旅第一团团长郭琪才，离间孙、郭之间关系，经常表扬郭有治军经验，暗示将来可以接替孙的旅长职务。郭原系土匪，又是一个官迷，为了向上爬，对吴就处处表示服从和拥护，并到处宣扬吴的恩德，对孙则逐渐疏远，甚至公开破坏孙的威信。但这并不能根本动摇孙的基础，吴知道孙的精锐是旅部警卫连，而警卫连的连长丁开法，又是孙的亲信，要解决孙，就必须先除掉丁。于是吴便处处留心丁的活动。后来探听到丁开法建议孙不要玩鹌鹑。孙不听，丁对孙顶了几句。吴就抓住这个机会对孙说："听说丁开法对你不大服从，那还了得，连长仅是个下级军官，还能容他不服从吗？以后如果再发生这类事，你不便处置，可把他送到营务处来，我替你办。"此后不久，吴又找孙说："近闻有革命党人在你部活动，据我调查，丁开法将有异谋，外间传说很盛，要消灭这个传说，就需要你将丁开法除掉，否则，你也无法自白。希望当机立断，迟则晚矣！"孙不得已，将丁诱至旅部杀害。

▷ 劫匪与被劫持的外国旅客

　　孙美瑶虽然枪毙了丁开法，但仍不能得到北洋军的信任。郑士琦为了对孙部的监视方便，又命令孙选拔精锐，协助六旅进山剿匪，郑亲临督战，大战黑风口。孙收兵回来后，刘玉斗、朱陶、朱东渠等人不甘完全倒向北洋军阀，遂纷纷逃去，孙的势力逐渐减弱。此时吴可璋谋旅长之心益急，又见孙疑神疑鬼，便趁机密语劝孙："最好辞职，落一个好的下场。"不料遭孙严词拒绝。适在此时，吴部在枣庄街里捕到流匪8名，其中一人系孙之族叔，孙派人交涉，要吴将一干人犯解送旅部处理，吴坚执不允，于是双方便成冲突。孙闻讯大怒，亲率手枪队将吴的团部包围。吴见情势紧张，便拍电郑士琦告急，危言孙美瑶部哗变。郑当即派五师十七团一营开赴滕县，二营开往枣庄，相机行事。据官府方面表示：谓孙、吴冲突，系出于一时误解，经崔广沅、李麟阁等出面调停，业已和平了结。其实，郑士琦图孙之心，如芒在背，必去之而后快。适于此时，孙又与吴可璋发生冲突，遂密令兖州镇守使张培荣，以使孙、吴和解为名前往枣庄，相机将孙处死。张到枣庄将孙诱至中兴煤矿公司，在酒席筵前逮捕，并杀死在该公司的东门里。事后张培荣曾有通电，大意谓：今孙贼认为作恶越大，取得官位越高。此风一长，人心不可收拾，故不杀不足以儆效尤。

孙美瑶死后，除孙美崧一部携枪逃走外，余部均被郑士琦调重兵包围缴械。吴可璋率部返省，枣庄营务处裁撤。郭琪才、周天松调省监视，连长则调讲武堂训练。另外，所有人员均发给免死证一张，并由官方押送回籍。至此，孙美瑶集团完全被北洋政府消灭。

《孙美瑶与临城劫车案》

❖ 苏振西：招摇撞骗的"五仙坛"

旧中国的反动道会门很多，"五仙坛"是在华北地区流行的一种。所谓"五仙"，相传清朝末年天津附近有一胡姓老道，他纠合同道者五人，利用巫术请神作法，故称之为"五仙坛"。他们又妄称有五位大仙"附体"作号召，来骗人钱财，广招门徒以扩大声势。五位大仙指的是狐、黄、柳、白、灰五仙；狐是狐狸，黄是黄鼬，柳是长虫（蛇），白是刺猬，灰是老鼠。这些所谓"仙"，都能"附体"讲话，"附体"就是附在这五位老道的身体上，老道就可代仙讲话。当时最常降坛"附体"讲话的仙有胡师兄、吕师兄、五将爷、柳七爷、道德爷、金刚佛、灰九祖等"大仙"。"五仙坛"借助于这些所谓大仙现身说法的目的，无非是招摇撞骗借以诈取人们的钱财而已。

济南的"五仙坛"据说是从河北省传来的，主持人是邵文治。邵原为山东省惠民县的农民，他不事生产，却成天身着道装云游四方而不住庙修行。民国初年，邵文治云游到了济南，在县城隍庙殿后西院内设立"五仙坛"，主持坛务的有五人，但经常出来的却是邵老道，邵自言曾三天不吃饭常睡在床，云游"地府"替济南城隍爷办案。

邵老道在济南以"五仙坛"之名骗人诈财，最常用来骗人的方法是：（一）"扶乩"，又叫"扶箕""扶鸾"；（二）炼丹。所谓"扶乩"，是请"神仙"在沙盘上写字，为人决疑、治病，预示吉凶。我9岁那年刚上小学，我祖父受坛主愚弄，将我送给坛主作为童男，坛主送我当"扶乩"的副乩手。"扶乩"的方法是，在方桌上设一沙盘，由二人扶一丁字形的木架，坛主亲临作法请神仙下降，神仙降临时木架便会自动转动写出神仙的指示来。另有二人在一旁记录神仙指示的内容。"扶乩"的日期多在旧历每月的初二、十六两天，遇有"大仙"生日另行聚会。开坛"扶乩"之日，信徒均须按时带上香、表、供品参加，虔诚叩拜听取坛训。

邵老道另一种骗人的手段是"炼丹"。"炼丹"的方法是，送上好五色粮食，用"仙"方配药，用纯净香油点灯、烧炉。"炼丹"的时间必须在夜半子时以后进行，事前挑选得力信徒十多人，沐浴、净身、戒酒、戒荤，各按五行八卦站定方位，不能走动，也不能说话。据说吃了这样炼出来的"丹"，可以益寿延年，长生不老。但我却见到有些人，虽吃了这种"仙丹"，却既没延年，更没长生。

邵老道还有一种骗人的方法，他说他常到阴间办事，故对人的寿命祸福有不少闻见。有一次，他对他的一个老年信徒说，他在阴间遇见一个冤魂，这冤魂在城隍老爷那里控告了这位信徒的儿子，不久就要提到阴司去审问。这位信徒一听大惊失色，遂问邵老道可有办法禳解，邵老道说，彼此同是坛友理应帮忙。结果是这位信徒拿出了多年积蓄的一些银圆交给邵老道，邵装神弄鬼地请了一位"大仙"临坛主持禳解，了结了这一"鬼案"。

诸如此类的骗人的把戏，五仙坛主邵老道不知办了多少次，后来他怕长此下去会暴露真相，于是他对他的信徒们说，他要继续云游四方。遂离开济南，不知所终。

邵老道离开济南以后，"五仙坛"也就无形中解体。

《济南"五仙坛"揭秘》

❖ **武辑:** 发现城子崖遗址

  1928年4月,考古学家吴金鼎先生在济南做考古调查时首先发现了城子崖遗址,在经过充分准备后,1930年11月,由原国立中央研究院历史语言研究所的考古专家李济、董作宾、梁思永、吴金鼎等人组成的考古工作队对城子崖遗址进行了首次发掘,历时32天,挖掘出各种文物89箱。1931年专家们又对城子崖遗址进行了第二次发掘。两次发掘的面积共15648平方米。从发掘情况看,文化层堆积很厚,一般为4米左右,最厚的达6米以上。从文化层来考察,可分两层:下层厚3米左右,是早期居民的遗存,属新石器时代的晚期;下层之上覆有一薄沙层,沙层上又一层黄土,黄土层上为1米左右的文化层,即上文化层。上文化层出土有陶器、石器、蚌器和少量的铜器、刀、箭头、残刀币及卜骨等,陶器多为灰陶,所以发掘者把上文化层称为"灰陶文化期"。发掘中还发现了城池的残迹。城墙夯筑,呈长方形,南北长约450米,东西长约390米,基沟宽约13.8米,墙根厚10.6米,残存高度3米。据推测,城墙的原来高度在6米左右,上段的宽度为9米,墙基下有黑陶遗存,墙内也偶尔有黑陶遗物。根据文化层堆积状况,发掘者推测,先是下文化层即新石器时代晚期的居民在此居住,住了相当长的时间后,建了城。大约在夏代末叶,人们离开了这里,之后,这里"似乎有一个人烟稀少或绝无人烟的时代"。大概到了商代,才又新迁来一批居民,并在此建筑了灰陶文化期的城池。有的学者推测,此城是商代谭国的都城。但考古界对该城是否建于龙山文化时期以及上层的城是否为谭国,一直有怀疑。

  属于新石器时代晚期的下文化层,文化内涵非常丰富,延续时间也比较长,出土的文物有石器、蚌器、骨角器、陶器、兽骨和卜骨。石器中有磨制精致的石斧、石锛、石凿、石箭头、石镰、半月形石刀；蚌器中有刀、锯、铲、箭头；骨角器有凿、锥、针、梭、鱼叉等。

城子崖下文化层出土的陶器以黑陶为主，其次为灰陶、红陶，再次为白陶。陶器种类繁多，有鼎、鬲、斝（读假）、甗（读演）、鬶、杯、盘、盆、甑（读荡）、盂、碗、簋（读鬼）、豆、瓮、罐、壶、弹丸、纺轮等。质地坚硬，造型美观。在诸多的陶器中，尤以鸟头足鼎、鬶和蛋壳陶杯最有代表性。举世闻名的蛋壳陶杯，薄如蛋壳（陶胎最薄处不过0.2毫米），致密坚硬光亮，敲之可作金属之声。人们赞誉它"薄如纸，硬如瓷，声如磬，亮如漆"。最初的发现者在《城子崖》一书中对这种古陶瑰宝作了这样的描述："城子崖陶器十四种颜色中，最能动人之注意及艳羡者，为黑亮色。此色之陶质亮而薄，且极坚固，表面显漆黑色之光泽，故亦可称之为漆黑色。又以其轮廓之秀雅，衬作之精妙，故自初掘以至今日，凡来参观者目睹此类陶器，莫不赞叹不置。"

▷ 蛋壳黑陶杯

城子崖下文化层出土器物表明，城子崖的文化遗存，与在河南省渑池县仰韶发现的，距今六七千年前的以红陶、彩陶为特征的仰韶文化的遗存完全不同。它是仰韶文化之后我国新石器时代晚期文化的一个重大发现。

因为它的发现地属历城县的龙山镇（今划归章丘市），所以城子崖下文化层的文化遗存被命名为"龙山文化"，也称"黑陶文化"。现知它的年代，约在公元前27世纪至公元前20世纪之间，前后延续达600年左右。它上承大汶口文化，下限已进入我国古史上的第一个王朝——夏朝时期，是我国历史上的一个重要时代。

城子崖龙山文化的发现，不仅把山东地区的历史推溯到一个久远的时代，而且扩大了我们的视野，此后，特别是新中国成立以来，考古工作者又在河北、河南、陕西、辽宁、浙江等不少省区陆续发现了龙山文化时期的大批遗址，由于地域的差别和文化渊源的不同，各省区的龙山文化时期遗存又各自具有自己的特点。为了相区别，考古学界把山东地区的龙山文化称为"山东龙山文化"或"典型龙山文化"。

《城子崖遗存的发现和龙山文化的命名》

❖ 何思源：亲历济南惨案

1928年春，当北伐军快要进入山东的时候，日本帝国主义者借口保护侨民，向济南再次出兵。5月1日北伐军进入济南，5月2日我率领总政治部一部分人员和战地政务委员会委员长蒋作宾以及该会外交处处长兼外交部山东特派员蔡公时、教育处处长罗家伦等同车到了济南。外交部部长黄郛也在我们车上。5月2日车过泰安时，县城尚未攻下，北伐军正包围着城内的张宗昌部队攻打。我们于5月2日晚上到达济南后，就住在商埠经二路纬六路的一个小学校里。5月3日清晨，我们派人分头去寻找住所，我即去城里旧督军署见蒋介石。等我见了蒋介石出来，在路上听见枪响，当时大约是上午9点钟，原来日军已开始向驻在商埠经一路纬二路的四十军（贺耀组军）和四十一军（鲍刚军）攻击。四十一军军部驻在纬二路商会里，我带着政治部的工作人员住在商会隔壁的省银行里。门前是四十一军用军装包堆成的一道临时防线，与日军相距不过200米，两下互相射击，颇为猛烈。激战到当日下午4时许，我看见一名日军，手持带竹竿的白旗，从日本领事馆方面过来。他在马路当中走，当时另有我方参谋人员和两个徒手的日本兵，都恐怕被流弹射伤，靠着人行道旁的围墙走。持白旗的日兵走过我的面前，其余的人都从我的身后边走过。当时日本兵一边走一边呼叫："不要打枪了，停战！"当持白旗的日本兵走过四十一军防线时，我看见我军士兵搬开军装包让他过去。一时枪声停止，进入临时休战状态。

我利用休战的机会，跑到四十一军军部去看看情况，当时方振武将军不在，参谋人员对我说："我军已奉命退出商埠。"我看见兵士们正在急急忙忙地整理公文箱，子弹箱已经装上车。到了下午六七点钟，原来用军装包堆成的临时防线已被拆除；公文担、子弹车已排在商会门口，准备动身了。正在这时候，日军突然从后边开枪射击，一时秩序大乱，兵士急急前行。当时我躲避在门里安全处，看见街上有丢掉的公文担子，有散开的军服包，还有几只子弹箱，未及装上车都丢下了。

原来我军中了日军福田师团的奸计。福田鉴于日军兵少，形势不利，才使出"停战"的缓兵之计。他派参谋佐佐木中佐进城见蒋介石，对蒋介石进行威胁，要蒋下令停火，并限令我军各部队于3日夜以前完全退出商埠。蒋介石上了福田的当。就在我军撤退的时候，日军实行全面进攻，很快就占据了各个重要据点。

5月3日晚上，当日军乘四十一军军部撤退，占据其驻地商会的时候，我和政治部十几个工作人员，也被堵在省银行里不得出来。就在这一天晚上，日本侵略军在济南商埠大肆屠杀，到处死尸横陈，血流成渠。这次屠杀从5月3日晚上起，一直杀到5月5日才稍趋缓和。

我军于5月3日傍晚发出全面撤军的命令，因为时间非常仓促，有些部队根本没有得到命令，有些单位也不知该撤不该撤。例如由我率领的政治部工作人员就没有接到任何通知，而蔡公时的外交部特派员公署认为他们不应该撤，罗家伦的教育处也认为自己不必撤，但是在慌乱之中，他们又都没有和总部联系上。当时由"中央政治学校"学生组成的宣传队，本来属于政治部，却没有和我联系上，我也不知道他们住在哪里。从5月3日夜开始，日军大举出动，挨家挨户进行搜索，遇见我军官兵，就开枪射杀。因此，当时不论在洗澡堂里的、在理发店里的，或者是躲在商店住户里的我军官兵，都遭杀害，无一幸免。

3日晚，日军占据四十一军军部之后，先在邻近搜索。我们紧闭省银行的大铁门，暂时隐藏起来。日军几次打门，都没有打开，用手电筒照射了一阵，也没有发现我们。最后，日军向里面放了几枪，我们闭气不作声。5月4日上午，我看见门口尸体横陈，其中有许多并不是军人。当时我先换上了便衣，把小黑夹袄当作马褂穿在外面，然后搬开尸体，沿着商店房屋向西走。但是走不几步，就听见后面一阵声响，原来日军的摩托车从后面追来。摩托车上坐着两个日本兵，一个人驾车，一个人端着枪。我估计这时跑开是来不及了，倒不如停下来，装作寻人的模样。于是我故意拨开一个死尸，仔细端详起来，日军摩托车开到我的面前，见我像寻人的样子，就转身回去。我松了一口气，急走几步，转到一条小巷里，然后从小西门经杆石桥进城。我在"五三"那天不死，真是万幸。

日军在搜索省银行的同时，在一个洗澡堂里堵住了孙良诚等几个师长和几个卫兵。后来孙良诚告诉我说，他们把当时在澡堂里洗澡人的便衣，都强拉过来，穿上以后从后门跳墙跑掉了。听说他们走后，日军打进澡堂，搜出军服，就把洗澡的人都枪杀在浴池里。

5月3日晚上，日军搜出了外交部部长黄郛，把他带到日本领事馆软禁起来。我军政治部派出的照相人员陈东，当时也和黄郛一起被带进日本领事馆。他回来时对我说："日军强迫黄郛在一个文件上签了字。"后来我问黄郛签字的内容如何，他说日军强迫他签字，要他承认这次冲突是中国军队先开的枪，因此责任应该由中国负。我说："你为什么要签字呢？"他说："我也没正式签字，只是写了一个'阅'字。"

4日上午10时左右，我到了城内旧督军署，适逢德、英、美三国总领事也来见蒋介石，他们来的用意是为了调停。4日上午，我军已全部离开商埠，和日军脱离接触，只有日军还在打枪打炮，如果停火，只有叫日军

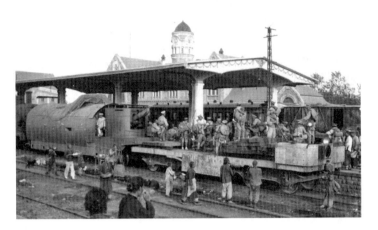

▷　1928 年 5 月北伐军到达济南火车站

▷　1928 年 5 月 3 日济南惨案发生后济南城内被日军破坏的城区

停止炮击。原来日军福田怕日兵少，正从青岛、大连增援，在援军到来前，暂借三国总领事之调停来个缓兵之计。

蒋介石5日离开济南，留下李延年团和邓殷藩团守城。后来李延年对我说，他守西面，西面正是日军从商埠进攻的一面。日军7日开始攻城，守军英勇抵抗，浴血奋战数昼夜。10日晚，守军奉蒋介石密令撤退。

"五三"惨案的第二年，中日交涉，日本撤兵交还济南。对于5月3日惨死的人，只说将来由两方调查。所谓"调查"，是骗人的，实则是用"调查"二字来平息中国人的怒气而已。但山东省政府不得不为调查做好准备，并在济南吕祖庙成立"济南惨案被难家属委员会"。经调查，1928年在"五三"惨案中被日本帝国主义兽兵杀死的中国军民共3625人。当然由于当时调查工作的草率，实际上在这次惨案中遇害的，要远远超过这个数目。

1929年，山东省政府自泰安迁回济南，蔡公时夫人偕张汉儒来济南寻尸。我领蔡夫人到蔡公时遇害处，当场发掘，但只寻到一堆骸骨和破衣。

《难以忘却的经历》

❖ 邱仰山：蔡公时遇害

余于4月12日（指1928年）随军北伐，由沪而宁而徐而兖，至总部晤熊天翼师长，旋介绍余至战地政务委员会外交处工作。5月1日，晤蔡公时主任，旧友重逢，握谈甚欢。是日下午8时，蔡主任奉总部命令，速开拔赴济。次日早8时登车，晚9时半抵济南。蔡因负有分遣各员接收各机关之责任，故即率同人赴铁路宾馆，筹商接收办法。是夜余宿车上。3日早7时半，蔡主任率领各员齐集车站演说，备有国旗、党旗、布告、封条，分给各人驰赴接收保管去讫，并限定3小时内报告。至9时，蔡偕第一科长陈正甫、秘书张干夫、参议钱天任，归铁路宾馆，守接报告。蔡遂语余帮同接收交涉署，余答未谙日语，且乏外交学识，恐失国际体面。蔡以为然，作罢。

嘱余在站稍候，同赴交署办公。余答谓，自昨晚至今晨，尚未食饭。蔡即用手挥余速去食饭，勿逗留，饭后迅至交署。余邀蔡之内亲周职员不去，乃约徐煜基同往（徐即交涉署谭显章科长之内弟）。至纬一路无食铺，复至城内，有和丰饭馆，余进内饱餐焉。余所以未罹于难，赖此一饭耳。饭后已11时，雇人力车一辆，余语车夫："多给你钱，速拖至四大马路小纬六路交涉公署。"出城时，千人万语咸谓日人枪杀我同胞。余以未明真相，挥车夫速行。至纬一路，枪声劈拍，子弹纷飞，商民兵士纷纷奔避。余坐车上，犹不之怖，仍促车夫速行。车夫怒目向余，撒手入人丛中狂奔而去。适余车正停于青年会门口，见霎时中弹而倒者、负伤而逃者，凡五六人。余见青年会悬有市党部长粉牌一面，遂潜身进内，晤三十三军军长张克瑶，并参谋闵天培。询其究竟，闵答谓："日兵行凶，乱放枪弹，外面危险万状。"至12时，有申报馆特派记者金华亭君偕时事新报记者叶君，亦逃至会内。下午1时，枪声稍缓，方振武、刘峙两总指挥到会，命传令兵速持令旗，绕道赴津浦铁路，将驻军调开十余里，免与日军发生冲突，旋即出会。余是夜同张克瑶军长宿该会三楼。张带有副官卫兵十余人，各荷枪实弹，环守三楼。是夜10时，由第一军拨来驻守兵士一团，沿纬一路一带设防。12时，日人开来铁甲车一辆，标有红十字旗帜一面，直驰前进。防兵上前阻止，温语将其劝回。2时，该团全数撤去，4日早5时，日人又开枪向各马路射击，不问军民车夫，见则枪杀。至上午12时，余出会去城内总部。当经纬一路时，见东首医院门前中弹殒一人，青年会右首百步外倒二人。余至总部，惊魂未定，即电询交涉署，然彼处电线已断；又询津浦铁路办事处，已无人回话；遂又电询铁路宾馆，适有交通处马君躲在桌下，出而接话。余即询外交处人员下落，马君答谓："均随蔡主任赴交署就职。昨日10时，蔡留陈科长、张、钱三同志代为留守此间，接收报告，今已随外交部黄部长逃出矣。适来电话言住博爱医院，并请在总部设法，拯彼出危险地。"余答在内勿出，可保生命。余即电知博爱医院，该院无电话，对面照相馆有电话机，当请转知。旋由陈科长正甫答谓："蔡主任不在了，可速来谈一切。"余遂询至博爱医院，四人晤面，相抱痛哭，几不成声，余问由何得知蔡主任噩耗，陈谓在交署九死一生逃出之勤务兵张汉儒所述。旋遣人将张唤至。据张汉儒云：

"5月3日上午10时，蔡主任在铁路宾馆，奉总部命令，速赴交署就职。蔡遂齐集办事人员并车站留守员役，押同行李同进交署。由前交署旧有人员帮同点收文卷，开始办公。至11时，外面有枪声，蔡主任语诸人，此系日人开枪示威，大家不要理会。下午3时，蔡主任送前交署旧有人员四五人至门口，嘱明日8时到署，即返身入室，仍督率各员办公。夜9时熄灯，各归寝。至21时，门外有日兵叩门，传达入内报告，蔡主任嘱勿理他。声未停而日兵20余人已毁垣直入寝室。是夜大风，交署电灯全熄（因电线已被日兵割断）。日兵各用手电筒照射，威逼诸人拿出枪械。蔡主任答谓：均是交署职员，我是交涉员，并无武器，任尔搜查。日兵即施横暴手段，先将蔡主任由床上拖下，用绳缚两手，其余职员、勤务兵、伙夫，四人一串，分为五起。日兵见各人床上均置有手提皮包，即打开搜检，旋携去。蔡主任系与张参议、张庶务并周科员为一串。日兵将诸人缚好，即向各员头面乱划乱刺。蔡主任转用好言央日兵请日领事洽商。日兵答谓'你不配！'诸人始终不解日人与蔡主任究说何语，蔡主任于惊恐万状中，犹为传译。未几携物外出之日兵，偕一似官佐模样者来，蔡主任与之抗辩。该官佐即发口号，蔡主任闻听下泪，谓诸人曰：'日兵要剥去衣服，枪毙我们，大家没法，赴死可也。'张庶务闻警愤激，破口大骂，蔡主任与诸人亦大骂。日兵将张庶务两耳割去，蔡之耳鼻亦被割去。日兵复剥去各人衣服，重新绑过，拖出用排枪杀害。当日兵拖第二批人出门时，我同伙夫、勤务兵四人绑在一起，在屋内角隅。适足下触一剪刀，暗中拾起，传递三人，各将绳索剪断，乘隙窜至庭中，爬上墙头（交署系洋式房子，周围均短垣，上置铁丝网），我腰际被一弹擦过，略伤皮肤，连越三墙，下面一井，旁置水桶，我纵身蹲入桶内。4日早4时半，天色微明，有水车夫前来打水。我向之求救，以5毛钱为敬，请借外短衣一件遮体。车夫慨允，并谓独行甚险，可扮作拖车者。我头面被刺刀划破，流血满面，乃就井水擦洗。拖车至马路口，见有日兵百余人，把守各路口，日兵盘诘，车夫为之支吾应对。越三条马路始脱险，我即奔至城内报告。至于我同逃之伙夫、勤务兵三人，是否途中已被日兵击毙，则不得而知。"

▷ 蔡公时（1881—1928）

　　5日上午8时，余在总部同何副官密商，拟改装潜赴交署，视察各人尸身，并代收殓。不料无论何人，莫想入商埠一步，去即吃日人无情枪弹。9时，闻飞机盘旋空际，总部人员咸谓敌人来掷炸弹，快躲，余随诸人躲入三进廊下藤轿内。但枪声不绝于耳，盖欲惊彼飞去也。未几轰然一声，弹落副官处长办公室之走廊，伤兵四人，死三人，断折多年藤树一株，毙犬一头。同时省长公署大门口亦落一弹，死伤军民12人。下午1时，余至博爱医院晤陈、张、钱三同志，偕彼等同至财政厅，面见蒋作宾主席，报告一切，并换领特别证。由张干夫同志口述被害及逃出之职员姓名，余濡笔录一名单，呈蒋主席参考。惜余神经受刺激过深，已多不记忆。下午5时，余就宿总部。闻日人欲扩大战区。至9时半，邵力子先生、张参谋主任驰、蒋参事大川、万参谋、彭秘书并余六人，携地图出南门，爬山过岭，绕出危险地。六人席地稍坐，痛定思痛。6日4时，至党家庄总司令车上。适闻后面一车甚宽敞，问明系黄部长赴宁专车，余登车复将蔡公时同志及诸人殉难惨状报告黄部长，并请抚恤蔡公家属。7日上午12时至宁，余即搭车去沪矣。

《蔡交涉员被害经过》

❖ **彭竹林：**济南惨案与老蒋的"大目标"

北伐军抵达济南时，我在北伐军二十二师任排长。

5月3日，住在济南城乡的北伐军官兵，以得胜的姿态，毫无顾忌地纷纷进城洗澡、理发和购买应用物品（我也是其中一个）。当时济南城内除了澡堂、理发店和少数小饭馆子外，其余大商号很少开门，因而很难买到生活必需品。这时，有人说西门外街大货多，什么都有。于是轰动成千上万的军人，争先恐后地蜂拥奔向西门外。我走不到300米远，忽然听到西面机关枪声，继而炸弹也响了。这时，所有小商店铺纷纷关门闭户。只见满街军人东奔西嚷，有的说张宗昌反攻过来了，有的说和日本鬼子打起来了，有的回头向城内跑，有的自动拿着短枪或手榴弹向西冲，要去打日本鬼子，总之，这时已形成无人指挥、乱成一团的紧张局面。

这时济南西城门关闭三分之二，仅可单人通行，有一连步兵据守。这时忽然有上着刺刀的步兵连过来，前排人举着一面长约3尺的白布旗帜，上写"蒋总司令命令：各部官兵一律归队，违者就地枪毙。"北伐军的士兵们各自回营，混乱局面稍微缓和。

我在归途中，听到很多士兵气愤地说："他妈的，我们中国人不能在中国土地上走！我们还没有接近日本人的工事，他们就先开机关枪打倒我们两个人，这样，我们的人中不知是谁也给他们扔过去两个手榴弹。日军用沙包垒的工事虽然坚固，但是我们人多，完全可以把他们消灭。我们正在准备冲锋，谁知传来了总司令的命令，不准我们打，这才不得不停下来。这回和鬼子既然抓破了脸，想必会和他大干一场吧！"

5月3日下午，日寇即由胶济铁路络绎不绝地运来大批部队，他们一下车，就把济南西部地区各要点占据。同时，一面将西门外所有中国商店、民舍紧紧封锁，不准通行；一面又造谣诬赖我军有计划地先向他们攻击，是有意挑衅。于是，他们向蒋介石提出通牒来进行威胁，而蒋介石果然于5月3日下午命令所有在济南附近的各军一律向南撤退。这样，日军就对济南人民开始了血腥的大屠杀，被杀害的和平居民与被强奸致死的妇女不知有多少。据逃出来的老百姓说，西门外所有的水井都填满了死尸。当时我方所有下级官兵，听到这种惨绝人寰的消息，无不义愤填膺。

"五三"惨案发生之后，蒋介石竟置济南数十万人民的生命财产于不顾，命令所有在济南的十多万部队，自5月3日黄昏开始，连夜向南撤退。我们二十二师（师长胡宗南）一昼夜越过泰山退到大汶口附近。5月5日下午，蒋介石召集二十二师全体官兵训话。他一登上讲台就假惺惺地装出一副哭相说：我们要向蔡公时和在这次北伐中牺牲的将士们致哀。我们这次北伐在不到两个月的时间内，能追歼敌人十五六百里之外，而且攻占了济南，这是北伐军官兵团结、士兵用命的结果。又说，对于日军此次在济南对我们的挑衅，我们要忍耐。为了统一中国的大目标，我们必须忍耐，现在不是打倒帝国主义的时候，等等。我真不明白，难道为了蒋介石所说的这个"大目标"，我们的国土就可以任日寇铁蹄践踏，我们的同胞就可以任人宰割吗？

《"五三"惨案历变记》

❖ 哈乐之：杨法武"神跤"扶桑振国威

杨法武，回族，济南市人。自幼从武术名家王兆林等学习弹腿、查拳，后投摔跤名家王振山门下练摔跤。1928年考入中央国术馆，后拔擢为一级教授。1930年随中央国术馆馆长张之江赴日考察柔道技艺。日本天皇得知中央国术馆馆长张之江来日本的消息，便定日接待了这位闻名于世的中国国术馆的馆长。天皇热爱武术，尤喜柔道。在接见时天皇提出要看看中国摔跤，并要与日本的柔道切磋切磋，也是以武会友。张之江当时欣然同意，但提出要求，切磋要按中国摔跤的规矩，个对个，倒地为败。天皇同意了张之江的条件，并选日交流技艺。

张之江来日本之前，早有估计，会有较技这出戏，便带有武林高手随从，其中就有杨法武。这场较量虽说是友好交流、切磋技艺，实际上是中国的跤法与日本的柔道术的较量，事关国家、民族的尊严和国威的大事，正是洗"东亚病夫"和展示中华武术雄风的良机。张之江对此比赛甚为重视。他分析双方实力，制定较量方案，认为日本柔道举世闻名，柔道高手个个人高、体重、技精。日本出阵的是全国最佳高手，属重量级，身重300磅以上，又在日本国比赛，论气势、氛围、心理等方面都不利于我。同时他又对柔道与摔跤进行比较，中国摔跤奥妙无穷，灵活多变，非力量的抗衡，尚技不尚力，讲一巧破千斤。权衡利弊有取胜的把握。并决定由杨法武出阵。因杨法武跤法精湛，胆识过人，又在日本学过柔道术，以他善快摔沾衣十八跌法绝技取胜无疑，还对杨法武进行了模拟陪练。

较技在东京皇家操场举行，这天日本各报记者、驻日本各国外交使节都来观看。日本精选的4名柔道高手中，有个摔遍12国无敌手的名家佐藤次郎。他们身着红色大和服，个个粗壮剽悍、盛气凌人、不可一世的样子，以取胜者而自居。张之江静坐沉思，对他们不屑一顾，但也显示出他内心的不安与担忧。

锣声拉开了战幕。日本先出来一个胖熊似的高手，一经搭手，杨法武以沾衣跌法出招，日本选手还没看清他的招法，眨眼间已倒在地。第二个高手上来了，他很从容地没费工夫又把那柔道高手摔倒在地。此时，全场惊愕了，中国高超的跤术引起了鼓掌叫好。天皇显示出不悦。那个佐藤次郎见连败二阵，气恼交加，发誓要在天皇面前夺回面子，他大吼一声，闪电般地猛扑杨法武。佐藤手法狠毒，变化快、步法灵活不散，显示他功力深厚和技高一等。杨法武几次近身贴靠，都被佐藤化解，险些被他摔倒。场内气氛既活跃，又紧张。天皇脸色由阴转晴，好看起来。张之江不动声色，静观每个招法的使用与化解。酣战数个回合，只见杨法武抓着佐藤之手向怀中领带，佐藤并不回挣，却顺势猛扑杨法武。此刻杨法武随势转身贴靠，使了个沾衣背法，可怜那个名噪一时、摔遍12国无敌手的"东洋武星"四脚朝天，仰面躺在杨法武的脚下。

杨法武获全胜，全场掌声雷动。天皇面色阴沉、难堪，但出于礼节也拍了几下掌，张之江仍然镇静如常，不因胜而显于外，非常诚恳地讲："贵国的柔道与我国的摔跤同出一辙，我们两国要相互学习，共同交流技艺，共同提高。"天皇听了渐渐露出笑容，沉吟一下说：杨先生技艺绝伦，望能留在日本教中国武术，待遇特别从优，并加封为"帝国大将军"名誉。张之江当场婉言谢绝了天皇的美意，只同意两国的摔跤与柔道相互学习，作为友好交流。这一消息曾在日本和中国的各大报上刊登。

《杨法武"神跤"扶桑振国威》

❖ **崔力明：** 徐志摩遇难事出有因

1931年11月19日下午2时，《诗刊》主编、北京大学兼北京女子大学教授徐志摩，由南京搭乘中国航空公司邮政班机去北平，途经济南时，因天气多雾，飞机误撞在济南西南郊的开山上，机上人员全部遇难。徐志摩当时只有35岁。

有什么重要事情使徐志摩在天气不太良好的情况下搭邮政班机去北平呢？这就有必要谈谈徐志摩的工作与家庭情况了。

1931年2月，徐志摩应北京大学文学院院长胡适的邀请，去北京大学英文系任教授。为了增加收入以改变经济上的困窘状况，他又兼任了北京女子大学教授，两处月薪580元。而当时的面粉却只需2元一袋，一个小学教师的月薪还不到20元。收入如此之高为什么生活还会陷于困窘呢？

▷ 徐志摩与陆小曼

　　徐志摩19岁时与名门之女、张君劢（中国民社党主席）和张嘉璈的妹妹张幼仪结婚，生了长子积锴、次子德生。1922年徐志摩在英国剑桥大学读书，张幼仪在德国柏林留学，并在柏林生了次子。当时，徐与张因"感情不合"，经吴经熊、金岳霖作证，在柏林与张幼仪离婚。徐志摩回国后，1924年在北京大学任教时认识了美女陆小曼，并且热恋上她。可陆小曼却"罗敷自有夫"，而徐志摩"有志者事竟成"，经过两年的苦心追逐，徐、陆终于在1926年"有情人终成眷属"结婚了。徐志摩拥有了陆小曼的爱，志满意得，用徐自己的话说，"成了精神上的大富翁"。徐志摩在上海租了一处豪华的寓所，"金屋藏娇"。可这样的生活并不长久。陆小曼是当时著名的交际花，她热衷于上海的夜生活，天天去夜总会，每天玩到天亮才回家。她还预订了上海一些娱乐场所的座席，经常到一品香、大西洋吃大菜，票戏，甚至逛赌场，任性挥霍。家里还雇了三个丫头侍候，加上司机、老仆、陆小曼的父母，这样一大家子人的开销，全要徐志摩教书的薪金来支付，以致徐身兼上海光华大学、东吴大学、大夏大学三所大学的教授，每月千元以上的收入，还应付不了陆小曼的无厌的需求，致使徐志摩负债累累。而且，陆小曼是个林黛玉式的病美人，整天病恹恹精神恍惚。当时有个叫翁端午的白面郎君，他自称有一手"推拿绝技"，便被找来为陆小曼推拿，没料想两人竟发展到形影不离难舍难分的地步。更为糟糕的是，为了用鸦片治病，陆小曼竟染上了吸食鸦片烟的恶习。陆小曼的移情和堕落终于使徐志摩忍无可忍，于是两人吵闹的事就不断发生了。从1931年初起，徐应聘在北京大学任教，而小曼却留在上海，徐几次劝小曼迁往北平，小曼却舍不得离开上海，加上小曼生活上日益堕落，致使徐、陆夫妻关系恶化。因为需要钱用，陆小曼不断给徐志摩去信催要，1931年11月上旬，她竟连发几次电报催徐志摩去上海，13日徐、陆在上海刚见面，便大吵起来。徐志摩不愿把夫妻关系弄僵，便去探访故旧消气解忧，他访问了刘海粟、罗隆基。可是一回家，小曼又跟他吵起来，不得已18日他去了南京，住在友人家里，并托人弄了一张邮政班机的票，准备19日回北平。这就是徐志摩急于北上的原因。

《徐志摩济南遇难前后》

❖ 马节松：丢了济南，毙了老韩

西安事变过去半年之后，卢沟桥事变爆发了，日本侵略军向中国大举进攻，平、津很快沦于敌手，山东成了华北日军进攻的主要目标。这时山东省主席兼第三路军总指挥韩复榘，肩负军政重责，拥兵10万，却不积极抵抗日军的进攻，连时任第六战区司令长官、韩的老上司冯玉祥的命令，韩都阳奉阴违、虚与委蛇。在日本侵略军迫近黄河天险时，韩把省府迁往泰安，继而又迁往山东西南边陲曹县；他的第三路军也是步步退避，先是在黄河以北德州地区对日军虚晃一枪，继而即撤往胶济铁路沿线、泰莱山区直至鲁西南地区，致使黄河以北大片山东土地沦丧，连山东省会济南也在1937年底被日军侵占。韩复榘的败退使鲁南成为前线。坐镇徐州的第五战区司令长官（自1937年11月起韩是五战区副司令长官之一）李宗仁对韩的逃跑行为非常恼火，他不但几次向蒋介石报告韩的退让行为，请蒋予以制止，而且直接电责韩要对丢失济南负责。韩对李的责备非但不反躬自省，反而反唇相讥说："我对丢失济南负责，那么谁对南京的丢失负责呢？"李宗仁将韩的态度如实告蒋。蒋感到拔掉韩复榘这个眼中钉的机会已经到来，于是在1938年1月的开封一、五两战区的高级将领会议上，逮捕了韩复榘，并押至武汉枪决。

▷　1937年底日军占领济南

　　蒋介石为什么要杀掉韩复榘呢？表面看来是韩复榘在日军的进攻面前步步退避，丧失国土，因而蒋介石堂而皇之地杀韩以儆效尤；实际上蒋、韩在30年代初就有矛盾，特别是韩在西安事变中向张、杨发出表示支持的电报，使蒋对韩恨之入骨，必欲除之而后快；而卢沟桥事变后韩复榘对日本侵略者的妥协行为，只不过是蒋杀韩的一个正大光明的借口罢了。

《蒋介石杀韩复榘之我闻》

❖　**王鉴、雷广敬：**日军魔窟"泺源公馆"

　　"泺源公馆"在济南市成立最早，起初人们称它为"城里宪兵队"。馆址坐落在旧西门大街（现在的泉城路）路南，原庆云金店、恒大银号、通济当铺的旧址。它是日本军阀武装宪兵组成的"1415部队"（队址在经五路纬二路）下设的便衣特务机构，负责人是日本战争罪犯武山英一。日本投降后，武山被枪决。其次还有日本人寺田和渡部等。下面还有些曹长、军曹、伍长。汉奸则有特务和日语翻译多人。另外还豢养着一些叛徒，如郭同震、邢仁轩等。公馆的主要任务是，负责搜集山东全省境内中国共产党、八路军的活动情况、侦察革命组织的隶属关系、装备概况及人数，并直接参加行动，破坏中共地下组织，逮捕爱国人士，办理审讯、移送和处理。在此工作的日本人，出入都要化装，有的穿着长袍马褂，有的穿着西服革履，还有的头缠毛巾扮作农民，行动诡秘，出没无常。这些日本人，都在本国受过特工训练，号称"中国通"。他们不但能说流利的中国普通话，并且还会说山东的地方方言和各行业的隐语黑话，从语言上有时还真认不出是日本人来。

这个"公馆"豢养着为数不少的汉奸、特务、叛徒和日语翻译，大部分是朝鲜浪人，还有一些是自称"满洲国"人的东北籍汉奸。这些家伙们，更是为虎作伥，狗仗人势，其凶狠贪婪，有时超过其日本主子。如著名的翻译官王承志（大连人），更是其中"佼佼者"，他住在本市县东巷南头，他手下有很多特务狗腿，他家里就囚禁着一些爱国者。在送往"沰源公馆"之前，他们照例先行审讯，所用的酷刑令人无法想象的残忍，如坐老虎凳、灌辣椒水、往指甲里钉竹签、火香戳、砸牙等等，每日惨叫哀号之声不绝于耳，住在附近的居民和过往行人，都感到胆战心惊。还有杨洪顺、张燕等人，他们也都有自己的一帮爪牙狗腿。这些人栽赃陷害，为虎作伥，不知有多少爱国志士和无辜良民，惨死在他们手中。如翻译杨洪顺，他既是武山、寺田的亲信红人，又是三番子（安清道义会）头子之一，在地方上有些潜势力。当时他住在大观园西门外，仗势欺人，无恶不作。大观园市场的商店摊贩，被他敲诈折腾得苦不堪言。每逢他外出的时候，总跟着一大帮狗腿子，有的牵着洋狗，有的领着猴子，他本人昂首高坐在包月车上，被佩枪带匕首的一群人保护着，真是威风凛凛，杀气腾腾。还有一个翻译名叫张燕，原来是个擅长摔跤的流氓，到处寻衅闹事，打架斗殴，人们怯于他的威势，没有敢说个"不"字的。此外，朝鲜人大何、小何、大金、中金、小金，汉奸袁军之、吕麟士、曹翻译、高万华等人，虽然这些人气焰上稍差一点，但也和王承志一流人物同为一丘之貉。这些人有的自己开设大烟馆和赌博场，也有为别人扛枪顶招牌的。他们每天吞云吐雾，花天酒地，嫖妓宿娼，玩女招待，过着淫荡奢侈的无耻生活，挥霍的钱财，全系敲诈得来。

另外，"公馆"还利用了一批地方上的恶势力。这些民族败类，是地区和外县农村里的土皇帝。他们弄上几支枪，纠集上一帮人，就"占山为王"，自封为"司令""团长"等官衔，打上"皇协军"的破旗，在农村里绑票抢劫，摊派捐税，杀害群众，奸淫妇女，真是无恶不作。有些小头头们，长期住在"公馆"里，挂上个"军嘱托"的名义，横行街市，招摇撞骗，为了献媚其日本主子，经常提供当地的八路军和游击队的情况，如齐河张团、禹城邱团、临邑何凤起团等等，都成了"公馆"的外围组织。

"洓源公馆"所犯下的滔天罪行，到现在济南的居民，仍然记忆犹新。记得当时流传着两句顺口溜："洓源公馆阎王殿，活人进去尸不见。"这歌谣就是当时人们在屠刀横颈时的抗议和控诉。

日本无条件投降后，"洓源公馆"的刽子手们多已伏法。今天，当我们回忆这血迹斑斑的历史时，感到无限愤怒。现在，不屈的人民胜利了，惨死在"洓源公馆"的烈士们沉冤得伸，当可含笑九泉。

《日寇占领时期济南的"洓源公馆"》

❖ 卢宝生：刺杀伪省长，虽败犹荣

唐仰杜于1939年任山东省伪省长，并先后兼任山东省警备总队队长、山东省"剿共"委员会会长、山东省保安司令等伪职。是日本侵略者残害山东人民的忠实走狗。

当时，由爱国青年自发组成的"山东抗日铁血锄奸救国团"（以下简称

"铁团")决定严惩唐仰杜,铲除这一为虎作伥的大汉奸。于是便秘密筹措,为达刺唐目的,计划用土膏(大烟)作饵,引诱敌伪、了解敌情。首先搞了个"火烧土膏店"。济南地区"铁团"主任毕复生(益都人)、"铁团"成员小学教师卢化西(历城县卢家寨村人)多次到济南麟祥门外日商经营的×昌土膏店侦探,待全部掌握店情后,决定以暴力强取土膏,事后放火焚店。一天下午,卢化西以土膏商身份到该店北屋选货、讲价钱,以拖住店员,继而毕复生、"铁团"成员康友三(惠民人)迅入院内,"铁团"成员刘杰(历城县彭庄人)在门口为岗哨。毕、康飞速入西屋,用手枪指住两名营业人员,这时卢化西用枪将北屋那人逼至西屋,将三人锁在屋内。毕、康、卢三人急忙进入北屋西间仓库,提出八包土膏原件(重约四十市斤),迅即将北屋点火,四人急速撤出,两人骑自行车,两人坐人力车悄然而去,将土膏全部运到经一路纬四路仁美里日商经营的尾原洋服店。该店副经理楚振卿(历城县卢家寨人)会讲日语,会做洋服,他积极支持卢化西等人的抗日活动,当时给予了可靠的掩护。

"铁团"利用这批土膏做诱饵,贯通伪山东省公署人员,及时了解到许多准确的情报。卢化西、李景禹("铁团"成员,章丘县人)结识了伪省公署专员潘兴福,常驻济南的伪嘉祥县长周某,由他们弄到了两枚省公署人员佩带的证章,并领着卢、李二人两次进入省署内侦察地形,了解岗哨部署情况和安全撤出路线。李、卢二人还经常练习由高处跳往低处的缓冲动作,以防到时发生意外。

1940年11月的一天,"铁团"从内线获悉可靠情报,得知翌日唐仰杜等省署要员举行接待华北日军指挥官集会。"铁团"领导人认为这是一个打击日特、汉奸的好时机,应当立即动手。这天卢化西、李景禹二人身藏武器,着赭色呢料西服,戴上小假胡子,化装成参加集会的日本要员,乘租来的卧车来到省署,昂然进入集会厅,见唐仰杜和日伪高官已麇集会场,便机敏掏枪,二人同时向唐仰杜开枪,卢又扔出一颗手榴弹,顿时场内哗然。不料哑哑声响后,手榴弹因受潮未爆炸,枪也没有击中唐仰杜,场内日军、汉奸却吓得狼奔豕突,乱作一团。李、卢二人趁敌人混乱之机,迅速奔向已选好的后院西北角越墙而去。墙外接应的刘百川（后被敌人捕去）已备好自行车，二人骑车飞驰而去。

卢化西骑车至东流水街南头路东，其族叔卢成亮开的德聚昌成衣店（现为山东省文物总店西部占地），迅速脱去西装，摘下假胡子，换上便衣，带上事前备好的喜帐和银箔纸做的双喜字，往西北出迎仙桥卡门。这时已开始戒严，因卢、李二人行事时戴假胡子，一时街上便到处抓留小胡子的人。卢化西到达城门时，岗哨已盘查很严，卢再三说明是商埠某店的伙计，为表弟结婚到城里购买物品，并拿出喜帐喜字作证，岗哨才信以为真，放他出了城。卢化西离开德聚昌成衣店，卢成亮很快将手枪埋在屋内方桌底下土中，将那套西服也埋在炉灰里。第二天，日伪警察、宪兵就对德聚昌进行搜查，幸而未发现什么迹象。几天后局势稍为平静，李景禹才秘密地把手枪取走。

因有人告密，不久，日特机关"泺源公馆"的汉奸杨洪顺（历城县升官庄人）又领着日本宪兵、警察、特务搜查了卢家寨人在济南开的大小店铺。各店铺的主人均被敌人捕去。德聚昌成衣店是卢化西经常落脚的地方，店主人卢成亮、卢成福兄弟二人也未幸免。所有因卢化西刺唐案被捕进日本宪兵队的卢家寨人，无不受尽了日特灌辣椒水、坐老虎凳等种种酷刑。但是不论在敌狱中受折磨的时间长短，也不论受摧残的程度轻重，个个怀着满腹的民族仇恨，坚贞不屈，无人说出卢化西的情况。卢成福仅身着一件夹袍和裤头，在狱中煎熬了冬春三个半月，出狱后身体已极度虚弱。在尾原洋服店学徒的卢化芳，狱中受尽折磨，出狱后不久即死去。

刺唐事件发生后，济南的日特还到卢家寨将卢化西的父亲卢成文及该村的学校教师卢新科抓到了日本宪兵队。后因敌人抓不到把柄，只好让取保释放了。

卢化西等周密策划，英勇刺唐，虽义举未果，但对日伪反动势力是一次沉重打击，使他们终日惶惶不安，而广大同胞则拍手称快、扬眉吐气。

《伪省长唐仰杜被刺经过》

❖ 刘殿桂：鬼子走了，大员来了

1945年8月日本宣布投降后，国民党政府将全国划分为十二个受降地区，派大员分赴各地区办理受降事宜。山东为第十受降区，国民党第十一战区副司令长官李延年，率第十二军霍守义部、九十六军廖运泽部，于1945年10月10日到达济南，奉命兼任山东地区受降官。在李延年尚未到达济南以前，山东省政府主席何思源早就由安徽阜阳入鲁，住在寿光张景月（十四区专员）部队里。日本宣布投降后，何就在张景月的保护下，抢先进入济南。当即把日本准备移交的机关、单位，特别是经济部门，加以接收。

▷ 1945年12月27日济南、德州、青岛地区受降仪式在济南山东省图书馆举行

与此同时，国民党政府派蒋介石的内弟陈舜耕（即被蒋介石遗弃的陈夫人的弟弟）到济南接收津浦、胶济两铁路，派陈宝仓为第四兵站总监，代表军政部接收山东粮秣被服及一切军用物资。这批接收大员，威

胁日本的移交人员，进行偷梁换柱，以旧易新，倒买倒卖，甚至涂改原始移交清册，变公为私。在这样接收形成"劫收"的情况下，这些接收大员们，都大发横财。待李延年率领部队到达济南，了解上述接收人员大发横财的情况后，他非常恼火，当即研究出一个对策。除了陈舜耕有蒋介石为后台，陈宝仓有陈诚为后台另作别论外，对何思源所派的接收人员则毫不客气。

当时国民党政府的受降文件上有明文规定，它的大意是：日伪移交的机关、企业的一切物资，必须经当地受降官的批准，方可进行接收。否则按贪污论处。李延年即依此向何思源派去的接收人员开刀。他先以受降官名义张贴了一个布告，说明接收的手续和规定；继之把已接收过的企业单位派上武装岗卡，对出进的接收人员，无论职位高低，一律进行检查，即使是何思源省府的厅长，也照样受到检查。

这样一来，何思源大为吃惊，也感到非常受气，但自己这个空头省政府主席又不敢和兵权在握的李延年闹翻。何思源清楚，问题的症结是李延年也想发财。因为李延年到达济南时间较迟，只接收了些日本移交的枪炮弹药、军用车辆、马匹、警犬等。这些东西既不能出售，又不能变为私有。于是何思源的幕僚向何建议，可把已接收的财物分送给李延年一部分。这副药果然很灵，不到一周的时间，各企业单位的武装岗卡撤除了，而李、何的矛盾也缓和了。真是天下乌鸦一般黑，国民党无官不贪，无吏不污，实在令人浩叹！

《日本投降后国民党"劫收"济南见闻》

❖ 韩笑天、景舒：鲁境"国军"蠢动无地

1945年抗战胜利后不久，国民党山东省主席何思源率其省政府进驻济南，其机关报《山东公报》也迁入济南出版。

1946年末，何思源调任北平市长，山东省主席一职由国民党第二绥靖区司令官王耀武继任。1947年1月，王将《山东公报》改名为《山东新报》，暂时留下何思源系统的马温如任社长，另派他的中校秘书吴晃任副社长。吴飞扬跋扈，一心想当社长，很快便把马温如挤走了，但他却并未如愿以偿，王耀武另派他的国际问题顾问杜若君当了社长。

1947年秋，有一天杜若君通知报社全体人员晚上开会。吴晃得知后，分别叮嘱大家不要与会，想晾杜社长的台。编辑主任袁未央得到通知后，白天没见到编辑仲延钦，就写了一个条子，留给勤务员转交。条子是这样写的："强出头今晚召开会议，奉吴副社长谕不准参加。"（"强出头"者乃报社编辑人员为杜若君所起之绰号也。）这个条子不知何故落到杜若君手中，他自然无法容忍，于是闹到王耀武那里去，结果是吴晃丢掉了副社长的职务。但王耀武为了照顾吴的情绪，又把他提升为上校。尽管如此，吴晃还是不甘心，不时在王耀武面前对报纸乱加指责，伺机夺取社长宝座。

1947年底，国民党选举伪国大代表时，杜若君曾多方奔走，但终未能如愿以偿。当时王耀武曾许诺在竞选立法委员时，一定让杜得到一个席位，可是结果又落了空。杜一气之下，来了个不辞而别，把挑子一撂，独自到青岛去了。

到1948年初，全省大部地区已解放，济南成为孤岛。当时新闻界从业人员待遇本极菲薄，加之物价一日数涨，又值旧历年关将届，故人心惶惶不安。《山东新报》由于社长不在，连薪金也无法发放，从业人员更加牢骚满腹，无心工作。

一天上夜班时，人们无精打采，总编辑王笠汀喝了酒早去睡了；编辑主任袁未央更心不在焉。就在这种情况下，"热闹"出来了。那时国民党诬称解放军为"匪军"，中央社当晚有条电讯吹嘘"国军"在山东取得优势，"匪军"在山东已无立足之地。但袁未央一时粗心，误将"匪"字写成"国"字，头条大字标题成了"鲁境国军蠢动无地"。意思完全反了。这种笔下误本来很容易发现，但由于当时人人心不在焉，几次校对也未看出。

照规定看大样是至为重要的最后一关，必须由总编辑看过后签了"付印"，才可以送印刷厂印刷。可那天总编辑王笠汀竟没有看大样，报纸就马马虎虎付印了。

第二天当新报纸送到绥靖区司令部时，吴晃首先发现，他高兴极了，立即跑到王耀武面前进谗，声称报社有"匪党"分子捣乱，要求立即派人接管。王耀武听了当然很生气，于是立即打电话指令总编辑王笠汀立刻到司令部去。这时候忙坏了报社经理张照溪，他一方面多方解说，应付司令部派来的几位秘书；一方面打电话向在青岛的杜若君告急。

王笠汀到了绥靖区司令部后，被王耀武当场叱骂一顿，据说还狠狠打了一记耳光，并随即将王笠汀软禁。

杜若君接报后火速赶回济南，并立即同经理张照溪约同济南几家报社的社长，先后会见王耀武，要求保释王笠汀。几天后王耀武渐渐心平气和下来，要召见事故的直接责任者袁未央。袁由张照溪陪同到了绥靖区司令部。袁为人沉稳，他在王耀武面前如实地陈述了发生笔下误的经过。这样一来王耀武倒不好发作了，只好说："本来想把你关起来，可是看来你还很坦率，好吧，回去听候处分。"他一挥手，袁就退了出来。王笠汀也由张照溪陪同回到报社。

紧接着，王耀武下令：王笠汀免职，袁未央开除。杜若君则引咎辞职。当时最高兴的是吴晃，他踌躇满志，忙着去当社长。但他却空欢喜了一场。因杜若君是王耀武的"客卿"，平时王以老师相待，在王面前说话有些分量，杜坚决反对吴晃当社长，所以王耀武便另派一位上校秘书汪镇华当了社长。

王笠汀原本身体不好，受此一场侮辱惊吓，旧病复发，住进省立医院，几天后便与世长辞。

王笠汀死后，济南新闻界从业人员议论纷纷，都认为是被王耀武逼死的。当时曾在经二路纬二路的"文化会堂"为王笠汀举行了一个隆重的追悼会。灵堂正中的横幅为"为国捐躯"四个醒目大字，意思是为了一个"国"字被逼死。遗像旁挂着许多挽联，其中杜若君的挽联最引起人们的注意，上联是：我辞职君辞世先后似曾有约；下联是：君闭眼我闭嘴是非付诸无言！

新闻界从业人员看到王笠汀的下场，触景生情，一种"兔死狐悲"之感油然而生，不少人失声痛哭，与此同时，在杜若君的主持下，《山东新报》为王笠汀出了一个纪念专版。这一切，总多少透露出一点"抗议"情绪，但王耀武却装聋作哑，未加干涉，这也许是王耀武较韩复榘"开明"之处吧！

《"鲁境国军蠢动无地"——记国民党〈山东新报〉的一次新闻事故》

❖ 吴鸢：王耀武被俘，因为一张白手纸

我随王耀武工作10余年，王耀武任旅长时，我任旅部上尉参谋；抗战末期，他任国民党第四方面军副司令官时，我任司令部第一处少将处长；1946年春，王耀武任第二绥靖区司令官时，我任绥靖区司令部第一处少将处长。

▷ 王耀武（1904—1968）

王耀武自任国民党第二绥靖区司令官以后，即着手构筑济南的防御工事，经过两年多的经营，储备了半年的粮弹、医药用品，自信可以守3个月。整编第九十六军军长兼整编第八十四师师长吴化文率3个旅、2万余人宣布起义，使王耀武惊慌失措，顿时不知如何是好。除向南京、徐州发电告急外，当晚便偕同山东省临时参议会议长裴鸣宇，在卫士排的护送下，以视察阵地为名，来到了济南市南郊八里洼附近，打算钻隙南逃，遭到解放军的迎头痛击，于是折返市内。鉴于整八十四师起义后，大片防区无兵守备，不得不缩短战线，放弃了连年经营的许多工事；绥靖司令部也由经二路迁至城内省政府办公，由副司令牟中珩、参谋长罗幸理主持。他带领我和二、三、四处科长、参谋各1人，以及译电员、副官、勤务人员，住在大明湖湖心亭，一般电话、文稿，都是由我转达。当绥靖区司令部迁入城内时，第三处（作战处）廖处长和一处一科科长张琴友去向不明。驻济军统机构向上级电告，说廖、张2人叛逃。南京、徐州来电责问，王耀武令我起稿呈复，申明2人是偷生怕死，乘隙逃走的。在解放军凌厉的攻势下，国民党军形势日益恶化。到9月23日，解放军的大炮将济南城墙东南角击塌，部队奋勇登城，与守备这一地区的整编第七十三师第十五旅王敬箴部展开恶战。王敬箴组织多次反攻、逆袭，抵挡不住，到9月24日凌晨进入巷战。他向王耀武告急后，电话便断了。这时，大明湖上空，步枪弹嘶嘶作响，情况危殆，无意中我发现王耀武不见了，忙问值班卫士，他说，司令官刚带一名卫士走了，那卫士还背了一个大包袱。我想：头儿走了，我该怎么办？正徘徊间，二处李参谋对我说："此时不走，等待何时？我家就在附近，暂到我家待一下吧。"当我俩刚进他家门脱下军服换上便衣时，解放军便来敲门了。在不长的一段时间里，连续来了三批解放军查询有无藏匿国民党人员。

　　由于搜查王耀武的下落，大明湖附近地区被封锁了3天。第四天，我和李参谋出城东行，企图逃奔青岛。第五天，来到张店时，便见人头攒动，大家围看一张刚贴上墙的传单，原来是抓获王耀武的通告，上面印有王耀武穿件夹袄的照片，并叙明捕获概要。

我是在潍县（今潍坊市）火车站被扣留后坦白交代的。被送到益都华东军区解放军官教导团，接着，各地陆陆续续送来抓获的国民党军政人员。在济南战役中，国民党将级军官，除整编第七十三师师长曹振铎和民政厅彭厅长逃脱，整编二一一旅旅长马培基阵亡外，其余重要的文武人员，无一脱网，都在这里见面了。

　　在解放军官教导团见面时，第一句话便是"你怎么被抓到的"？

　　据王耀武谈，9月24日上午9时许，他带着卫士乔玉培（泰安人，与王同乡）从北门流水沟爬出城来，换上便衣，伪称叔侄，他化名乔坤，身上藏有黄金2两（一两一只，当时叫小元宝），现洋10元，北海币10万余元（北海票是当年山东解放区通用货币），雇了一辆大车，路上买了简单的铺盖，他头裹白毛巾，说是在济南商埠开小馆子，房屋为战火击毁，他腿部负伤，现去青岛投亲求医，还搞到一张路条。路上，有几位民众搭车同行。到寿光县张建桥（是横跨猕河的一座大木桥）时，王耀武到大桥下上厕所，用的是白手纸，被随后进来的守桥战士发现，便将他扣留盘问，认定他是国民党的军政人员，便送到县公安局。在公安局长亲自追问下，最后他不得不说出："我就是王耀武。"

《王耀武被俘前后》

❖ 狄井荞：忆济南特别市

　　济南市的历史上有一个称为"济南特别市"的阶段，时间不长，大体上是自1948年9月至1949年4月，即解放济南后的"接管阶段"。为什么称为"济南特别市"？我记得有以下几个原因：（1）济南是关内解放的第一个大城市，也是关内我军接管的第一个省会，因此，为了区别于其他一般的城市，就由中共华东局直接领导，称"特别市"；（2）济南市干部的配备是区党委、行政公署一级的架子，不同于其他城市是地委专署的架子，例如：市委书记是区党委书记级干部；（3）为将来南下解放江南大城市作准备，在济南市集聚和培养了大批干部；（4）党的大城市政策在这里作为试点，积累和探索接管、治理城市的经验。

济南特别市的范围：市内设六个区，一、二区是城区，就是现在的历下区；三、四区是天桥以南以北的地区，就是现在的天桥区；五、六区是商埠区，即现在的市中区、槐荫区。另外还有六个郊区。

济南特别市的建制和组织由以下机构和人员组成：市的中心领导是济南特别市军事管制委员会，由谭震林、曾山分任正副主任，军管时期过后即撤销。中共济南市委书记，由中共大连市委书记刘顺元调任，副书记兼组织部长张北华，是原中共济南市城外市委的书记，组织部副部长蒋方宇，是原城外市委的副书记；宣传部长夏征农，是由华东局调来的；秘书长为刘丹；统战工作由副市长徐冰兼管；纪律检查委员会书记是由蒋方宇兼任；秘书处主任是房众夫。这是当时市委的班子。

济南特别市市政府的组织机构是：山东省政府副主席郭子化兼任市长，徐冰任副市长（不久即调任北京任副市长），后来姚仲明调济南市任市长；秘书长黄远（系由华东军区调来）；民政局长由刘丹兼任，副局长胡亦农；财政局长顾良，副局长戚铭；工商局长管大同；建设局长牟宜之；教育局长李澄之；卫生局长白备五兼卫生厅长；公安局长李士英，法院院长吴山民，税务稽征处处长范行克（以后才改税务局）；秘书处主任陈秉忱；研究室主任狄井芗；另有敌产清理委员会，主任由市长兼任，副主任丁梦荪。这些人大半都是在解放区干过专员、副专员的。不久又增设了两个处，一是交际处，处长陶稷农；二是外事处，处长张元民。另外，各人民团体的负责人是：工会主任孙学之，青联主席杜前，妇联主任石磊光（由当时乐陵县县长调任），这一套班子都是在青州准备进城时，由华东局批准组成的，进城后当即公布到职工作。

进城的准备工作，最重要的是政策上的准备。在青州准备进城时，曾以有关政策为主要内容进行了学习训练。进城后即公布了"约法七章"和进城守则等，所以在接管城市后干部都有法可循，没有发生什么重大的问题。后来解放上海市和江南各大城市，也都是公布实行的这些章法和守则。在这一方面，济南特别市确实起了带头示范和积累经验的作用。

济南特别市这一时期做的几件大事是：（1）埋葬尸体，清理战场。因为济南战役时，城内城外战斗激烈，街道水井和护城河里有许多尸体，因而埋葬尸体就成了清理战场的一项重要工作。（2）稳定局势，恢复秩序。对于少数遗留下来的蒋军散兵游勇以及当地的地痞流氓，又乘机对居民进行敲诈勒索、诈骗欺人等行为，进行了及时处置。一方面加强岗哨，派军队巡视检查，一方面严加打击，使秩序很快就恢复了正常。（3）举办"战伤医院"。由于蒋军遗留的伤兵和居民中受伤的人很多，而大小公私医院和诊所都还没有开门和营业，因而就由进步人士齐鲁大学教授许衍梁和原大华医院华子修等人出面，动员组织在济南的医务卫生人员，组成了一二十处战伤医院，收容并治疗这些无人过问的伤兵。（4）召集旧商会的负责人开座谈会，动员开工开业，宣传工商业政策。这个会由黄远秘书长主持，徐冰同志讲话，进一步阐明了工商业政策。原商会的头面人物苗海南、张东木、尚兰亭和原商会秘书主任刘竹斋等出席了会议。（5）全部接管了原敌伪企业，并派出了一批军管会代表负责接管并督促尽快开工。（6）派出军管会干部接管各大专院校和中等学校，并派了学生干部，成立了学生会，动员学校开学。（7）在动员宣传的基础上，进行了私营工商业资本登记，对全市工商业的资金设备情况有了较全面的了解。（8）大力支援前线。时值淮海战役正激烈进行，市委、市府领导全市各阶层各界人民积极支援了淮海大战。除了动员青年积极参军以外，第一，动员铁路员工奋力修复铁路，以便于运兵、运粮、运军用器材。第二，发动私营工商业者积极支前献金，大概共捐献了80亿元的北海币。其中献金最多的有两家，一是苗海南的成通纱厂八亿元，二是张东木的东元盛染厂四亿元。所有这些支援前线的工作，对于取得淮海战役的胜利，起了重要的作用。（9）着手进行街道民主改革。为了彻底打碎原有的旧保甲组织系统，市政府派出了街道工作组，以商埠五里沟为试点，进行街道民主改革，并在此基础上，逐步成立了街道居民委员会和街道办事处。

1949年4月，大军南下，从济南抽去了大批干部，准备去接管江南各大城市。济南特别市已经胜利完成了历史使命，遂改为济南市，并取消了"特别市"的名称，调整了市和区的各级组织。从此，开始了"三年恢复"的另一历史阶段。

《忆济南特别市》

第五辑

食不厌精·
南北风味遇上地道鲁味

❖ 芮麟：北极阁的美味

到北极阁，已6时许，天已渐渐暗下来了，以平一定要为以凡、石永二人饯行，所以便在北极阁晚餐。北极阁的晚餐，那是再也不会使我忘掉的，它给了我一个很深刻的印象！

▷ 坐落于大明湖北岸的北极阁

我们那天吃的是水晶藕、奶汤蒲菜、汤南北、炸雏鸡和活鱼。活鱼说明半尾醋烧，半尾汤烧。忽然厨子手里捉了一尾尺多长的活江鲤，走到我们面前，问我们这尾喜欢不喜欢，我们说好的，不料他就在我们面前，提起来把活鱼向地下用力一掼，"着"的一声，把我们吓了一跳。我们恐怕他再掼，急急挥手叫他到外面去，大家都笑得嘴都合不拢来。以平到的地方很多，各处的人情风俗，他知道的也很详细。他说：这种举动，到北路里是很容易碰到的，在厨子是一番诚意，表示他把活鱼当面掼死了，决不再在背后做什么手脚，这是他们要取信于顾客的一种方法，也是他们的一种规矩。他又说：这种风俗，出门是必须知道的，否则必到处吃亏。有一次，几个广东人到西北去，在旅馆里住了一夜，除房金外，另外给了些小账。茶房很恭敬地退还了，他们不知道西北的旅馆，住一天二天是不要小账的，便问茶房是不是嫌少，不意那个茶房双眼一瞪，双手在胸前用力一拍，高声地说了一句"王八蛋嫌少！"他们以为茶房在骂人，扭着要送到公安局去，后来经人解释，方知那个茶房完全是一片血心，拍胸脯表明的确不要小账，并不是嫌少，若嫌少，他便是王八蛋！这个故事，又使我们笑了好久。

六个菜中，水晶藕是最鲜洁最香嫩的一样，好像一放到嘴，便变成水的，和我在西湖吃的藕，实有霄壤之别。汤南北、炸雏鸡也做得不差。吃饭时，以平叫厨子把吃剩的醋烧活鱼和汤烧活鱼，加些豆腐，重制一锅，那种滋味反比原来的可口得多，这样可口的鱼，我在别处从未吃到过。这是此行最舒畅的一次晚膳。

《山左十日记》

❖ 张友鹣：百花村，地道济南味

百花村饭庄在经二路纬四路以西路南，开业于清朝末年，是本地较早的一家饭庄，经理人前为卢秀斋，后为其子卢子安。这家饭庄的前门头是旧式楼房，后边有较大院落，可摆百余桌酒席。它以典型的济南本地风味的山东菜为主，尤以做汤菜出名。如清汤鱼肚、高汤燕窝、奶汤蒲菜等，炒菜如清炒虾仁、爆炒鸡丁、虾子玉兰片、韭菜炒绿豆芽等，均别有风味。它的什锦素包，银丝花卷也很有特色。以前有些愿吃本地口味的中上层人士，多在这里设宴会餐。解放后歇业。

《济南中西餐馆解放前后的演变》

❖ 侯君杰：汇泉楼上吃糖醋活鲤鱼

喂养活鲤鱼供顾客点选的经营特色，自锦盛楼（锦盛楼为汇泉楼前身——编者注）创办一直保持到（20世纪）60年代，这一经营方式极受顾客欢迎。自光绪年间起，济南只此一家，因而名扬省内外，外地人都知道济南府汇泉楼的名吃糖醋活鲤鱼。此菜的制作方法是，选黄河活鲤鱼，把鱼洗好，划上几刀，提鱼尾将精盐撒入刀口，稍腌，挂糊，油热至七八成时，将鱼下油锅内炸，再推至锅边，使鱼炸成弓形，炸至呈金黄色时，放入鱼盘中摆正。再用油煸葱、姜、蒜末，烹入洛口醋，加沸汤、白糖、酱油等，勾芡，迅速出勺，浇到鱼上即成。迅速送到顾客桌上，鱼头尾高翘，吱吱啦啦冒泡，呈跃龙门之状。食之香酥酸甜，外焦里嫩，鲜醇微咸，鱼肉嫩美。顾客如食兴未尽，可把鱼头、鱼尾、残汁放入锅内，将鱼头砸碎，放入清汤煮沸，倒入有醋、香菜、胡椒粉的汤碗内，济南人称之谓"砸鱼汤"。

《汇泉楼饭庄》

❖ 杨春吉：去石泰岩饭店吃西餐

济南石泰岩饭店是德国人开设的，它以店主人的名字Schidain的中文译音作为饭店的字号。它是济南最早的西餐馆，当时要吃西餐就得到石泰岩饭店。大约在石泰岩开业10年后，相继开业的西餐馆有式燕番菜馆、亚美番菜馆、新亚大菜馆和青年会西餐部等。据说石泰岩饭店是于1904年（清光绪三十年）胶济铁路全线通车后，在济南经一路纬二路口（曾为铁路运输检察院济南分院址）开设的。是租赁的当时大房产主侯永奎的房屋，约有50余间，前后两个院，前院是两层楼房，后院是平房。这家饭店不仅卖西餐，还设有住宿房间，约四五十个床位。那时的一般旅馆，每天每间房租价为8角到1元；而这里的单间每夜需2元5角，双人房间每夜4元，另外设有洗澡间。那时外国人来济南办事的大都在石泰岩吃住。有些军阀、官僚、大资本家也住在石泰岩。这家饭店规定：不准叫妓女陪酒、弹唱，不准猜拳行令。还有一个规定，就是当地军警不得到石泰岩查夜。因此，有些走私的或来路不明的人，明知房价贵，也愿在这里住宿，认为此处比较安全保险。

据我回忆，1929年石泰岩店主人回国后，又来了一个名叫沙特（Schatt）的德国人继续经营。他有很好的烹饪技术，做的红肠、血肠、生肠、白肯肉、硝肉和腌制的火腿都很好吃。他经常派人到段店集上专买小牛，不买老牛。那时万字巷卖的牛肉每斤最多1角钱，而且也常有卖主从农村给送来牛肉，每斤不过8分钱，但石泰岩饭店很少买这些牛肉。它有自己的宰牛房，不交纳屠宰税（旧社会里，外国人在中国经商，有这种特权）。有时实在没有牛肉了，才让万字巷卖牛肉的给送点，只要里脊或外脊，也是每斤1角钱。石泰岩卖的红肠每磅（450克）1元；白肯肉、硝肉每磅1元2角。每逢圣诞节，它就向青岛、上海发送大批红肠和硝肉，因那里有它的常年主顾。

石泰岩卖的饭菜是比较贵的，早餐每份1元2角，午餐和晚餐都是2元5角。这家饭店的菜完全是德国式做法。例如：

（一）煎牛排。外焦里嫩，味道醇厚，用刀一割即向外淌血水，但吃起来却鲜嫩异常。

（二）生牛肉末。用木槌将牛肉里脊或外脊砸成肉末，再用镊子剔除肉中的筋，加上圆葱末、胡椒粉、洋醋（冰醋酸）、细盐，调和后抹在面包上吃，如同果子酱一样，但吃不出生牛肉味来。这味菜欧洲人最爱吃，但中国人一般都吃不惯。

（三）红炖牛肉。既嫩又烂，味美可口，最受顾客欢迎。每吃完一份，还可要求再添，不另外要钱。所以有些人常常打听，只要碰上有炖牛肉，就去狠狠地吃上一顿。

（四）铁扒鸡。烹制精美，鲜嫩适口，也是较著名的菜。

（五）牛尾汤。一般顾客都愿吃这味汤菜，每天能卖许多份。石泰岩饭店经常派人去万字巷买牛尾，最初每条2角，后来涨到6角。每条牛尾能出4盘汤，每盘卖8角，赢利很大。

另外，这家的冷食撒拉子和冰激凌，都别有风味，与众不同。

由于这家饭店生意兴隆，赚钱很多，因而在青岛盖了一幢大楼（在海滨公园一带），据说花了5万元。日本投降后，这家饭店的德国经理遂被遣送回国。

《德商经营的石泰岩饭店》

❖ 张友鹍：大观园里大快朵颐

大观园内的饭铺，最多时有三十八家，其中较著名的有：

（一）马家馆：精制的牛肉馅水饺，油多味美，是济南市的名吃之一。冬季卖涮羊肉火锅，也颇出名。

（二）赵家干饭铺：好米干饭，把子大肉，经济实惠，名驰历下。

（三）北京馆：专卖抻面，冬季卖爆肚、涮羊肉，是地道北京风味小吃店。

（四）曹家扁食楼的猪肉水饺，馅精味美，与众不同。

（五）文升园的油旋、馄饨也是有悠久历史的名吃之一。

（六）有几家包子铺，各有特色，它们是：天丰园（狗不理）的天津包子，大观楼的济南包子；刘家包子铺的芹菜猪肉包子；振鲁阁的油煎包子。

（七）张贯勇米粉铺的高汤米粉，也是济南的名吃之一。

▷ 济南大观园商场

（八）德豫兴和祥记两家羊肉汤铺，精制羊肉汤，是河南名吃，别有风味。

（九）小洞天饭馆的砂锅菜和炸春卷、小笼烧卖等，也是地道北京风味的小吃。

（十）半里香的旋饼，有牛肉、猪肉和韭菜鸡蛋等馅的，是山东清平县的特有小吃。

上述这些饭馆，在公私合营后，除了马家馆和天丰园保持原名，至今仍继续营业外，其余均进行了合并、改组或转业，一些有特色的小吃店，已不存在。

《济南大观园商场的历史沿革》

❖ **赵鑫荣：** 燕喜堂的五道名菜

燕喜堂饭庄的传统名菜有：

（一）五星苹果鸡。用五个大小均匀的苹果，削皮挖核，将剁好的雏鸡块，加调料少许，分别放入苹果内，摆在碗中上笼蒸熟，扣入盘内，浇上卤汁即成。此菜是鸡有果味，果有鸡香，味道极美。

（二）奶汤鱼肚鲜桃仁。水发鱼肚三两，去皮鲜桃仁一两。将鱼肚切成寸半长、五分宽的长条块，每个桃仁分成四瓣。勺中加适量的水烧开，放入鱼肚、桃仁，少余即捞出。在空勺内放入奶汤六两，盐水适量，烧开后放入鱼肚、桃仁，滚开后放南酒、味精，盛入汤碗内即成。此菜呈乳白色，汤味醇美，鱼肚绵软，桃仁脆嫩。

（三）清氽鸭肝。生鸭肝三面，剔去筋渣，片成肝片，放入开水内，用漏勺拨动几下立即捞出。空勺内加入清汤七两，盐水、清酱油适量，放入肝片。汤开后撇去白沫，加入南酒、味精即成。此菜特点是：鸭肝咬开后还带有细血丝，鲜嫩异常，清汤呈淡茶色，味道鲜美。

（四）糟煎鱼片。鲜鲤鱼扇六两，蒲菜头（或茭白头）两半，葱、姜、蒜末少许，香糟汁适量，水淀粉八钱，鸡蛋清一个，清汤二两，盐水适量，猪油三斤（过油用）。先将鱼扇片成三分厚的片，蒲菜头切寸段（茭白切转刀块）。用水淀粉五钱及蛋清和细盐，将鱼片调匀养好。净勺内放猪油三斤，烧至五成热，投入鱼片，炸至呈现白色即捞出。勺内油大部分倒出，留下一两，烧热后放葱、姜、蒜末，煸出香味，倒入炸好的鱼片、蒲菜头（或茭白头）、香糟汁，勺内放入清汤，加适量的盐，用淀粉勾芡，加南酒、味精少许，翻颠几下盛入平盘。此菜色泽洁白，味醇清口，鱼和汁融合在一起，吃完，盘底余汁不多。

（五）油爆双脆。生肚头四两，生鸡胗三两，清汤一两，水淀粉、盐水、南酒、味精适量，猪油三斤（过油用）。将肚头和鸡胗的两面均划成碎十字花，肚头切成八分长、五分宽的长方块。勺内放入猪油三斤，烧至七成热，将肚头、鸡胗放入，炸透立即捞出（炸过了不脆，炸嫩了有腥味）。勺内放猪油两半，烧至六成热，放入清汤一两，盐水适量，随即倒进肚头、鸡胗，勾入水淀粉，加南酒、味精，颠翻几下，盛入平盘。这味火候菜，色呈红白，质地脆嫩，味道鲜美。

以上几味菜，系当年梁继祥师傅的杰作，深受顾客的赞赏，不愧是历下（济南）风味的名菜。

《济南燕喜堂饭庄》

❖ **赵忠祥：** 赵家干饭铺，干饭、把子肉和大丸子

赵家干饭铺，是我父亲赵殿龙青年时期开设的，有近百年的历史。开始是挑担，在路旁摆摊，先在普利门外青年会空地做生意，以后在北岗子（馆驿街北首）、万字巷（万紫巷）都经营过。1905年南岗子（新市场）建立了，随即搬到该市场摆摊，后来在原地搭起了两间木板房，起了字号。因为专卖干饭，就以"姓"为字号，叫"赵家干饭铺"。

我于1928年下学后，就在干饭铺内协助父亲做生意。到1932年，我父亲年迈病故，以后就由我继承下来。

1931年（民国二十年）兴建了大观园商场，这里地处市区中心，交通便利，我看到大观园商场有发展前途，于1934年在该商场外市场路东，租赁了两间屋，从南岗子赵家干饭铺调来三位职工，以50元资金，又开设了一个"赵家干饭铺"。

在大观园出售的"干饭""把子肉""大丸子"都严格按照传统操作方法制作，色美味香，脍炙人口，因而营业不断发展。到了1936年，迁到路

西，营业房屋扩大到六间，生意越来越好，顾客众多，每日总是座无虚席。

1941年5月10日，大观园外市场，遭受一场大火灾，赵家干饭铺的营业房屋、家具和物资全部烧光。

火灾后第二年，大观园房产主张仪亭在原地重新盖起了楼房，我当即租赁了一座，楼上下共计二十二间。经营的饭菜，除"大米干饭""把子肉""大丸子"外，我又添了有江南风味的"菜菇肉""菜菇鸡"，并兼卖鸡、鱼、虾、海味等各种炒菜，成为一家中等规模的饭馆，职工增加到30余人。

经营饭食后，尤其是小吃店，必须有一两样别有风味的饭菜才能招徕广大顾客。赵家干饭铺出售的干饭、把子肉、大丸子，按我父亲多年来沿用的传统方法，精工细做，一丝不苟，因而受到广大顾客的赞许，有"名驰历下"之美称。

一、大米干饭的焖法

选米：赵家干饭铺的焖干饭是选择的市北郊北园"大水地"（大水地就是上面进水、下面出水的活水稻子地）的大米，这种大米米粒发青、透亮。

加工：将大米首先过筛，把碎米、碎砂筛出来，然后再把大米挑干净。因此顾客反映："在赵家干饭铺吃饭放心，吃了多少年，没吃过一粒砂子。"

焖饭：把挑好了的大米用清水淘过三遍之后，放入锅内，用勺反复搅匀，试水。用水多少，要看大米的质量，越是好米，吃水越少，相应地出饭也少。试好水后，盖锅烧火，先烧大火，锅开后，逐渐改成小火，从锅底中间，向四周压灰，等把锅底用灰全部压过来，锅里的汤也收好了。这时再焖四五分钟，干饭也就熟了。

二、把子肉的制作方法

选肉：选作把子肉的猪肉，须不肥不瘦。每条宰好了的"白条猪"，带皮重量约在80斤左右最好。

加工：先把猪皮刮干净，将猪皮上的粗毛用镊子择净，再用烙铁烙去细毛，然后切成重量大小相同的块（每斤八块，不够一块的小碎块肉要凑够数量），用蒲草捆起来，因此名叫"把子肉"。

浸肉：先把肉切好，用清水洗一遍（这遍脏水扔掉），再洗第二遍（这遍血水留下），将洗净的肉捞入有水的锅内，水开了将肉捞出来，把肉上沾的油沫洗净。这时，把洗二遍肉时留下的血水倒入锅内（倒血水是为的好清汤），等到锅里的水冒白沫，水将开时，迅速打沫。等到锅里的水开了，沫也打完。这时锅里开了的水，如同泉水一般，清澈见底。

炖肉：汤清好了，将肉和汤都放在装了铁底的大口坛子里（先放排骨垫底）。坛子炖肉的好处是肉烂得快，香味浓厚。赵家干饭铺炖肉不用盐，只是用自己爆好了的酱油。自己的酱油是挑选最好的上等酱油，在日光下曝晒，待酱油上面晒起一层盐花，即将盐花搅入缸底再晒。这样反复搅晒，一缸酱油晒得只剩大半缸时，才使用。放酱油够了口（不咸不淡），另加炒糖色（加炒糖色为的是肉炖熟后颜色发红透亮。但炒糖色时要掌握好火候，嫩了没色，老了有苦味），继而再放大葱大姜，另外将花椒、大料、桂皮、橘皮、小茴香等佐料，用纱布包起来，放在坛子里。炖肉先用大火，等坛子里的汤开了以后，改用小火，保持汤见开就行。肉炖熟起油捞肉。把子肉的特点是肥而不腻，瘦而不柴；掉在地上，即能摔碎，吃在口中，有醇厚的余香。

三、大丸子的制作方法

制作大丸子，将剔干净筋骨的瘦肉剁碎后，放入鸡蛋、酱油、豆粉、葱姜和盐。佐料放齐，用木棒用力搅匀。在搅法上，要严格掌握顺搅，不能又顺搅，又倒搅。豆粉最好使用绿豆粉。按照规定的重量大小，团成肉丸，放在清水锅内煮。这样操作，余熟的丸子又香又嫩，味美适口。

菜菇鸡、菜菇肉的制作与把子肉基本相同，只是另加冰糖、南酒、香菇和浙江出产的干菜笋等。

《回忆我所经营的赵家干饭铺》

❖ 张建庆、崔力明："狗不理"到济南

　　天津"狗不理"包子的大名虽然早已传入济南，但是济南人制作"狗不理"包子却是20世纪40年代的事了。1943年，商人魏子衡在济南当时最繁华的地带大观园开设了一家饭店，名字叫"天丰园"，专营"狗不理"包子。他从天津聘请了以李文志为首的10名厨师，这10名厨师都是制作包子的行家里手。他们制作包子的方法和天津的"狗不理"包子是一脉相承的，无论选料、配料、制作方法都和天津的"狗不理"包子相同，因此天丰园开业不久，"狗不理"包子就在济南叫了响。久而久之，天丰园饭店的名字渐渐为济南人所忽略，"狗不理包子铺"的名字反而成为家喻户晓的了。

▷　店铺林立的济南老商埠

　　济南的"狗不理"包子从40年代初开始经营，到1948年济南解放，一直畅销不衰。特别是济南解放后，天丰园饭店门前天天顾客盈门，排队挨号购买"狗不理"包子。1956年公私合营后，天丰园饭店营业面积扩大，

从业人员增加，营业额大幅度上升。现在，又在它的原址上盖起了新的营业大厅，它已发展成为一家大型的饭店了。

《田丰园"狗不理"包子铺》

❖ 吴稚声：草包包子铺

"草包"姓张，名文汉，洛口镇人。童年即入洛口继镇园饭庄，拜名厨师李安为师。他生性憨厚、笨拙，终日烧火、摘菜、干杂活，故师兄弟间皆呼之"草包"，对此他从不介意。

1937年，卢沟桥事变后，"草包"全家从洛口逃进济南城。为了糊口，打算开设包子铺。干买卖又苦无本钱，经名中医张书斋先生资助其面粉五包，又得到乡友帮助，在西门里太平寺街南段路西，租得铺面板门房两间及一套间，购办蒸笼、铁筒炉灶、风箱等用具、桌凳、盘碟多由乡友处借用。

开业之前，"草包"要求张先生给起个字号，张书斋先生说："要什么响亮字号，草包就很响亮，叫'草包'包子铺吧"，于是就用"草包"二字作为包子铺的字号。

开业之始，因本钱小，调馅用肉日进数次，在包子馅配料制作上，遵师所教，用刀切肉馅；配以笋丁、蛋糕丁，并以老渍酱油、小磨香油，精心调制，是谓三鲜馅，以新"面肥"发二等粉制作包皮，捏为菊花顶翘，上笼蒸约十几分钟，出笼时凡包子"脱底""冒油"者剔出，不上盘，故其包子馅大、鲜嫩、味美可口，品尝者络绎不绝，颇受称赞，因而生意日趋兴隆。两三年的经营，竟能有些积蓄。

太平寺街终属偏僻小巷，做买卖当然不及繁华市场可比。为了扩大营业，托友租到大观园北门里西侧铺房两间，迁来开业。

日伪时期的大观园，是在一伙土豪恶霸控制下的。草包包子铺虽小，却是全市闻名的。迁来大观园开市之后，即顾客盈门，生意兴隆，早已为地头蛇们所注目。恶霸肖伯海，唆使其爪牙百般寻衅刁难，借故敲诈，伪军警宪特亦时刻"光顾"，从不掏腰，虽利市三倍竟难应付，两三月间无盈可得，几亏原本。自知在此难以立足，无奈停业，再次搬迁。

离开大观园，迁来普利街冉家巷口原泰康食物店东邻的两间铺面房，重又开业。为了扩展营业，增添上酒和炒菜。虽无出名特色菜，其清炒菜和油爆菜是较为出色的，如"爆三样"，以猪腰、猪肝、瘦猪肉配以南荠、春笋、菜花，搭配美观，火候适当，爆汁旺油，脆嫩可口。其炒肉丝、肉片，亦按季节菜搭配，色泽鲜明、美观，烹炒滑嫩可口，香而不腻，多为酒客所称赞。但此间虽是通衢大道，终属流水往来，生意较之大观园大为逊色，虽添了酒菜，营业仅可维持。

1948年9月济南解放后的第二天，国民党飞机狂轰滥炸，一颗炸弹投掷在泰康食物店店房，高大的山墙倒塌，压塌了包子铺。"草包"一家五口及其内兄，适在铺房西墙根桌下避弹，均被压于墙下，幸存者仅其妻一人，后生一遗腹子。

《我所知道的"草包"包子铺》

❖ **吕梅生、郑学之：**济南便宜坊，先把锅贴做好

济南便宜坊创办于1933年，创始人是天津人张月祥。张月祥自幼在天津便宜坊饭馆当伙计。1926年天津发大水，他无以为生，流落到济南，先是在纬四路子云亭饭馆当伙计，后来他略有积蓄，恰巧1933年治梅斋饭馆因经营不善关闭，他便联合了戴长仁、高玉祥、张增琴、雷希生、李庆林等6人，共集资银圆1200元，顶下了治梅斋，并在其经三路纬四路129号旧址开设了便宜坊饭馆。张月祥之所以将他们新开设的饭馆命名为便宜坊饭馆，也是因为慕北京、天津便宜坊之名，想叨光的意思。

便宜坊是小型饭馆，开业时全部使用面积不过60平方米，有职员3人，练习生2人，工匠4人，杂役3人，总共雇佣人员只有12人。正因为人员少，所以各股东也得参加劳动。便宜坊所在的经三路纬四路，当时是饭馆林立的闹市区，又一新、子云亭、大华等饭馆都在这个地区。比起这些饭馆来，便宜坊不论在规模上、资金上都相形见绌。因此，便宜坊必须有自己的特色，必须有自己的拳头产品，才能吸引顾客，才能在群雄角逐中立于不败之地。

便宜坊选中了锅贴作为本饭馆的主要食品，因为锅贴既可当主食、又可当菜吃，贫富咸宜，较大众化。但是便宜坊必须把这种食品制作出独特的风味来才能吸引顾客，这是因为：一是济南人对锅贴这种食品并不陌生，早在清朝初年便有人在济南制作这种食品，20世纪20年代，院前有一个名为金城村的饭馆便是以经营锅贴而闻名泉城；二是与便宜坊比邻的子云亭饭馆也经营锅贴，而且常把调制好的海参、虾仁、鸡蛋、蒲菜等锅贴馅料摆在门口吸引顾客。在这种情况下，便宜坊就不得不认真钻研锅贴的制作方法了。

便宜坊对锅贴的制作是非常讲究的。总的要求是皮薄、馅多。但光是馅多是不够的，更重要的是馅的质量、味道。便宜坊的锅贴有三种馅料，即三鲜馅、猪肉馅、素馅。但这三种馅料都必须配有适合时令的应时蔬菜，如春天配以韭菜、夏天配以蒲菜等，将这几种馅料调制好以后，即可制作。制作时，先按每市斤面出40个的标准馅皮，包入馅料，左手托面皮，右手的拇指与食指捏起中间的面皮边缘，轻轻捏严，两端留口，微露馅料。包捏二三斤后，即可向平整锅内摆放。摆锅贴前先在平整内淋一层花生油，再把锅贴紧紧摆放整齐，以便熟后锅贴之间相互粘连。再淋上清水（一斤锅贴二两水），然后盖上锅盖，闷煎约8分钟，揭开盖再淋一次花生油，再闷上一会，即可启锅。启锅时用长而平的锅铲顺底铲起，翻转锅贴，使其底面朝上装入盘内。这样制作的锅贴，底面深黄、酥脆，两端张口，馅料微露，色泽诱人，味美可口。

便宜坊饭馆除主营锅贴外，面食还有豆沙包、自由包、灌汤包，菜食有扒海参、扒鸡腿、扒猪肉、扒面筋——即所谓有天津风味的"四大扒"，另外还有天津的元宝肉。因为张月祥是天津便宜坊饭馆出身，所以济南便宜坊饭馆所经营的各种面食与菜肴，大都有天津风味。正由于济南便宜坊饭馆有这些特色，再加上服务热情周到，所以在三四十年代便宜坊就名噪泉城，连当时的国民党山东省政府主席韩复榘也常品尝便宜坊的锅贴。

《便宜坊》

❖ 王统照：徐志摩夜品黄河鲤

我认识志摩是九年以前的事了……他往游济南时正当炎夏。他的兴致真好，晚上9点多了，他一定要我领他去吃黄河鲤鱼，时间晚了，好容易去吃过了，我实在觉得那微带泥土气息的鲤鱼没有什么异味，也许他是不常吃罢，虽像是不曾满足他的食欲上的幻想，却也啧啧称赞说："大约是时候久了，若鲜的一定还可口！"饭后10点半了，他又要去逛大明湖。因为这一夜的月亮特别的清明，从城外跑到鹊华桥已是费了半个钟头，及至小船荡入芦苇荷盖的丛中夫时已快近半夜。那时虚空中只有银月的清辉，湖上已没有很多的游人，间或从湖畔的楼上吹出一两声的笛韵，还有船板拖着厚密的芦叶索索地响。志摩卧在船上仰看着疏星明月，口里随意说几句话，谁能知道这位诗人在那样的景物中想些什么？不过他那种兴志飞动的神气，我至今记起来如在目前。

《悼志摩》

❖ 正义、世培：醴泉居，酒香不怕巷子深

醴泉居所处的江家池街，原是一偏僻的巷道，四周是一片藕田，很少有人家居住。醴泉居酱园从创业到济南解放，一直是后厂生产，前店销售，批零兼营，也经销油盐和五香调料。在其所产销的近百种商品中，以独具风味的白酒、黄酒最为出名。该号所产白酒、黄酒除销售本市外，还远销河北、江苏、山西、河南、内蒙古等地，外国驻华机构也争相购买，一度还成为清廷皇室的贡品，因而博得了更多客户的青睐。当时餐馆业者也争相购买，以用醴泉居酒作佐料制作的产品作为标榜其质量高的手段，求得更大的销路。燕喜堂、聚丰德、汇泉楼等大饭庄都选用醴泉居的酒料，每承办大席，制作单菜，都声称用的是醴泉居的料，以吸引顾客。许多外侨也很欣赏醴泉居的烧酒和黄酒。致使醴泉居一时名噪四方，久盛不衰，生意日益兴隆。

旧时酱菜业差不多家家酿酒，为何醴泉居酿制的酒居于上乘？据醴泉居的退休老人焦玉林介绍，主要原因有二：一是采用得天独厚的醴泉水。醴泉为济南七十二名泉之一，有大小池泉三个，三池泉水一脉相通，泉水清澈见底，水质甘美醇清。用醴泉的水酿制酒类和制作其他调料，具有独特的风味。二是选料严格，制作精心，且用祖传配方，道道工序把关极严，产品非经检查合格不得出售。正因为水质超群，制作精良，才使酒质高出一般，具有同行业难以比拟的特色，被人们赞誉为"醇芳胜四海，高酒卖背巷"。时人每提起"池子上"，人们就知道说的是醴泉居，积久相沿，"池子上"成了醴泉居的代称。

《醴泉居酱园》

❖ 黄印铸、黄印坤：异香斋的黄家烤肉

皮酥肉嫩、肥而不腻、别具异香的山东名吃黄家烤肉，自明朝末年问世，迄今已有350年的历史。因为黄家烤肉的发源地在山东省章丘县绣惠镇（旧章丘城），因而又称为章丘烤肉。

关于烤肉的来历，传说早在元朝末年，山东省章丘县黄家湾有一个姓黄的人，在朝中做武官，因打了败仗被贬回原籍。其部下随从中有一名蒙古人随他来章丘，此人经常点燃树枝烤羊肉吃，因为味道很鲜美，所以大家都爱吃。黄家由此而受到启发，也经常烤肉吃。不过，因为此地世代养猪，主要是烤猪肉吃，而且是将猪肉割成块烤，自烤自吃，并不出售。至于用特制的炉子烤整猪和以烤肉谋生，那却是到明朝末年的事了。这在明代的碑刻中也有记载，《章丘茅令去思碑记》中记述明朝末年章丘县城的情况时说："卖浆割炙，枅枊鳞列，若五达之逵。"这里所说的"割炙"，大概就是指的黄家烤肉了。

章丘县城北有一座山，名叫女郎山。山上的土是一种既坚硬又有黏性的红土。那时烤猪是依山坡崖头，挖一个上口小、中间粗的坛状炉子，先用高粱秸把炉壁烧红，再把洗刷好的整猪挂进炉中焖烤，颇具原始风味。到清朝中叶，已发展到用土坯相和加入五香佐料的黄泥而砌成的炉子烤肉。经百余年的烤制实践，此时的黄家烤肉已有一整套独特的加工制作工艺和使烤肉独具异香的调料秘方。加之自康熙以来至乾隆末年社会基本稳定（史称"康乾盛世"），因而烤肉的生意较为红火，在章丘县也远近闻名。

清代初期，济南市的居民多居住东关一带，商业也集中在此。后来重点西移，到清末，西关则成为全城的商业中心。民国元年后，济南在经二路开辟商埠。黄力强的第三个儿子黄元清带着9岁的儿子黄春宪，雇了三

个伙计，在市南郊梁家庄设了加工点，在纬四路101号租了个门头，出售烤肉。民国六年（1917），门市部取名为"异香斋黄家烤肉铺"。这时，吃烤肉的大都是"五大行"（中药行、杂货行、绸布行、鞋帽行、钱行）的掌柜、东家，有名气的公馆及达官贵人，以旧军人孟家为首的"章丘帮"更是常客。加之黄元清随父来济后，曾在平阴县府干过杂务师爷，有一定的活动能力，除"五大行""章丘帮"外，还与官府的一些人有所结交，所以烤肉的雇主逐渐发展为上层人物。这些人除日常食用外，走亲访友、逢年过节还当礼品馈赠，于是黄家烤肉身价倍增，成为一种名贵的食品。据说，当时要用买10斤锅饼或40斤玉米面的价钱，才能买一斤烤肉。此时，德商、英商、美商、俄商、日商等先后在济南开设了一些洋行，这些洋人也很爱光顾黄家烤肉铺。因此，烤肉除在济南销售外，还被一些有名气的商人、洋人带到北京、天津、南京、上海、香港、澳门等地，致使黄家烤肉名扬天下。

自20世纪20年代初至济南解放的近30年中，济南经过军阀混战、日本帝国主义侵占和国民党统治，市场紊乱，物价飞涨，百业萧条，民不聊生。在此期间，黄家烤肉铺历尽劫难，黄力强及其三子黄元清也相继去世，黄元清之子黄春宪带着两个未成年的儿子黄印铸、黄印坤勉力支撑，直至济南解放。

《异香斋黄家烤肉铺》

第六辑

坐贾行商·
老字号与生意经

❖ 刘焕庭：瑞蚨祥从济南出发

瑞蚨祥创立于1862年（清同治元年），资东系章丘旧军镇孟家矜恕堂的孟洛川之母高氏。孟家先在济南院西大街（今泉城路）路南购买地皮，建起了有五间门面的楼房，以后又在本市及外埠设立了分店。当时它经营的项目有绸缎、绣货和布匹，而以销售布匹为大宗。由于它是一个新兴的字号，又地处闹市，不仅门面宏丽、内部陈设新颖，而且备货充足、适应时令，所以一开张生意就十分兴隆，不久就赶上甚至超过了济南原有的庆祥和隆祥两家绸布业老号。

1868年，瑞蚨祥的少东家孟洛川掌管了店务。孟洛川当时只有18岁，人虽年轻，但颇有才干，他不仅掌管了本房开设的瑞蚨祥绸布店，而且还兼管了孟家三恕堂、其恕堂、容恕堂、矜恕堂四房共有的企业庆祥布店和瑞生祥钱庄。瑞生祥是当时济南有名的钱庄之一，与山东地方官僚有密切关系，官僚们多把搜刮来的民脂民膏存入该钱庄，不求利息优厚，只求为其保密。孟洛川遂利用职权经常将那些数目大、利息小的官僚存款，强行自瑞生祥提供给瑞蚨祥使用，瑞生祥经理敢怒不敢言。另外，章丘还有一家隆聚钱庄，东家李莛楼与孟洛川的二哥孟铭心交好，因此隆聚钱庄也经常在瑞蚨祥存款。这些外来存款，对瑞蚨祥的初期发展起到了不小的作用。

瑞蚨祥开业不久，孟洛川便从钱业中拉来了一位长于商业管理的沙文峰充当瑞蚨祥经理。沙文峰也是章丘人，对孟洛川唯命是从，因此营业日益兴隆。瑞蚨祥在积累了更多的资金以后，又先后在北京抄手胡同和大栅栏开设了鸿记布店和瑞蚨祥绸缎店，在天津竹杆巷开设了瑞蚨祥土布庄兼钱庄，在烟台开设了瑞蚨祥分店。正由于它有众多的分支机构，所以尽管1900年八国联军侵入北京，大栅栏的瑞蚨祥被侵略者烧成一片瓦砾，及

1912年北京发生兵变，变兵南侵，天津、济南瑞蚨祥均遭火焚，但这两次兵燹所遭受的损失均能及时从各地的瑞蚨祥分支机构中拨出巨款，使各遭劫的瑞蚨祥得以重新开业。

1903—1918年，瑞蚨祥的资金日趋雄厚，先后在北京又开设了瑞蚨祥鸿记西号绸缎店、西鸿记茶店、东鸿记茶店、鸿记新衣庄；在青岛开设了瑞蚨祥绸缎店；在天津锅店街又开设了瑞蚨祥鸿记缎店分店。1924年，济南瑞蚨祥又在济南经二路纬三路开设了瑞蚨祥鸿记分店。至20世纪30年代初，瑞蚨祥共有16个企业，所占房产达3000余间，房产总值800余万元。仅济南一地即有房产1000余间，资金180余万元（以上产值、资金均按银圆计算），瑞蚨祥成为南北闻名的巨商富豪。

在20世纪30年代初，瑞蚨祥发展到了顶峰。1937年七七事变发生后，瑞蚨祥及其各地分店均逐渐衰败，其原因主要有二：一是资方的内部矛盾。瑞蚨祥的资东孟洛川一家是一个兄弟子侄众多的大家族，虽然孟洛川在家族中保持着严格的封建统治家规，但自1924年全家迁津后，其子侄们渐渐不愿受其管束，终日吃喝玩乐，寻花问柳，无所事事。30年代，孟洛川已至垂暮之年，对子侄们的约束已力不从心。1939年孟洛川病死后，子侄们更加肆无忌惮，竞相从瑞蚨祥支钱经营私产，于是瑞蚨祥的资金由大家族的资本向小家庭资本分散。各房兄弟、叔侄之间，钩心斗角，互不相让。由于家族之间矛盾的激化，导致了与资方代理人矛盾的加深，严重影响了业务经营，使企业日渐衰落。二是日本帝国主义者和国民党反动派的摧残。七七事变后，济南沦陷之初，日本帝国主义者此时尚未控制我省全部经济命脉，一般行业尚有利可图或勉强维持。但自1940年以后，日本帝国主义将一切物资都控制在"经济组合"手中，商业货源便日见紧缺，日人控制成立的"纤维组合"，勒令各绸布商将存货全部呈报，又限令定价，名曰"自肃价"，不得随意涨价，不得囤积不售，进销多少及其价格须逐日上报。由于物价不断上涨，"自肃价"虽小有变动，但仍低于市价很多，因此市民争相抢购，大量棉布销售一空，而进货却受到极大限制，所卖的货款常常多日买不进货来。当时伪纸币又天天贬值，卖出货去立即买货尚恐不及，何况一拖再拖，存下的货币价值已大大降低，等到买回货来数量已大大减少。就这样经常低价售出，高价买入，流通资金便损失殆尽了。另外，瑞蚨祥还经常受到日本帝国主义者及其走狗的敲诈勒索和政治上的残酷迫害。天津、北京、烟台、青岛等各瑞蚨祥分支机构，也莫不如此，致使这个近百年的老店元气大伤，营业日趋萎缩。

▷ 瑞蚨祥

1945年，日本无条件投降，瑞蚨祥以为将时来运转，孰知国民党反动派苛捐杂税之多、敲诈勒索之重并不亚于日本帝国主义。特别是当蒋介石发动大规模内战后，通货膨胀严重，给瑞蚨祥带来巨大损失。使它损失最大的是法币和金圆券的贬值。法币自1946年下半年即开始膨胀，以后又出现了金圆券，每一元金圆券兑法币300万元。此时的物价上涨速度之快，达到了令人难以置信的程度，可说瞬息数变，一袋面粉高达金圆券九元，即法币2700万元。加之交通阻塞，货源不继严重影响着业务经营。在日本投降时残存的一点货底，仅两年多时间又损失大半，至1948年济南解放前夕，瑞蚨祥的流动资金与七七事变前夕比较，损失达90%以上。至此，瑞蚨祥已日薄西山，气息奄奄了。

《瑞蚨祥绸布老店》

❖ 赵少三、明兆乙：两败俱伤的价格战

20世纪20年代初，济南绸布业中开设了许多布店，如隆义和、隆源永、丰隆公等等，大约有四五十家。但他们的资本都不雄厚，也大都无力从产地购货，而是从本市的批发庄进货，花色、品种不全。这时瑞蚨祥极力排挤这些中、小布店，如双龙牌白布，他们卖货时故意把尺码放大，把价格降低，以尽量争取更多的顾客到自己店内来购货，致使这些中、小布店门前冷落，无人问津。从20年代初至30年代初的10余年间，济南市的中、小布店大部分被挤垮，只剩下经文、山成玉、源兴成等寥寥数家。瑞蚨祥虽然在这时期挤垮了不少中、小布店，但是隆祥这个百年老号却还是岿然不动，成了瑞蚨祥的主要竞争对手。

当时隆祥布店西号设在经二路纬四路西路南，瑞蚨祥在经一路纬四路东路北，两店仅一条马路之隔，门面相对。当时隆祥西号刚成立不久，"士气"正旺，急于树立信誉，打开销路；而瑞蚨祥对"酣睡于卧榻之旁"的隆祥西号则虎视眈眈，必欲凌驾于其上而后快。于是一场针锋相对的实力角逐开始了。

两店的竞争是从1930年秋季开始的，以后几年每逢春秋两个销货旺季都要发动这种商业上的竞争。1930年初次开始这种竞争时，竞售的货物是"七美"牌线哔叽，是从日本进口的外路货。这种布价廉物美，是一般中下层人士所欢迎的大众化衣料，当时的价格是每市尺2角2分，在两店激烈竞争的过程中竞相降价，由每市尺2角2分逐步降至2角1分、2角、1角8分，最后竟降至1角6分8厘，实际上是亏本出售。在竞售中双方甚至各派出人员装作顾客到对方店内套购。这样的竞争年年进行，由1930年一直持续到1936年抗日战争前夕。这时王丽生、史彤文重返瑞蚨祥任掌柜，他们觉得

这种"鹬蚌相争"的做法，徒使他人坐获渔利，而自己却蒙受重大损失，不应当再继续下去。于是他们乃托人从中斡旋，在一次宴会的觥筹交错中，隆祥与瑞蚨祥两家罢战言和。这样，一场持续达六年之久的商业竞争，在势均力敌的情况下结束。

《隆祥布店》

❖ 乐芝田等：宏济堂的经营之道

清末，乐氏四房表面上虽没分家，实际上各搞本房的企业。但在北京同仁堂四大股权上，乐氏四房还有一线联系的。由于资本主义经济规律所支配，乐氏家族这些企业，不但要同外部同行业进行竞争，而且也要在他们乐氏内部进行竞争。如大房的宏仁堂、乐仁堂；二房的居仁堂；三房的宏济堂；四房的达仁堂之间的竞争很是激烈。乐敬宇为了在商战中取得优势和追逐利润，他在宏济堂的经营上，把"商誉"作为第一要求。他认定企业兴隆才能发财，而"商誉"又是企业兴盛的前提条件。为了取得好商誉，宏济堂很注意经营，具体表现在下述几个方面。

首先是狠抓药品的质量，凭货"真而好"的牌子赚取利润。宏济堂所有药物的配方、选料、炮制等等，皆遵循北京同仁堂老店。在原料的采购中，能使药材批发商不敢以假充真，用次的顶替好的。对于产地真伪，能立行鉴别，真正做到采用上等地道药材。对药料也有严格的规格标准，如泽泻只要中段，白芍要两头打戳，参茸丸中所用的人参，一定得用野山参。再是宏济堂的药品种类多，可说是膏、丹、丸、散、饮片等等无所不备。坚持"遵古炮制"，也是宏济堂的一大特点。它所生产的成药，都是遵照北京同仁堂的配方炮制，技师和工人，也都是从北京同仁堂聘请来的。开始时，乐敬宇从北京刻来同仁堂老号生产成药的说明书木板一套，共有500多块。直到1918年宏济堂开设了西号之后，才在济南刻制出宏济堂自己的木板（也有500多种），尔后就用了它自己的说明书。1923年又刊出《宏济堂药目》一书。内容系宏济堂所制的膏、丹、丸、散、片等成药的简略治疗说明书，前面还刊有满清遗老杨士骧、陆润庠为其作的序言。凡各地代销或批购它的药物，都赠送一本，以收宣传推销之效。总之，宏济堂的药，选料地道，用料务真，炮制遵古，以保证质量为前提，达到获取高额利润的目的，这是宏济堂在经营上的主要办法。

其次是生产特殊品种的成药，创宏济堂独自拥有的名牌药。仅举宏济堂制的阿胶为例。乐氏家族的同仁堂老店与四房各自开设的宏仁堂、乐仁堂、居仁堂、达仁堂、宏济堂等各店所经营的药物，品种上基本一样。除选料有好、次不同外，配方炮制却无大差别。乐敬宇认为，他的宏济堂如果搞不出自己的名牌药来，在激烈的商战中就难以取胜。这正如名伶必须有出拿手的看家戏才能享名叫座是一样的道理。因此，在1912年宏济堂外债尚未还清，基础犹未巩固的困难时期，乐敬宇就硬是在济南东流水街办起宏济堂阿胶厂，终究使它制的阿胶名享中外，开创了宏济堂发财致富的名牌药。

中药阿胶，系用驴皮熬制而成。其性能为调补气血，以妇女服用最为相宜。为什么取名阿胶呢？据说早年（年代不详）山东阳谷县有眼古井，名叫阿井。当初制胶就是用这眼井里的水熬制而成，因此熬出的胶就名为阿胶。郦道元所著《水经注》一书中阿井条下载云："阿井之水系济水伏流，水性寒重下沉。"宏济堂在济南制阿胶，据说济南趵突泉的水，与济水是一道水脉，故而用趵突泉水熬制的胶，同用阿井水熬制的胶质量是一样的。

乐敬宇鉴于当时药业行中销售的阿胶，都有驴皮腥秽气味。他乃参考文献，并与名医研究，搞成自制阿胶的独家处方，又从阳谷县聘请胶工刘怀安等人来济南熬制。乐敬宇的要求是产品质量高，要压倒其他胶厂产品，而不计费工费料，因而钻研出了新的提制法（即所谓九昼夜提制法）。用这种新处方，新的精提精炼技术，制出了甜脆适口，味道清香，疗效显著的宏济堂阿胶。当时生产的阿胶有12种，即福字、禄字、寿字、财字、喜字等"五字胶"，和精研、墨锭、极品、亮十六块、亮三十二块、黑十六块、黑三十二块等型号。阿胶主要原料是驴皮，并以纯黑整张驴皮为最佳。宏济堂的一等阿胶福字、禄字两种，就是用的纯黑整张驴皮，内中附加的药材，也都是选用的地道上品。在解放前，宏济堂的阿胶在国内行销于上海、广州、浙江、福建、安徽等省市；在国外行销于马来西亚、新加坡、印度尼西亚等东南亚各国。传闻日伪时期，在济南万紫巷住的一个日本人，曾从宏济堂购买大量阿胶运销日本，得到日本海关特许进口，其他中成药则不许进口。宏济堂阿胶，曾在巴拿马国际商品博览会上获得优等金牌奖和一等银牌奖。当时阿胶市场，几为宏济堂所独占。

▷ 百年老店宏济堂旧址

据宏济堂胶厂老职工谈，宏济堂阿胶之所以成为名牌的原因，根本的一条是配方、用料不同一般。如用上等青毛鹿茸、野山人参、西藏红花等地道原料。驴皮都是从河北省束鹿县进的纯黑驴皮，不用杂皮。其次是不惜费工费料，以独具名牌而获重利。三是拉拢关系，借发外财。宏济堂的前后经理刘瀛洲、张慎庭、钱宝亨等，既属经商能手，又擅长联系钻营，当时宏济堂也曾凭借社会上的关系，增加了不少收入。

宏济堂在经营中也有偷工减料、作假骗人的时候。如1935年前后，韩复榘统治山东时期，宏济堂为了追逐更大利润，就把所制丸散成药里的珍贵物料（如牛黄、麝香、冰片等等）按原配方的用量减为七或八成，偷偷地降低了质量。同时在报纸上大登广告，在马路上大散传单，宣传它的膏丹丸散片各种成药及汤剂，一律按原价八折销售，从而使宏济堂大发其财。

《济南宏济堂药店》

❖ 任宝祯：铭新池，华北第一池

铭新池位于经三路纬二路口，是山东黄县人张斌亭于1933年创办的。它是济南20世纪30年代兴起的企业之一，位居济南浴池业之冠。1931年，民族资本家张斌亭在对全国各地浴池考察后返回济南后，便马上进行选址工作。经过反复权衡和斟酌，他将浴址选在了距离商埠区的商业中心（经二路纬四路一带）、金融中心（经二路纬二路一带）、火车站（经一路、车站街）、娱乐商场（大观园、新市场）都不远的经三路纬二路口这一适中地区。第二年便委托建筑师张景文设计浴池，并于同年破土动工。1933年12月，铭新池落成正式开业。

新建的铭新池广采各地澡堂之精华，可谓集全国浴池之大成。整个建筑布局合理，设施齐全，功能明确。其总建筑面积达2734平方米，分为三层楼房，是个形似"回"字的四方建筑。"回"字的外圈为二层楼：一层设有普通座及女子浴室；二层设有240个房间，分为雅座、小房间、大房间等各种档次的休息室供顾客选择。"回"字内圈为三层楼，一、二层设有两个明亮宽敞的大浴池和洗脸间，三楼为职工集体宿舍。东院有一自备井，依靠摇水设备提升地下水作为浴池的水源，可同时供应300余人洗浴用水。铭新池从座席设备到建筑布局的诸多优点，1934年出版的《济南大观》记载道：当时的铭新池有十大特色，即："一、资金雄厚，建筑完全；二、陈设欧华，盆池两便；三、卫生清洁，空气新鲜；四、交通便利，适中地点；五、招待周到，茶香水甜；六、三次换水，不热不寒；七、女子沐浴，分门别院；八、男女理发，美化容颜；九、乘凉望景，屋顶花卧；十、院内停车，妥为保管。"这些都是当时一般浴池所没有的。铭新池在经营上"大、弹、全、清"，对店员的管理也十分严格，再加上服务周到，经营有方，精打细算，因此在济南很快便兴旺发达起来，被誉称为"华北第一池"。以后，北京、天津、南京、青岛等地的浴池均竞相模仿，可见其影响之广。

《经三路》

▷ 济南铭新池旧照

❖ 老舍：抵制仇货，口号抵不过便宜

在中国，政府没主张便是四万万人没主意；指望着民意怎么怎么，上哪里去找民意？可有多少人民知道满洲在东南，还是在东北？和他们要主意，等于要求鸭子唱昆腔。

一致抵抗，经济绝交，都好；只要有人计划出，有清正的官吏们肯引着人民去做。反之，执政的只管做官，而把一切问题交给人民，便永远不能解决任何问题。

举个例说，抵制仇货似乎是我们唯一的反抗手段。谁去抵制？人民；人民才干那回事呢！人民所知道的是什么便宜买什么，不懂得什么仇不仇、货不货。通盘的看看人民的经济力量，通盘的计划我们怎样提倡国货，怎样保护国产工艺，然后才谈得到抵制。不然，瞎说一大回！

受过教育的人懂得看看商标（人家日本人现在是听中国商人的决定而后印商标牌号！），知道多花钱也不要仇货；可是受过教育的人有几个？学校里明白不用洋纸，试问哪个小印刷所能用国货而不赔钱？纸业政策，正如其他丝业、茶业、漆业……政策何在？希望印刷所老板们去决定政策，即使他们是通达的人，他们弄不上饭吃谁管？提倡国货提倡得起，而人民赔不起买不起，还不是瞎说？

▷ 民国时期位于济南的山东国货陈列馆

在济南，抵制仇货是没有那一回事。这不算新奇。花样在这儿：不但不拒绝新货，而且拼命的买人家的破烂。试到估衣店去看看，卖的是什么？试立在城门左右看看乡下人挑或推出城外的是什么？日本估衣！凡是一家估衣店就有一大堆捆好的东洋旧衣裳、裤子、长衫、布片、腰带、汗衫……捆成一二尺厚的一束，论斤出售。在四马路单有二三十家专卖此项宝贝，不卖别的。乡民推车的推车，持扁担的持扁担，专来运买这种"估衣捆"。拿回家去，拆大改小，一束便能改造好几件衣服，比买新布——国产粗布虽只卖七八分洋钱一尺——要便宜上好几倍。

看乡民买办时的神气，就好像久旱逢甘雨那么喜欢；三两成群，摸摸这束，扯扯那捆，选择唯恐其不精，价钱唯恐其不入骨，选好之后，还要在铺外抽着竹管烟袋，精细的再讨论一番。休息够了，一挑跟一挑，一车跟着一车，全欣欣然有喜色，运出城去。

有位朋友曾劝过几位乡下同胞，不要买那个，他们一个字的回答："贱！"后来他又吓他们，说那是由日本死人身上剥下来的，还是那一个字回答："贱！"

一年由青岛等处来多少船这种估衣，我没有统计。我确知道在济南这是一大宗生意。我也知道抵制仇货若不另想高明主意，而专发些爱国链锁，只多是费几张纸而已。

《华年》

❖ 明兆乙：巨商孟洛川

孟继笙（1851—1939），号洛川，系章丘旧军镇"亚圣"孟轲六十九代孙，是孟氏大家族鼎盛时期的佼佼者，也是名扬海内的中国北方近现代商（企）业发展史上的重要人物。他一生的活动，范围广，影响大，仅就我所知的，介绍如下，错讹之处，请知情者教正。

孟继笙自幼生活在一个聚金累万的富豪之家。父亲孟传珊，字海林，捐职试用中书科中书候选主事加三级，与兄弟分家后自立堂号为矜恕堂。母亲是章丘西关豪绅高赤诚的妹妹，她"知书达礼，深通闺训"。孟继笙兄弟四人，行四，长兄孟继符，捐职附贡生候选同知加知府衔加五级；二兄孟继箴，捐职候选同知花翎运同衔试用知府，钦加监运使衔加三级；三兄未立而夭；孟继笙成年后，捐职补用运副花翎江苏试用知府补用道三品衔加四级二品顶戴、头品顶戴，后朝廷嘉其干济之才赐花翎头品顶戴江苏补用道员，又诰封奉直大夫，诰授光禄大夫。当他被捐为花翎头品顶戴江苏补用道员时，朝中大员有意敲他的竹杠，令其去江苏任职，他惊慌失措，毛骨悚然。因为孟家历来不靠读书做官，只是用金银买通仕途，挂个虚衔，以扬名声，显父母，光宗耀祖，巩固和维护个人与家族的社会政治地位。如今当起真来，他自知胸无文墨，不晓经纶，不谙律例，更不明治世驭民之术，如何胜任？于是又通过金银的魔力，始得了结此事。

孟洛川18岁时，为孟传铿所赏识，见其颇有心计，便委其掌管商业。自此，他便以东家的身份常住济南，也常去北京、天津视察，了解那里祥字号商业经营的情况。他一生的活动大致可分两个时期，即：1924年以前，商（企）业、土地地兼营时期；1924年定居天津弃农经商大办企业时期。前一时期，孟洛川全家在章丘旧军镇度过。从1854年到1924年（或稍后）近70年间共积累土地2000余亩，其中大部分土地是孟洛川亲手购买。其经营方式完全采取租佃式，即凡出租的土地，一律收定额实物地租，靠佃户们的血汗积金致富。

孟洛川在旧军镇有住房近百间，分六个院落，都是楼、台、亭、榭，画栋雕梁，檐牙高啄，直栏横槛。有马院、花园各一。他有子五人，其中三个早亡。凡子女都有专用的马拉轿车，全家役使着车夫七人，马夫五人，女仆20余人，丫鬟16人，账房先生四五人，医生二人，塾师一人，打杂长工六七人，护院武装20余人，总计家奴院工不下百人。

同一时期孟洛川亲手创建的商业"祥"字号有：北京瑞蚨祥鸿记布庄，北京瑞蚨祥绸缎店，北京瑞蚨祥鸿记西号绸缎店，北京瑞蚨祥鸿记新衣庄，北京瑞蚨祥东鸿记茶店，天津瑞蚨祥土布批发庄，天津瑞蚨祥鸿记缎店，天津瑞蚨祥西号，天津瑞蚨祥庆记，青岛瑞蚨祥缎店，烟台瑞蚨祥绸缎店，瑞蚨祥苏庄，瑞蚨祥申（上海）庄，济南泉祥老号，济南泉祥东号，济南泉祥西号，济南鸿记茶栈，周村泉祥，烟台鸿记茶庄，青岛泉祥，天津泉祥总号，另有旧军镇织布工厂和济南瑞蚨祥鸿记染房，共计23处，其资金额、盈利额难以确切计算，房间、货物、上下人员亦不好准确统计。当时京津和济南等城市各家报纸皆以"金融巨头"称孟洛川。由此可见，说他是百万富翁也不算夸张。

从1924年孟洛川离鲁去津，到1939年病故，这一时期又可分为两个阶段。即1924年至1937年七七事变，这段时间是孟洛川商业经营史上由盛转衰的时代。1937年以后，各祥号均日渐萧条，其原因后面具体介绍，这里先谈谈1924年孟洛川离鲁去津定居的缘由。

1924年，军阀张宗昌督鲁，政治腐败，苛捐杂税多如牛毛，农村一片荒凉，人民不堪其苦。张宗昌及其部下穷奢极欲，他们卖官鬻爵，贿赂公行，一时黄金、首饰等物成了这些人的交际手段。他们从人民那里榨取来金钱，到市场上换取高档物品，孟洛川的瑞蚨祥供其所需而大发其财。张宗昌对孟洛川的大量财富馋涎欲滴，暗下吞噬之心。就在这时，张的军法处长白荣卿和孟洛川之侄孟华峰结为姻亲。一日，白荣卿在大明湖设宴款待孟洛川，白令自己的警卫营全部武装出动，在大明湖畔加岗布哨，以显示其威风。时张宗昌外出路经大明湖，问是为何，有人说是白处长在此宴请孟四大人，张顿时大怒。回衙后，派人下帖请孟洛川到督办署赴宴，意在嘲弄和敲竹杠。孟知事不妙，请山东财政厅长张子衡调停。谁知福无双至，祸不单行，恰在这时，张接到章丘县长林×× 告发孟华峰侵吞地方公款的公文，张立即向孟洛川问罪，孟闻讯大吃一惊，无奈，只好仓皇间携眷逃亡天津。这一事件，迫使孟洛川弃农经商。

1925年至1927年是孟洛川所经营的整个祥字号商业发展的顶峰，此后到七七事变的十年间，时起时落，极不稳定，呈现衰弱趋势。最明显的是北京和天津的祥字号，主要原因是1927年国都南迁，北京不再是人财荟萃之地，已失昔日的繁华，加以连年军阀混战，整个天津市繁华的中心转入租界。然而深通生意经的孟洛川鉴于社会的动荡和时局的变化，审时度势，因势利导，随地制宜，根据销售对象的需要，改变经营方式，营业又见起色。遂于1928年开设了济南鸿记织布工厂，1930年新辟天津泉祥鸿记茶栈，1934年将天津庆祥改为瑞蚨祥庆记，1935年增设天津瑞隆祥。从全局看，这一时期孟洛川所经营的各地祥字号商业的情况还是可观的。

1937年七七事变后，由于中日战争的全面爆发，日伪的经济勒索，货币的恶性膨胀，以及资方内部、家族内部、劳资之间种种矛盾的激化，遂使各地商号一落千丈。87岁的孟洛川，已是风烛残年，朝不保夕，无力挽救败局，于1939年病故。当时天津《庸报》发表讣闻，标题是："山东殒两大巨星"（一指孟洛川，一指吴佩孚，两人同时去世）。

《中国北方近现代史上的大商业资本家孟洛川》

❖ 李玉俣：孟洛川结交袁世凯

大商业家孟洛川和袁世凯有着契密地过从。我在天津泉祥当账房先生的时候，常听老掌柜们说，袁世凯和孟洛川是磕头兄弟。袁比孟小八岁，见孟时以四兄（孟兄弟排行第四）呼之。孟和袁的交往，早在袁世凯署理山东，奉旨为母发丧时就开始了。当时袁召集上层人物，为其举荐一位治丧总理，耆老缙绅皆推孟洛川，原因是旧军孟家出丧在章丘是大大有名的。于是袁世凯聘孟洛川为治丧总管。凡袁之署下，俱归其指挥。善于官场应酬的孟洛川，对此"当仁不让"。此次治丧，其规模之宏大、声势之浩繁远出孟氏丧事之右。孟洛川为博得袁世凯的青睐，于治丧之际，宵衣旰食，殚精竭虑，倾其才能，大显身手。结果将丧事办理得井井有条款款有序。发绋之日，奠棚林立，祭桌塞途，其中孟洛川献的一席珍品路祭被列为第一祭，围观者人人刮目，个个哑舌，众口称赞不已。因此，孟洛川得到袁世凯的赏识，两人感情日笃，过从益密。

1901年，袁奉旨北上，任直隶总督，驻节天津，彼时，孟洛川因事到此。袁闻之，大摆仪仗，亲赴瑞生祥参拜。于是孟洛川的大名便扬于津门，瑞生祥绸布店亦因之大增光辉，令顾客刮目相看。1912年，袁世凯位居大总统，就职北京。孟洛川由济南专程去总统府晋谒，袁世凯设盛宴招待，两人推心置腹，倾吐竟日。袁聘请孟洛川为参政院议长，孟辞谢未莅职。

《辛丑条约》签订之后，西太后和光绪帝从西安回銮，由于宫中被外国军队进驻，珍品古玩被抢走，宫殿陈设遭毁坏，雕栏画栋何处是？金阶玉阙披埃尘。西风萧瑟，满目疮痍，大有江山依旧、面目全非的凄凉之慨。当慈禧太后在袁世凯"陛见"的时候，要他赶紧筹款，恢复宫中原貌。袁领旨照办。据说凡宫中衣履、屏围、衾枕、披垫等物，均由袁世凯委孟洛川的商号瑞蚨祥等几处大绸缎店操办。孟洛川认为这是个极好的发财机会，令各号经理悉心筹措。事毕，瑞蚨祥果然获得一笔相当大的收入。

1909年，袁世凯奉旨"回籍养疴"，在彰德开了一处纺织厂，织成绸缎由孟洛川的瑞蚨祥及孟养轩的谦祥益积极兜售。

1915年，袁世凯筹备登基用的平金彩绣缀珠衮龙袍、"娘娘服""妃嫔服""皇子服""皇女服"等，都是在袁的授意下由北京瑞蚨祥承做的。

北京瑞蚨祥完成这项使命后，总经理孟觐侯常常在达官显宦面前，谈及他和资东孟洛川为大典承做宫装的经过及所费心血，以此显示荣耀。

袁世凯死后，他的后人与孟洛川仍有来往。孟洛川的嫡孙女孟肆松与袁世凯的嫡孙袁家蓄在海外结缡，成了秦晋之好。由此可见孟洛川与袁世凯过从之一斑。

《孟洛川结交袁世凯》

❖ 刘德芝：泉祥茶庄，全市之冠

自1927年旧军阀张宗昌被赶走后，由于货币物价趋于相对稳定，城乡资本主义经济有所发展，茶商业销路日广，且有利可图。

济南泉祥茶庄开业于光绪二十二年（1896），资金雄厚，经营稳健，分支店林立。除济南泉祥四号以外，外埠尚有天津泉祥总号、泉祥鸿记茶庄分号，青岛、烟台、周村都有泉祥，统一核算，共负盈亏，北京东鸿记、西鸿记，归北京瑞蚨祥核算。泉祥茶庄的货源，系远赴国内各主要产茶区采购加工窨制。各类花茶在福建省福州市南台，设有加工窨制茶厂，规模宏大，为茶界之冠。浙江省杭州市设有常驻机构。杭州市是茶叶集散主要地区之一，安徽省歙县一带所产茶叶，如大方、黄山、烘青等，是我国茶叶质量最好的，俗称"正路货色"。这种货色主要在杭州收购，再运往福州加工窨制，龙井茶亦出在杭州，泉祥在杭州为收购茶叶之权威。安徽琳村，设有收购点，并加工珠兰茶。苏州市设庄窨制茉莉、玉兰花茶。

上海市设有机构，负责货款调拨转汇、收购、加工。泉祥在收购加工窨制实践中，长期以来培养了些专门技术人才和评审鉴别人才。在北方门市部，通过了多年的实践，训练了些系统的经营管理人才。

泉祥茶庄，在当时济南茶商行业中，应当说是资金雄厚，本固枝荣，人才济济和经营管理有方，可谓全市之冠。

《解放前的济南市茶商业历史概况》

❖ 张效周：繁华的新市场

新市场自1905年建立以来，就是济南市的主要市场之一。它位于经二路纬一路东路南，面积约15600平方米。

在建立前，这里杂草丛生，荒冢累累，是一片荒凉的乱葬岗子，俗称"南岗子"。自1904年济南开辟商埠后，因这里靠近火车站，又是济南市东西区的交通要道，因此被军阀张怀芝看中。于是他借开辟义地为名，霸占此地，强拉民夫填平沟壑，将穆家林子（即以后的青年会）和北岗子两处的摊贩赶迁此处，搭起临时布篷，初步形成市场。因当时在商埠只有这一个新设的市场，故名"新市场"。

张怀芝为了盘剥人民，在场内设有"经租处"。初期，为了引诱商贩，每天按经营情况，采取每日敛钱的办法收取较少的租金。以后市场日趋繁荣，商贩由地摊逐渐发展为店铺后，收取租金就越来越多，每间营业室（约10平方米）每月要收取房捐地租二至三元。并且巧立名目，多方敲诈勒索。如商贩要盖房，必先请客送礼；转让须得到经租处同意；经租处办公费、义务消防费以及市场内修路、挖厕所、盖戏院等费用，也全由各营业户分摊。如修建"天庆戏院"时，各营业户不分大小，一律分摊大洋五元，约折合一百斤面粉的价值。

张怀芝为了进一步控制市场，豢养了一些爪牙，霸占市场，为所欲为。张怀芝当时的爪牙主要有"三虎一狼两条狗"，即经租处头子"坐地虎"王子明；经营百货的"笑面虎"徐海泉；经营估衣的"镇街虎"贾芝轩；经营百货的"白眼狼"魏星元以及朱刚正、王传信这两条狗。这批凶虎恶狼走狗，狐假虎威，对商户横加勒索。逢年过节，商户都得给他们送礼、问安、磕头。各商户改门换窗，也要先对他们请客送礼，以征得其同意。如"庆祥"百货店张善堂只在山墙上升个小门，就花去350元。否则，他们即暗派打手，砸闹商户。

新市场在旧社会先后经历了张怀芝、郑士琦、张宗昌、韩复榘等军阀的盘剥，又遭受了日寇、国民党多年的压榨。但随着城市工商业的日趋发展，人口逐年增多，在韩复榘时代，趵突泉市场改建自来水厂，那里的商户、娱乐场所多迁此处，因而新市场更加繁华。场内商号共有200多家，成为本市经营自行车、五金、电料等行业的集中地区之一。当时市场内有大小街道十余条，南北各建有拱式大门，书以"新市场"三个大字。东西两街为曲艺场所，中大街东面多数是估衣店，中大街是百货、鞋帽、棉布、文具、服装等商店；西大街多数是饭馆。天庆戏院则位于市场的中心。

新市场的特点是文娱场所较多，剧院计有"天庆"等四处，曲艺场所则有20余处。山东著名梨花大鼓演员谢大玉、孙大玉，著名五音戏演员邓洪山（即"鲜樱桃"），相声演员马金良，魔术师李福祥，以及评书演员傅太臣，山东琴书名演员邓九如，山东快书名家高元钧等，都曾在这里献艺多年。此外还有河南坠子、西河大鼓、兰州布影等曲艺。

由于新市场建立时间早，场内的娱乐场所众多，故逐渐闻名于省内外。韩复榘时代，新市场外路北也修建了一座三层大楼，下面是商店，三层是有名的"青莲阁"曲艺场，著名曲艺演员花二顺便在此演唱。市场北门外西侧路南，有个叫刘兴国的还在那里开设了个"普利市场"，楼上亦辟为剧场。市场南门外的魏家庄，因受市场的影响，也繁荣起来，逐渐形成了一条饮食行业街，单是卖禹城扒鸡的就有七八家，"长清大素包"也颇负盛名。

《济南市新市场的建立和发展概况》

❖ 张树伟：逛了药材会，一年不生病

济南的药材大会始于何时，目前还没有可靠的记载，但据老药工说，清初即有此会。清朝中叶，济南药会就已繁荣兴盛，估计至今已有数百年的历史了。

药会的会期，以前从每年农历三月二十八日开始（药王诞辰），以后各地药农、药商多自动提前赶会。1931年，济南市国药业公会成立后，由公会与各方面协商，改定为农历三月二十日开始，会期一般为10天到半个月，主要以进货多少和天气的变化而确定会期的长短。

药会地址，以前在趵突泉前门的药王庙一带，所以俗称趵突泉药会。民国以后，由于赶会的人逐年增多，有碍交通，遂迁移至南关山水沟、三合街、券门巷、祭坛巷一带。清代，官署对药会从不进行管理，仅来维持秩序，散会前向各商号、摊贩收敛一次"辛苦钱"。民国以后，市政机关派警察维持秩序，但对市场交易也从不过问。1932年以后的药会，都由国药公会组织筹备，确定办公地点，并请街道与公安部门协助治安。开始的头一天，有时也举行剪彩仪式。

济南药会就其历史上的规模来讲，比之河北祁州（今安国市）与河南禹州（今禹县）两个药会的规模小得多。来济南赶会的主要是河

南、河北、安徽、东北各省与山东各地的药农、药商。药材成交量在战前兴盛时期，每年约在六七十万斤。七七事变以后逐渐下降，每年只有二三十万斤。

在济南药会上成交的主要药品，以山东各县所产药材为主，有香附、荆芥、薄荷、柴胡、柏子仁、花粉、瓜蒌、远志、半夏、莲子、全蝎、桃仁、杏仁、蟾酥、蝉蜕、鸡内金、藕节、地龙、金银花、沙参、蜂蜜等。其次为河南怀庆货占多数，主要有生地、熟地、山药、牛夕、天冬等。河北祁州药商来推销的药材有甘草、黄芪、黄芩、防风等。还有各种膏丹丸散，各种蜡皮"充广"丸药也占有很大数量。济南出产的一些成药，如千芝堂的保坤丹、至善堂的朱砂膏、风生堂的坎离砂、回生堂的狗皮膏等等，销量也不少。以上药材大部分销售给东北药商。像全蝎、柏子仁、金银花、生熟地、怀牛夕等，一部分为上海、宁波及本省胶东各县药商所购去，此外朝鲜仁川药商买货也不少。

在药会的兴盛时期，前来买卖药材的药农、药商约在千人之谱。省外大药商多为五大药行所招揽过去，各县前来购销药材的中小药商，多半在药会附近一带租赁民房住宿存货。附近居民在药会期间，多设法腾挪房屋，供给药商临时租用，这已成为传统习惯。本省药店也多半在药会上租房搭棚，临时设点收货。一般自采自种自销的药农，没有力量租赁价值高昂的房舍，多是自带被褥，伴随着自己的货堆露宿在路旁。

济南所以成为全国药材集散地之一，主要有两方面的原因：

一、山东省有着丰富的药材资源。泰安、新泰、莱芜、蒙阴、章丘、长清、历城等地的药材资源非常丰富，主要有金银花、沙参、山蝎、枣仁、半夏、瓜蒌、蒌仁、蟾酥、黄芩、柴胡、地骨皮、五加皮、远志、蝉蜕、桔梗、香附、花粉、葛根、百部子、葶苈子、苍耳子、白芷、连壳、草决明等数百种，有些产量还相当大。据1936年几种药材年产量的调查材料统计，金银花为150万斤，沙参为120万斤，黄芩为80万斤，半夏为16万斤，香附为40万斤，花粉为20万斤，苍术为50万斤，葛根为25万斤，全蝎为8万斤，蒌皮为8万斤以及其他药材全省产量在千万斤以上。由于济南为山东的政治、文化、经济的中心，自古以来商业就比较发达，因而药农、药商多半来济南寻找市场和货源，自然形成了全省最大的药材贸易基地。

二、具有便利的交通运输条件。济南地处黄河下游，靠近小清河流域，水陆运输比较方便，出进的货船可直达市内。黄河上游，甘、陕、豫等地药材，经黄河水运，顺流而下，即可直达济南，又经小清河水运至羊角沟海港，可转至东北、朝鲜。津浦铁路建成后，交通运输更为便利，药材集散量也就相应增多。

解放前若干年来的药材交易，是由买卖双方当面议价，一个是漫天要价，一个是就地还钱，争争吵吵达到一致，自然形成行情，后来才有经纪人从中说合。此外，一些投机商贩从药农手中用压价钱使大秤的办法，零星购进，集中之后，再大价出售，谋取超额利润。卖假药的情况也从来无人管理，市场非常混乱。到后期（1931），国药公会请准官府同意，曾成立过伪药检查组，取缔伪药的销售。检查组开始还比较认真，每次药会不免要查获和焚毁一些伪药，但为时一久，检查组则流于形式，同行之人面面相觑，不过走走过场，有时为遮挡一下群众眼目和社会舆论，便找上几个"倒霉"的烧上一批，因此假药始终未能绝迹。

每年药会期间，药王庙前有戏。早期由官府派各戏班轮流演出，以后由庙内香火费中拨出一点钱来交付戏价。在会期之中，药王庙香火盛极一时，特别是药王诞辰之日，药商都要携带香烛、纸箔来庙敬神，祈求神灵保佑生意兴隆。一些"善男信女"也纷纷前来烧香礼拜，祈求神灵保佑免生灾难，这种迷信之风沿袭很久，到后来逐渐减少，但并没有完全消失。当时流传着"逛了药材会，一年不生病"的谚语，不少居民就是在这种思想的指导下去逛庙赶会，因此赶会的是人山人海，非常热闹。

兴盛时期的药会是非常热闹的，一些杂货、绸布、广货商，也都临时设摊经营。出售五金、农具的也相当多。销售量最大的除药材之外，当以草纸为大宗，赶会之人，几乎是没有一人不买上三刀两刀。据说是药会上的草纸好（意思是有了药味能治病），实际是一种迷信习惯。当时社会上形形色色、各行各业的人云集于此，有说评书、唱小戏、变戏法、拉洋片的，有耍猴戏的"江湖艺人"，有拆字、相面算命的"星相先生"，还有一些手持没有实效的臭虫药、老鼠药、刀伤药的江湖骗子。

《济南药材大会历史概况》

❖ 老舍：济南的药集

今年的药集是从四月廿五日起，一共开半个月——有人说今年只开三天，中国事向来是没准儿的。地点在南券门街与三和街。这两条街是在南关里，北口在正觉寺街，南头顶着南围子墙。

喝！药真多！越因为我不认识它们越显着多！

每逢我到大药房去，我总以为各种瓶子中的黄水全是硫酸，白的全是蒸馏水，因为我的化学知识只限于此。但是药房的小瓶小罐上都有标签，并不难于检认；假若我害头疼，而药房的人给我硫酸喝，我决不会答应他的。到了药集，可是真没有法儿了！一捆一捆，一袋一袋，一包一包，全是药材，全没有标签！而且买主只问价钱，不问名称，似乎他们都心有成"药"；我在一旁参观，只觉得腿酸，一点知识也得不到！

但是，我自有办法。桔皮，干向日葵，竹叶，荷梗，益母草，我都认得；那些不认识的粗草细草长草短草呢？好吧，长的都算柴胡，短的都算——什么也行吧，看那柴胡，有多少种呀；心中痛快多了！

关于动物的，我也认识几样：马蜂窝，整个的干龟，蝉蜕，僵蚕，还有椿蹦儿。这末一样的药名和拉丁名，我全不知道，只晓得这是椿树上的飞虫，鲜红的翅儿，翅上有花点，很好玩，北平人管它们叫椿蹦儿；它们能治什么病呢？还看见了羚羊，原来是一串黑亮的小球；为什么羚羊应当是小黑球呢？也许有人知道。还有两对狗爪似的东西，莫非是熊掌？犀角没有看见，狗宝、牛黄也不知是什么样子，设若牛黄应像老倭瓜，我确是看见了好几个貌似干倭瓜的东西。最失望的是没有看见人中黄，莫非药铺的人自己能供给，所以集上无须发售吧？也许是用锦匣装着，没能看到？

矿物不多，石膏，大白，是我认识的；有些大块的红石头便不晓得是什么了。

草药在地上放着，熟药多在桌上摆着。万应锭、狗皮膏之类，看看倒还漂亮。

此外还有非药性的东西，如草纸与东昌纸等；还有可作药用也可作食品的东西，如山楂片、核桃、酸枣、莲子、薏仁米等。大概那些不识药性的游人，都是为买这些东西来的。价钱确是便宜。

我很爱这个集：第一，我觉得这里全是国货；只有人参使我怀疑有洋参的可能，那些种柴胡和那些马蜂窝看着十二分道地，决不会是舶来品。第二，卖药的人们非常安静，一点不吵不闹；也非常的和蔼，虽然要价有点虚谎，可是还价多少总不出恶声。第三，我觉得到底中国药（应简称为"国药"）比西洋药好，因为"国药"吃下去不管治病与否，至少能帮助人们增长抵抗力。这怎么讲呢？看，桔皮上有多么厚的黑泥，柴胡们带着多少沙土与马粪；这些附带的黑泥与马粪，吃下去一定会起一种作用，使胃中多一些以毒攻毒的东西。假如桔皮没有什么力量，这附带的东西还能补充一些。西洋药没有这些附带品，自然也不会发生附带的效力。那位医生敢说对下药有十二分的把握么？假如药不对症，而药品又没有附带物，岂不是大大的危险！"国药"全有附带物，谁敢说大多数的病不是被附带物治好的呢？第四，到底是中国，处处事事带着古风：咱们的祖先遍尝百草，到如今咱们依旧是这样，大概再过一万八千年咱们还是这样。我虽然不主张复古，可是热烈的想保存古风的自大有人在，我不能不替他们欣喜。第五，从今年夏天起，我一定见着马蜂窝、大蝎子、烂树叶，就收藏起来；人有旦夕祸福，谁知道什么时候生病呢！万一真病了，有的是现成的马蜂窝等，挑选一个吃下去，治病是其一，没人说你是共产党是其二。

逛完了集，出了巷口，看见一大车牛马皮，带着毛还没制成革，不知是否也是药材。

《华年》

❖ **赵鑫荣：**燕喜堂饭庄，有特点才能生意兴隆

济南燕喜堂饭庄开业于1932年（民国二十一年）3月，是以历下风味而驰名济南的饭庄。

燕喜堂创办人赵子俊，16岁时从历城乡间来济南谋生，曾打过短工，学过泥瓦匠。20岁时经人介绍到吉元楼饭庄当学徒。几年后吉元楼倒闭，由该号4名伙计集资在芙蓉街北首开设了魁元楼饭庄，后因股东间不和，遂停业散伙，赵子俊也因此失业。由于他在那两家饭庄里都是干跑堂（服务员）的活计，因而结识了不少常去吃饭的顾客。当时有一位山东商业银行的董事董丹如，愿意出钱帮他经营饭馆业。赵乃集资3000元，在金菊巷筹建了一座饭庄，这座饭庄于1932年3月正式开业。因适逢3月，南燕北来，故取名燕喜堂，示意开业燕子报喜。

这个饭庄有两个大院落，还有一个小跨院，共有平房29间，其中11间供生产使用，其余18间为营业室，能摆16张圆桌，可供近200名顾客同时就餐。

开业后，饭庄终日顾客盈门，生意异常兴隆。这个饭庄在经营管理上的特点是：

（一）店主赵子俊在业务和技术上，都有一定的经验，称得上是一名真正的内行，因而能全面掌握，经营有方。

（二）聘请的厨师多是当时的历下名手，如菜案上的李玉堂、梁继祥、杜洪祥等人，炉子上的侯兴朴、于保亮、刘子生等人，都是烹调技术高手，做的菜不仅味美适口，而且花样繁多，很有叫座能力。

（三）以经营随意小吃和包办酒席为主，所售饭菜质高量足，价格还略低于同行业户，力求薄利多销。

（四）在购进原料上狠下功夫，采购人员必须是精通业务的内行，对所需原料（特别是较贵重的山珍海味），有能一看就知道产地、性能、干湿度、经发制后能出菜多少等识货本领。如鱼翅，经发制才能用翅针做菜，但在未发制前外形就像劈柴一样，不懂行的就不知内中翅针多少，能出多少菜。又如选购活鸡，买时要先摸一下鸡脯是否圆，是否空腹（未填喂饲料），以求多出菜，减少损失。俗话说"买的原料好，胜似卖的价格高。"

（五）保证质量是决定生意兴隆的关键。这个饭庄以做汤菜出名，不论是清汤、奶汤，还是炒菜，都是以肥鸭、母鸡和肘子煮成高汤，代替加入菜内的水分。由于鸡、鸭、肘子的精华都浸入了汤中，即便在冬天也不结冰，而成为透明的冻，用它来调汤炒菜，当然鲜美适口。不仅菜里用高汤，就是夏天麻汁面中的麻汁汤，也是用高汤配制而成。因此，燕喜堂的汤菜名扬历下，甚至有的顾客在饭后还用酒瓶灌上高汤带回去。

（六）对去吃饭的顾客，一要让其吃得顺心，二要招待得满意。能做到这两点，就可拉住长期的顾客，使生意越来越好。即便是包席的菜，也要在一桌菜的数量内，让顾客随意点菜，而不是由厨师做什么算什么。至于一日两餐来吃饭的顾客，更要注意调换菜的品种，招待顾客要做到殷勤热情，察言观色，如添菜、热菜、添汤等，不必等顾客开口，就要主动去问，让顾客从心里觉得满意，使之下次还想再来。

（七）在营业上加强管理，杜绝浪费。放置的碗、盘等餐具和橱架，每日由刷碗人分类点清数量，如有丢失损坏，便及时弄清原因，损坏的要有物证，丢失的要找出原因，否则要分别追究责任。账房会计每晚结账，如发现短款，必须查清，不然要负责赔偿。购进原料是饭馆业务的一个主要环节，每日由红案厨师开列清单，从海味、鸡、鱼、肉、虾，到各类青菜，写明应购数量，交外勤人员照单采购，防止买少了不够用，买多了积压变质。店主对每天支出和收入账目，都进行查阅，若发现问题，便及时弄清。他们从多方面注意节约开支，损坏的木器家具，凡能修理使用的概不购置新的；餐具和器皿若损坏丢失，则及时补齐。

店主赵子俊对饭庄经营有方，生意越做越兴隆，燕喜堂在济南不仅名声大振，而且获利颇丰。但在旧社会，开设馆子被列为"五子"行业之一，是低人一等的生意，经常受到歧视和欺凌，横遭敲诈和勒索。如1945年的一天，有一个国民党军官突然来到店里，声言他是这所房子的房主，抗战八年后回来了，要燕喜堂饭庄将这八年赚的钱结算出来都付给他，结果被他敲去了不少钱钞。至于有些兵痞、特务吃饭不付钱，还故意找茬取闹，更属常有的事。

燕喜堂饭庄在1946年后由于通货膨胀，民不聊生，加以创办人赵子俊因病不能亲临管理，其子赵鑫荣年轻不懂业务，以致饭庄濒临倒闭。解放初期赵子俊去世，由赵鑫荣主持经营。1950年饭庄迁至院西大街路北，缩小营业范围，饭菜尚能维持原有的风味。1956年社会主义改造高潮到来，燕喜堂饭庄实行了公私合营，并把银餐具、象牙筷子和南酒、海味等账外财物，也都投入了企业。

《燕喜堂饭庄史话》

❖ 韩永健：皇宫照相馆，宛如华丽小皇宫

皇宫照相馆开业于1932年，创办人张鸿文是山东历城人。他出身贫寒，早年曾任冯玉祥将军的司机。韩复榘出任山东省主席后，他当了济南市工务局局长，在任内捞了些油水。一次，他与部下到鸿文照相馆照相，因店名与他的名字恰巧相同，这引起他的兴趣。他认为照相馆规模小，投资少，既文明，又赚钱，而且又能接触上层社会人物，办个照相馆也不失身份。于是，在部下的迎合下，他决意出资兴办照相馆。

1932年春，张鸿文以每月33块大洋在经三路纬四路租了车迈平名下的一幢三间门头的二层楼房，即现在皇宫照相馆的西半部。当时此处附近商号较多，比较繁华，经营照相业务较为有利。承租后，他利用职务之便，请来能工巧匠，修建了玻璃房等设备，尤其是门面装修得颇具特色，有两

大四小的六根半圆浮雕龙柱，门两侧的大龙柱上雕有"皇宫照相馆"几个猩红大字，每个字的周围安有小彩灯泡数盏，很有点气派，确似一幢华丽的小皇宫。开业后，张鸿文雄心勃勃，扬言要把济南的照相馆都挤垮。的确，从店堂到设备，皇宫照相馆在当时济南21家照相馆中是首屈一指的，他又从北京聘来两位高级技师，有店员、学徒等10人，其中包括一名厨师，店里自行开伙。张鸿文委托其父张学慧任经理。业务范围包括室内人像、外照和转机照相等。开业后，生意很好，张鸿文也常为店里揽点生意，如上面来山东视察、社会团体来访等大型合影相，全由"皇宫"独揽。张鸿文也常陪同一些军政要员前来照相，遇有社会名流，他还派自己的小车接送，将"皇宫"作为结交上层人物的工具，为自己开拓仕途。皇宫照相馆之所以兴隆，除照相质量较高外，还与张鸿文根子硬、有权势、社交广有很大关系。张鸿文借此发了大财。七七事变后，张鸿文随军弃城南逃。济南沦陷后，兵荒马乱，一些商号不敢营业，以至倒闭。"皇宫"的营业收入也大幅度下降，店员、学徒走了好几个。日军宪兵队当时对照相馆、报馆、书店等控制甚严，照相馆每天都要把照片送到日军宪兵队检查、盖章，否则以"不法刁民"论处。在济南市工商业的一片萧条中，"皇宫"只能勉强维持经营。随着日本法西斯统治的日益加剧，"皇宫"与其他行业一样，经常遭到日军、汉奸的敲诈勒索。至1942年初，昔日顾客盈门的"皇宫"竟变成了一幢无人问津的小楼。这时，张学慧年事已高，无力经营，只得将"皇宫"铺房转让，全部设备出租。

1942年4月，容彰照相馆技师白树元、王誉重合资伪联币5000元，承租了车迈平名下的房产，购进材料，完善设备，并以每月三袋面粉的租价，承租了张学慧名下的"皇宫"全部设备及玻璃房、门面等。办理营业手续登记注册时，将"皇宫"之后，又添了"昌记"二字，以示区别。但门面上的字号未作改动。白树元、王誉重分别任正副经理。后来人们传说"皇宫"的"皇"字是白、王二姓的结合，其实这纯属巧合。

"皇宫"易主之后，连二位股东在内总共7人，其中有一名厨师。人员虽少，但两位股东都是行家里手，店员、学徒也不敢怠慢。几个月过后，

"皇宫"的面貌焕然一新，不出一年，就再度振兴，成为全市声誉最高的照相馆。1943年夏，白树元继天宝照相馆经理杨如九之后，当选为市照相业同业公会第五任会长（任期直到解放后公私合营时期）。为了扩大经营、广开财路，1943年底，二位股东又与他人合资伪联币3万元，在城里开办了瑞昌照相馆。"皇宫"的名气大了，二位股东发了财，本可以当个甩手掌柜的，坐享清福了，但他们不忘创业的艰难，从照相、暗室到着色、整修，大都是亲自来干，对每道工序严格把关，以优质的服务赢得了顾客的信赖。同时，他们还想方设法压缩店里的开支，如店里的伙食费、学徒必需的零用钱等。白树元还买了理发工具，亲自给学徒理发，连学徒们每月5分钱的剃头钱也省下了。

日伪统治后期，因日本对华实行了"怀柔政策"，济南的社会秩序表面上较稳定，工商业出现一定繁荣，"皇宫"的生意也逐渐好转。日本投降时，欢乐的人群纷纷涌向照相馆摄影留念，"皇宫"的营业收入猛增。抗战胜利后，虽然由于国民党发动内战，致使百业萧条，但这时的"皇宫"在逆境中却得到发展，人员增至11人，营业收入大幅度上升。二位股东还乘机做了一笔买卖。日本人开办的汇川公司被接收后，二人廉价收购了一批照相材料和日军用过的照相机，然后进行拍卖，获得了高额利润。二人唯恐张鸿文回来后收回企业，为此于1946年10月，以法币1600万元，买下了车迈平名下的"皇宫"房产权。1947年秋，原"皇宫"创办人张鸿文挂着国民党少将军衔回济，看到自己一手创办的"皇宫"落入他人之手并发了财，非常恼火，气冲冲来到"皇宫"，找二位股东算账，冲二人大发雷霆说："老子抗战八年，在前线玩命，你们却借老子的买卖发了大财……"并斥责二人没有照顾好他父母和家人等。二人慑于其权势，只好俯首恭听，笑脸相迎。因二人已将"皇宫"房产权买下，张鸿文欲收不能，经中人调停，租约不变，二人破了点财，赔礼道歉方保无事。

抗战胜利后的三年里，慕"皇宫"之名前来照相的顾客络绎不绝，从省里的头面人物何思源、王耀武到平民百姓，日日门庭若市，的确为"皇宫"增辉不少，二位股东也成为济南市小有名气的工商业者，社会地位也相应提高。

济南战役打响后，"皇宫"建筑未遭炮火破坏，全部人员（16人）都躲在店里，未出现事故。当时有些资本家吓跑了，白、王二位股东自知这份财产来之不易，都是辛辛苦苦挣来的，因此不曾离去。解放军占领商埠后，第二天一早就有许多解放军照相，他们都想在这炮火连天的时刻留张影，寄给远方的亲友，以示平安。解放军严格的纪律，温和的态度，使全店人员打消疑虑，随即开门营业，还积极为随军记者冲洗照片。

济南解放后，皇宫照相馆生意十分兴隆。自1956年公私合营后至"文革"前的十年里，是"皇宫"经营的高峰期，全店职工在经理段允华的带领下，学技术蔚然成风，与上海、北京、青岛等市的名店开展定期或不定期的技术交流；独家举办了二届影展，受到全市各界的好评，高玉贵、段允华等人的人像摄影作品在全国、省和市级影展中多次入选并获奖；"皇宫"的转机照相曾分别为毛泽东、刘少奇、朱德等革命领袖照相。当时，"皇宫"与青岛天真照相馆一起被上级定为全省两家特级店，成为全省声誉最高的照相馆。

《皇宫照相馆》

第七辑

老城新貌・
火车拉来新世界

祁冠英：济南开埠与早期规划

济南开辟商埠以前，由于清末办理"洋务"新政，于1875年在西关建立了高等学堂，因而城市的向外扩展已突破城圩，西至杆石桥外，北已扩至4公里以外，在济南城通向外地的大路两侧，也自由发展了许多建筑。

自帝国主义侵入山东后，山东门户洞开。1904年胶济铁路通车，津浦铁路也在分段建筑中。这时，由于对外交涉屡屡受挫，因而清廷媚外惧外心理日趋严重。为了应付局势，在胶济铁路通车的同时，由当时山东巡抚袁世凯等奏准开辟济南商埠，名为便于华洋通商，实际是变相的租界。

当时成立了商埠局，下设工程处机构，掌管具体工作，并制定了商埠租建章程15条。从商埠规划来看，只能算是一个扩建规划。因而它的范围虽然两次扩界后，也不过3平方公里左右（纬一路以西，纬十路以东，胶济铁路以南，经七路以北）。对于旧城关的改造和其他地区的建设规划远景，均未详加考虑。但当时在旧中国由自己经营的新城区，这还是第一个按规划扩建的，只是限于当时水平和设计思想，自然无法和社会主义时代相比，但总比自由发展、零乱无序的局面好得多。

从商埠租建章程内容看，也充分暴露了旧中国半封建、半殖民地社会的两重性。如章程第9节规定：通商埠内若有特别之工程及建公家花园等，均应按租户派捐，一切事宜，归三处会商办理：一、监督与商埠局；二、各国领事；三、租户共举华、洋商各一人。第10节规定：所有洋商在此划界内可以随便往来，携眷居住贸易。第11节规定：在商埠附近或另择相宜之地设立外人墓地一处，以便茔葬，至于界内中国人之坟墓，极力劝谕迁移。

关于街道的规划，尚能照顾现实，经路走向都是平行于胶济铁路，就是顺着山脉和河流的方向，纬路相间南北垂直。这样既避免路线斜交锐角和交叉过多的矛盾，又能得到平坦而且较适宜排水的地面。因此，道路纵坡超过2%是很少的。道路网对旧市区和对外交通路线的衔接也基本上顾及到。如经一路，东接迎仙门西通齐河大路；经七路，东接杆石桥，西通长清、泰安大路等。道路宽道有7米至17米左右。道路广场和市中心广场均未考虑布置，车站虽有广场，但面积太小，和配合道路网有些脱节，不够协调。

当时的路面一般都是水结碎石路，人行道也未铺砌。唯经一路用泰安花岗石板铺砌。下面黄沙垫层也相当厚，但由于石料尺码过大，不合乎现代块状路石要求。可这在当时的条件下，已是难得。关于给水方面，除铁路部门自行装设专用外，这时还没有公共给水的计划。关于排水方面，也没有总体规划，仅路侧留有土明沟。唯经一路两侧设有柏林标准的一种雨水进口装置。路中砌有砖拱形的暗通水沟，入孔设备也齐全。当时由于经路较宽，习惯上称为干道，如写信一般都写经几纬几，把经路写在前头。

街坊设计，根据马路的纵横间隔，基本上呈方格形。但在实际建筑中，由于缺乏管理，不少街巷斜横交错，杂乱无序，房地投机商上下其手，唯利是图，专门建造一些蜂窝式的住房群，进行出赁或出售，毫不考虑质量、卫生、安全、密度限制与艺术要求等，这和一些独院式的高大建筑很不协调。由于马路的间隔较密，街坊四邻都靠马路，因此可多得些临街门市房，这反映了资本主义商业城市的要求。

有些建筑是经过精心考虑的，如铁路大厦（十王殿）正面突出部分，对着馆驿街。因为馆驿街是当时通城内的主要街道。津浦站钟楼差不多正对纬三路中线。纬一、纬二和经一、经二路的街坊建设，本来有个详细的计划，后来被打乱了。

商埠规划中仅有经三路公园一处，面积近八公顷。有花木亭榭、假山曲径等。基本采取西式布局，配合一些中式点缀，除排水外，大致尚合理，但面积狭小，不能满足市民需要。原有的湖山名泉也已渐荒芜，有些被私人侵占，尤其是趵突泉，被小商贩侵占后，成为一个小市场，趵突泉仅剩吕祖庙一点香火之地。其他如造纸厂、电灯公司等均邻近五龙潭和护城河，排出的废水污染了清洁的泉水，也为以后的城市美化带来了严重后果。

　　津浦、胶济两车站，前后各自独立耸峙，除在交叉站两路接轨外，处处表现了重叠分歧，缺乏总枢纽的布局。直到日伪时期，日本帝国主义为了军事侵略的目的，合并了胶济、津浦两站，才稍稍改变了这一局面。

　　总之，济南商埠规划，既没有考虑到远景，也没有在开辟发展中采取管理措施，以致造成商埠四周盲目发展的现象。如道德街、大槐树、北岗子、官扎营等处，自由修建房屋，混乱不堪，给后来城市有计划的扩建造成了很大困难。

《济南开埠和规划修建情况》

▷　1904 年，济南，胶济铁路通车时人们竞相登上首发列车

❖ 佟至善：钢琴来到济南城

钢琴在济南最初的传入，可能从天主教开始。他们早在1895年就从国外运来了一架三角平台琴（演奏琴），较早的弹奏者有意人陶万里，德人郎神父、德恩普等。从20世纪30年代以后在天主教学校内钢琴就逐渐增多了，有钢琴的学校有德育中学、黎明中学、懿范女中、淑德女中，当时的教师多为外籍人士。那时虽未开设专门的钢琴班，只是选拔个别学生，单独授课，所培养的学生亦不少。

基督教方面从最早的蓬莱文会馆和潍县的广文学堂就已有从国外带来的少数钢琴，弹奏者多为外籍教师的妻子，如狄考文的妻子就是个教音乐的，并且她还写过一本《乐法启蒙》和基督教赞神诗歌。

▷ 弹钢琴的女生

文会和广文都是齐鲁大学的前身，因此齐鲁大学从成立的那天起，就有从文会和广文带来的钢琴。不过数目不多，后来才逐渐多起来，在1930年左右齐鲁大学可能是济南市钢琴最集中的地方，而且他们还有过几架自动钢琴。

在齐大能弹奏钢琴的是有一些人，但注意教学生的只有神科的山理牧师的妻子和医科施麦理大夫的妻子。她们也是选拔个别学生在家庭教授，并未特开过钢琴班，但也曾培养出一批比较优秀的钢琴手。

此外还有基督教的齐鲁中学，有美籍传教士戴锐的妻子教课，在男、女生院，各有钢琴一架备学生练习。

《钢琴在济南的史话》

❖ 任宝祯：新市场，第一家商场式市场

光绪末年，济南商埠最早出现了集商店、饭店、影剧院、说书场及农贸集市于一体的市场——新市场。之后，万紫巷、大观园、西市场等综合性商场相继诞生，而且是一个比一个火爆。济南的商业中心也随之由南关、西关一带转向济南西部的商埠区。在当时最为著名的"七大商场"中，经二路就占据了3个，它们分别是新市场、万紫巷和西市场。

新市场位于经二路东段路南，东近普利门，西临纬一路，南至魏家庄。此处原来荒冢累累，俗称为"南岗子"。民国四年（1915）山东督军张怀芝征用该地创办了济南开埠之后第一家商场式市场，故名为"新市场"。市场占地1.66万平方米（约合25亩）。该市场最初为地摊，大多为现搭现用的临时性布棚，其后随着市场的日益繁荣，商家才逐渐改成为半永久性的席棚、木板屋和永久性的砖瓦房。据统计，20世纪30年代该市场就有颇具规模的鞋帽百货、皮货估衣、洋货、委托店、书店文具、水果糕点、酒馆饭店等各类商号200余家，并曾一度成为济南经营自行车、五金、电料等行业的集中地。

当年新市场中最负盛名的饭店是赵家干饭铺。赵家干饭铺迄今已经有上百年的历史。清朝光绪末年，有位叫赵殿龙的年轻人在济南北岗子、万紫巷（当时叫万字巷）一带出挑子摆摊儿，专卖大米干饭把子肉。后来新市场建成，赵殿龙便在市场里面搭建了两间木板房，正式起了个字号，叫"赵家干饭铺"。赵家干饭铺没有豪华的装修，店堂内甚至连顶棚也没有，进到店里就能看到屋顶的檩条梁柱，但这里的食客却络绎不绝。店堂内悬挂着食客送的一块匾，上书"名驰历下"四个大字。当时济南的地方报纸《华北新闻》上，也常常能看到对这家饭铺的报道。1932年赵殿龙病故，其子赵忠祥继承父业，于1934年在大观园内的东北角上又开设了一家"赵家干饭铺"。在以后的几十年中，经营状况一直不见衰退。

新市场最让"老济南"至今还在念叨着的是它的娱乐场所。这里不仅有一座可容纳五百人的天庆剧场（后改名为"天庆戏院"）和大舞台，以及西北面的"民乐剧场"（即胜利电影院）等，而且戏法、杂耍、摔跤表演等行当的艺人也闻名云集此处卖艺。仅说唱艺人集聚的书场、书棚就有多处，说评书的傅泰臣，山东琴书邓九如，五音戏邓洪山（艺名"鲜樱桃"），山东快书高元钧，山东大鼓谢大玉，都曾在市场里演出，后来成为名闻遐迩的大家。在新市场说相声的，有艺名"小苹果"的吴苹父女和秦宝琦父女，他们以后都是济南曲艺团的著名演员。

新市场自20世纪60—70年代开始衰落，现今的新市场已经是名存实亡，市场里面的店铺大都已经闭门落锁，往日的热闹景象早已不再。

《经二路》

❖ 蔡吉廷、张锐：小火柴实业救国

1911年辛亥革命之后，在"实业救国、振兴中华"号召的推动下，丛良弼先生毅然回国，以他在日本大阪任华侨总商会（当时称华侨北帮公所）

会长的身份，出面集资兴办民族火柴工业。主要投资者除丛家外，尚有天津李家（以李肃然为代表）、牟平贺家（以贺俊生、贺介忱为代表）。丛良弼先生经过多方奔波筹措，共筹得资金20万元，1912年在济南林祥门里石棚街筹建厂房（占地47亩），取名为"振业"，系取振兴实业之意。经呈报山东都督和北洋政府农商部注册，取执照，并获准在济南周围300华里以内制造火柴15年的专利权。筹备就绪，于1913年7月，济南振业火柴公司正式开业。公司执行总理、协理制，丛良弼先生自任总理（1928年改称总经理），协理为丛竹轩。并委任宋建章为经理，负责行政和经营，又不惜重金聘请精于火柴制造的天津华昌公司（丹华火柴公司前身）张厚庵为总教习，主持火柴生产。

济南振业火柴公司的初期产品为黄磷火柴，后改为硫化磷火柴。主要产品的商标为"三光"牌，继而又有"山狮"和"推磨"牌。其中"三光"火柴，质量最佳，闻名山东，历40余年，声誉经久不衰。当时济南振业火柴公司雇用工人800名左右，多为济南西关一带回民，并有部分追求"实业救国"的青年学生报名参加，是济南屈指可数的大型企业之一。当时日产火柴40大箱（每大箱6小箱，每小箱240包）。其设备和所用原料大部分购自日本，工序多为手工操作。

▷ 济南振兴火柴公司生产的"三光"牌火柴贴标

济南振业火柴公司的兴起，结束了山东火柴依赖"洋火"的时代，振兴了山东民族火柴工业。

济南振业火柴公司创办不久，第一次世界大战爆发，帝国主义国家忙于战争，暂时放松了对中国的经济侵略，1919年的五四运动，日本火柴受到抵制，因此国内民族工业得到迅速发展，振业火柴公司也兴旺起来了。丛良弼先生政治上善于与掌权者周旋，加以管理得法，因此不几年工夫，资本大增，获利甚多。1918年增资10万元，又在济宁开设了振业第一分公司，并委派迟启东为经理，注册商标为"国旗"（1928年改为"童旗"）。1928年又增资20万元，在青岛再建第二分公司。此时三厂资本已达51万元。同时开设了制梗工厂和铁木工厂，自行修理、制造火柴机件。1947年又在安徽蚌埠再设分公司，由哈华年任经理。济南振业火柴公司经过30多年的经营，由一个厂发展到四个厂联营的经济实体。

《济南振兴火柴股份有限公司》

❖ 许园林：济南亨得利表店

我国最早的钟表店是1874年（清同治十三年）设立于上海的亨得利钟表店。由于业务的顺利开展，亨得利在全国各大城市先后设立了不少分店。1918年，上海亨得利总店集资6900银圆，派郑章斐（浙江宁波人）来济南筹设分号。郑来济南后，在城里商埠当时的交通要道凤翔街口设立了济南亨得利钟表店，于1915年3月16日正式开张营业。

亨得利钟表店开业以后，由于货源充足，品种齐全，经营情况较好，因此郑章斐又先后于1920年在院西大街设立了亨得利东号，1923年在普利门设立了纽约表行，1924年在经二路纬四路口（今亨得利钟表店地址）设立了大西洋钟表眼镜行。这样，郑章斐一人经营四家联号的亨得利钟表商店，在济南站稳了脚跟，独占了济南的钟表市场。此后他又于1924年在青岛、1928年在泰安设立了亨得利钟表店的分号。1932年，郑章斐又在经二路纬四路口（西北角）租赁地盘，营建了三层楼房，1934年9月，亨得利在新楼正式营业。第一个月营业额高达2万余元，以后经常保持在6000—7000元，这在当时的条件下，在全国同类企业中，也是少有的。

九一八事变后，日本帝国主义不断在我关内寻衅滋事，企图发动侵略战争。1936年，郑章斐关闭了纽约表行，派协理崔理斋赴四川成都筹建分店，准备日军一旦侵占济南时作为资金内移的根据地。1937年，日本大举侵华，抗日战争爆发，郑章斐便将大部分店员遣散回家，只留下少数守店人员，并将表存入亨得利表店的地库内，将部分钟表和唱机、唱片存入交通银行仓库内。一切准备就绪之后，郑便遣其内弟崔锡瑞作为留守，代理他的经理职务，主持济南亨得利联号的业务，他本人则于1937年11月离开济南，到汉口开创钟表眼镜业。

▷ 济南亨得利表店

日军侵略济南后，强迫各家商店开业。当时由于亨得利寄存在交通银行的货物被抢，好表又被郑章斐带往汉口，因此，主持亨得利业务的崔锡瑞便将其他几个店的商品集中于亨得利西号，勉强开业。日军为使地处经二路纬四路口的大西洋表店开业，在亨得利西号找到崔锡瑞，强令立即开业。崔因强调店内无货，遭到日军毒打，崔无奈只好在大西洋表店门口摆上一张桌子，摆上几种表带，勉强开业，借以敷衍日军。

在日军侵占济南的八年中，崔锡瑞代理郑章斐的职务，勉力维持，利用亨得利多年的信誉，从上海、天津、青岛进货，使济南亨得利三家联号的经营逐渐得到恢复。日本投降后的国民党统治时期，由于物价暴涨，经营情况不好，崔便于1946年关闭了亨得利东号，将资产并入亨得利西号，勉力支撑。济南解放后，1949年1月国民党派飞机对济南作报复性轰炸，亨得利表店不幸中弹，死18人，伤8人，房屋、商品全部被毁。至此，济南四家联号的亨得利，只有大西洋钟表眼镜行一家了。

《亨得利表店》

❖ 刘连仲：老济南的汽车

据1927年版《济南快览》记述，济南自民国八九年间（1919—1920）始见私人自备汽车行驶于市，但尚无专营商号。至民国十五年（1926），路政局将黄河堤坝加以修理，由大昌汽车公司派出汽车，往返于菏泽、利津间，即所谓"利菏"线。该公司为便利旅客，由济南至洛口间亦开短途车。与此同时，还开了普利门至辛庄之间的客运汽车，但营业不盛，时驶时停。尔后，济南机关渐多，长途汽车营业发展很快，不及两年，不仅汽、马车行增至30余家，而且官方人士武职旅长以上，文职厅道以上无不自备汽车，故私营之汽、马车行虽多，然营业仍不见发达，但其价目尚能一致。

马车价目，六小时以内者，每六小时大洋三元，十二小时以内者，每十二小时六元，不及六小时者另定。汽车亦然，但车夫之饮食在外，此营业状况沿至20世纪30年代中期。

1934年《济南大观》记载，济南婚丧仪仗均多用汽、马车，尤其"文明结婚"常用花马车、花汽车，其装潢之时髦，以和利汽马车行为最。每租一次，花汽车每月十元，花马车每月六元。

▷ 20 世纪 30 年代济南的洒水汽车

据《申报年鉴》1934年元旦对全国各省市汽车在册数统计，济南当时有普通汽车204辆，客运汽车（指长途）276辆，运货汽车19辆，机动脚踏车8辆。

《建国前济南市的公共交通》

❖ 倪锡英：城墙上的汽车道

济南城区里，还有一件足以称述的事情，便是城上汽车道，这是各省各地没有的，而独济南有之。在济南内城十二里周围的城头上，辟着一条广阔的汽车道，这车道的起点，是在靠西的泺源门口，从平地建着斜坡通到城头上，仿佛一座桥面的坡度一般，到了上面，可以绕城一周，仍旧在泺源门的另一个斜坡上下来，那城上的交通非常有趣，路的阔度可以交行过两部汽车，两旁还留有人行的余地，假使你坐了汽车到济南城头上去溜一趟，那是再开心也没有的事，你可以望见那大明湖，那内城外城的屋脊，都在车轮下面流过，你仿佛是坐了飞机一般，在济南的城上兜了一个圈子。

《济南》

▷ 20世纪30年代济南城墙上宽阔的车道

❖ 许园林：配眼镜要精益求精

济南精益眼镜商店，原称"中国精益眼镜股份有限公司济南分公司"，建立于1917年，创始人为浙江慈溪人徐子刚。他早年曾在中国精益眼镜股份公司供职，具有眼镜生产技术和专业经营经验。他把质量视作济南精益眼镜店的生命，配制眼镜的度数哪怕有点滴误差或外部质量不合格，就重新磨制，使济南精益眼镜店名扬泉城。

济南精益眼镜店的员工，最初都是跟随徐子刚来济南的上海精益公司的专业人员。1937年抗日战争爆发后，日军侵占济南，大肆屠杀爱国人士，济南精益眼镜店受到搜查，南方员工陆续返沪。此后，该店全部用当地人员。徐子刚对初学眼镜制造的员工要求非常严格，耐心传授工艺技术，亲自主管配料、验光和质检工作，使"精益求精"的传统得以发扬光大。

30年代中期，济南精益眼镜店遇到两家竞争对手：一是亨得利联号"大西洋钟表眼镜行"；二是"惠东大药房"。当时因济南精益眼镜店配镜的处方多数来自医院，有位齐鲁医学院的毕业生，试图凭借其与医院的关系，将配镜业务揽过去。面对挑战，济南精益眼镜店改进生产工艺，提高产品质量，巩固了在济南眼镜行业的地位。

济南精益眼镜店在几十年的专业经营中形成了独特的风格。一是前店后厂，产销一体。最初是营业室和车间连在一起。随着经营规模扩大，逐步发展成为前面设店堂营业，后面设工厂生产。这种自产自销的经营方式，适应验光配镜的需要，产品适销对路。二是注重质量，精益求精。由于眼镜是矫正视力和保护眼睛的必需品，还具有装饰功能，对产品质量要求很高。该店十分注重产品质量，得到顾客的信任。三是功能齐全，服务周到。在柜台前设有顾客座椅，取镜时请顾客坐下，营业人员根据顾客的脸形特征，耐心地为顾客整理镜架，直到顾客感到舒适满意为止。店内服务项目齐全，从换镜架到配螺丝，应有尽有。四是代客邮寄，服务全省。设专人到外地医院收方，为顾客邮寄眼镜，质量和价格同济南市内一样，从而成为齐鲁大地家喻户晓的眼镜店。

《精益求精的济南精益眼镜店》

❖ 孙书九：三条齿科诊所，赚钱的牙科医院

三条齿科医院的创始人是日本人三条慎吾，20世纪初，三条在日本高等齿科专门学校毕业，其夫人也是日本齿科学校毕业的学生。三条夫妇原在日本开业行医，专门治疗齿科疾患；可是当他们了解到当时中国现代医学的落后状况后，抱着淘金的念头，毅然放弃在日本的工作，漂洋过海到了济南。1919年初三条刚到济南时，在望学街咏仙里租了几间房子，开办了一个不大的齿科诊所。当时济南在口腔医学方面还比较落后，三条齿科诊所的开设为济南市民开阔了眼界，而且三条的牙科医疗技术很快得到了广大市民的信赖，三条诊所业务繁忙，门庭若市。这样，三条原在望学街租的几间房子已不敷应用，因此他又在经三路小纬二路路南购得一幢前后

有院落的二层楼房，约500平方米。这处房子前院有传达室，后院是庭院式的别墅，虽地处闹市区，环境却显得十分幽雅。三条又继续在这里淘金了。

一则是由于当时中国口腔医学落后，再则是由于三条本人确实有较高的齿科医疗技术，因而求医者日渐增多，业务逐渐扩大，三条齿科诊所门前也堂而皇之地换成了三条齿科医院的招牌。初开业时，三条的诊所只有一台牙科椅子和一台综合诊疗台，三条夫妇二人和一位华籍医师共同操作。诊所迁到纬二路后，医疗器械逐渐增多，添置了两台升降牙科椅和综合诊疗台，以及其他辅助医疗器械。虽尚无病房设置，然而在当时来说，三条齿科医院应该说是济南最先进的牙科医院了。甚至当时的官方机构还派专门的医疗人员到三条齿科医院进修和学习。

▷ 齐鲁大学医学院门口

由于三条齿科医院技术比较先进，所以不仅本市市民多来此就诊求医，就是外地患者也多慕名而来。正由于三条医名远扬，其收费标准也由起初的大众化变为贵族化了。比如，当时拔一颗牙一般都收费2—10元（银圆），镶一颗牙都在10元以上，而当时买一袋面粉却只需一块银圆，由此可见其收费之高了。当时有一个驻军济宁的名叫施从滨的军阀，他镶了三颗金牙，竟耗去300块银圆，可见当时医牙之贵族化。到1928年"五三"惨案时，三条齿科医院可说是达到了它的顶峰，每月收入一万银圆以上，三条夫妇成了名副其实的富翁了。

《济南早期的口腔医院——三条齿科诊所述略》

❖ 张延典：大北照相馆，装电话的独此一家

大北照相馆在20世纪30年代的济南市及其各县城都是很有名气的，门面建筑豪华，内部设备先进，在同行业中是属于一流的照相馆。

创建人王风江、张延典，原在鸿泰照相馆学徒，与老板曾鸿泰系师兄弟。曾鸿泰后因生意不好，业不抵债，黑夜逃回广东原籍。这时王风江、张延典同袁洪英三人，在经二路纬一路福禄寿药房二楼开设福禄寿照相馆，生意很好。不料袁洪英见利忘义，想自己干，把楼上房子收回，并限期让他们二人搬家。因此王风江、张延典在经二路昌和洋行二楼，创建了大北照相馆。每人出资小麦300斤，因资金很少，设备简陋。开业后，生意不好，每天靠吃煎饼喝开水度日。后来他们看到济南大观园是开展事业的好地方，就产生了在此地立馆开业的念头。但是，要想进入大观园是不容易的，恶霸张宜亭是大观园的东家，不经他点头是进不去的。他二人就托了大观园布庄老板赵德茂，请客送礼，花了不少钱，才进入大观园。在路东买了两间门面，又买了一架8英寸照相机和一架旧的12英寸照相机，于1938年开业。由于大观园居民集中，当时又是济南最大、最繁华、行当最多的一个综合性市场，使大北照相馆天时、地利、人和三方面都站得住脚，再加上对顾客负责，质量第一，争得信誉，不仅一般民众乐于光顾大北，就是机关、团体、学校、会议庆典照纪念相也找大北，因此生意越做越活。经过多年苦心经营，由两间门头扩充为两层楼的大照相馆，并安装了电话，实力相当雄厚。在当时有电话是了不起的事，在整个大观园市场内，有电话的买卖独此一家，对企业的发展起了不少作用，既方便了群众，又增加了知名度。

两个经理在同行业的竞争中，又是怎样发展企业的呢？日本投降后，我国工商业迅速发展，以照相馆而言，在大观园市场内外就有7家，那6家是中华照相馆、容丽照相馆、南京照相馆、银光照相馆、庆云照相馆、大观照相馆。为了生存，不被同行吃掉，大北照相馆的两个经理费尽心力，在经营管理上各有特色。王凤江有主见，事业心强，能吃苦，不怕困难，而且技术高明。张延典口才很好，长于应酬。他们在经营中配合默契，凡有关企业发展的大事，都共同商量，意见统一后再去执行。在竞争中，为了提高摄影技术，确保企业的声誉，又从北京聘请了高级摄影师、修版师。还租赁了楼上4间房子，盖起玻璃房，并添置了一架12英寸新式坐机和部分设备，使摄影效果大大提高。在摄影中，严把质量关，从拍照、修版、洗相、放大着色到出成品，一点都不马虎，做到照一份，成功一份，出片快，期限短。如因技术问题，顾客有意见，一概免费重照。这种做法提高了大北的声誉，得到群众的好评，增加了收入。严格把住质量关，是大北业务扩大的主要原因。另外，还不断革新，增加弧光摄影，又使用了油彩着色，在同行中第一家增设立体布景和道具（如飞机、汽车、轮船、小羊拉车等），并配备有结婚礼服、戏装出租等服务项目。为方便顾客，增添了休息室，备有沙发、茶几。店堂内外，一年四季更换时令鲜花，陈设富丽堂皇，环境幽雅舒适，独具一格。顾客进店，主动招呼，热情接待，先烟后茶。遇有老年顾客先请入座休息，再从容拍照。绝不允许对顾客争吵顶撞，做到和气生财，使顾客高兴而来，满意而去。在经营方面，注重搞好宣传，通过电影广告和报纸进行，还在热闹路口设大面积宣传广告，并雇用活动宣传队，军乐吹吹打打轰动了济南。每到春节，就扎大型牌坊，挂满彩灯，真是五光十色，光彩夺目。另外还有两个大型自动转灯，一个是"八仙过海"，另一个是全部"白蛇传"。场面热闹非凡，看灯的人山人海，在霓虹灯照耀下，一片欢腾景象，直到深夜方休。在当时，企业要稳固发展，一个企业经理没有社交活动能力是难以立足的。社会上三教九流，什么人物都有，上至警察局，下至地方上的恶势力，都得应酬，这样，有些事情才可以及时得到解决。为了团结职工，两位经理和他们同吃同住在一起，并订立师徒合同，形成尊师爱徒的风气，因而全店职工都能积极钻研业务，学习摄影技术。又制订了操作规程，哪道工序不合格都要重新操作，谁做的谁负责，直到合格为止。这样上下一心，使大北业务和技术水平很快提高，超越了其他同行业水平。由于生意兴隆，职工生活也大大改善，平时吃饭是四菜两汤，初一、十五、星期日改善伙食，凡是加班加点都发双工资。

经过多年经营，业务范围逐步扩大，到解放前，大北照相馆先在南门大街设立大北照相馆分号，又在经二路纬九路设立了分号。全店共有职工30余人，资金达两万余元。解放后，大北照相馆得到进一步的发展，1956年参加了公私合营。

《大北照相馆的创建和发展》

❖ 刘茂林：济南最早的广播电台

无线电通讯，自19世纪末发明以来，中外许多科技工作者都致力于研究无线电广播。20世纪20年代初，美、英、法、苏无线电广播相继问世。此后不久，外国人在中国办的无线电广播和中国人自己办的无线电广播，也相继在上海等地出现。这一科学先进的信息传播工具，遂被世人所采用，也引起当时山东一些军政要人的重视。济南最早的广播电台，建于20世纪30年代初。1930年9月在蒋、冯、阎中原大战中，在山东境内与晋军作战取得胜利的韩复榘，被蒋介石任命为山东省政府主席。他倡议创办山东省会广播电台，曾数次在他主持的省政务会议上进行研究，先后确定了建立地点、经费、人员等事项，并明令由山东省政府无线电管理处处长张云亭承办。1931年7月10日，在山东省政府第六十五次政务会议上，审议张云亭关于广播无线电台台址的提案，确定在经四路小纬六路（原商品陈列所）兴建。

经过两年时间的筹备和建设，1933年广播无线电台正式建成。电台定名为"山东省会广播无线电台"，呼号为XOST，发射机功率500瓦，广播频率857千周。在中山公园（现人民公园）西侧，建有两座30多米高的天线铁塔，架设"T"形发射天线。经过试播后，确定于1933年5月1日正式播音。并准备在正式播音的当天，举行开幕典礼。当时，曾邀请各邻省（市）已经建立起来的广播电台，派代表前来参加典礼。

开幕典礼于5月1日上午在经四路小纬六路广播无线电台台址举行。山东省政府主席代表张绍堂（省府秘书长）、国民党山东省党部常委张苇村、省会公安局长王恺如，以及其他代表和各要人的夫人、小姐等，前来参加了典礼。据记载，典礼隆重，热闹非常，会场门前，高扎松坊，车马塞途，颇极一时之盛。

开幕时，还收到外省（市）广播电台的贺词和礼品。上海亚美有限股份公司赠银盾一座，上面铭文曰"文化之光"。亚美公司和上海广播无线电台也致辞祝贺。

山东省会广播无线电台正式播音以后，每天大约播出10小时左右，其内容以政令、新闻为主，知识、娱乐为辅，并服务于商情气象等公众事业。每天的节目安排大体是：

上午：政令、新闻报告共三次，每次半小时，常识演讲一次半小时，文娱节目一小时。

星期天上午加一次无线电常识问答，半小时。

每星期二、四、六下午安排一次特别节目，两小时。

晚上：政令报告一次，半小时；国内外新闻一次，半小时；气象、商情两次，共半小时；名人演讲、历代名人事迹、无线电常识或放唱片，20分钟；京剧，3小时左右（自晚上9点至深夜）。

当时，常有社会名流或名艺人来台演讲或演唱。1937年秋，北平学生移动剧团到济南时，剧团成员张瑞芳等曾两次来台演唱《打回老家去》《流亡三部曲》等。

山东省会广播电台播音之后，很受社会各界的欢迎，除有些人（社会上层人士和富商）购买收音机外，多有装矿石机者。有的杂志刊文说"济南自省会五百华脱广播电台成立后，颇引起社会人士之兴趣，是以装置收音机用天线者，几如雨后春笋，触目皆是"。

山东省会广播无线电台，是山东省政府直接领导的官办电台，它的任务，除向济南地区播音外，还负责向全省各县传达省府各机关的政令。省府则要求各县购置收音机，配备收音员（收音员由省会广播电台负责业务指导），并要求收音员按时将电台用记录速度播出的政令消息，抄收誊清，送县长阅悉。有的抄写在县府门前，以示周知。曾有报道说："鲁省自建立广播电台以来，已历时两载，每日用以传达政令，广播新闻，颇著成效。"

当时，省会广播电台的工作人员共10人左右。第一任：台长马仲考，工程师范德、总务主任钱保良，事务员胡树同、贾文光、邢凤梧，工务主任张炳恒，工务员袁振岳、康春苑，报告员（播音员）戴剑星。1936年，大部分人员曾换了一次。第二任：台长金丽舟，工程师赵海源，工务员李兆鸿，总务主任钱保良，事务员李友梅、孟之一、肖承瑀，报告员金素周、郭景昭。

1937年底，日本侵略军占领济南前夕，省会广播电台的大部分人员撤离了济南。在撤离前，拆卸了机器，炸毁了天线铁塔。

《济南最早的广播电台》

❖ 王国栋：看电影和放电影

济南的电影放映活动，据有关史料记载和电影界几位老人回忆，起始于1904年。据老放映员刘澄泉（已故）、马春波等回忆，他们的老师孙洪广、张子和、张子明（均已去世）所讲的当时情况和《中国戏曲志·山东卷》记载是一致的：清光绪三十年（1904）在济南由肖应椿投资，京剧青衣兼小生演员陈瑞麟（大狗）主持的"闻善茶园"（位于钟楼

▷ 济南第一家专业电影院——小广寒电影院

▷ 1931 年上映的《歌女红牡丹》是我国第一部有声电影

寺街），曾演出过"文明电影"……后来有一法国片商携带影片和机器来到济南，在驻济领事馆的支持下，与有关当局和文化商人合作，曾在济"闻善茶园""福寿楼"等处进行过试验映出，片名是《英特大战》和《日兵大操》等。这些片子多数是少头缺尾，杂乱无章，当时看过的人有的认为受骗上当，有的人认为见了世面，开了眼界，看到风靡一时的"西洋文明"电影。

电影在当时是洋玩意儿，外国人为了赚钱，在技术操作上故弄玄虚，使中国人一时很难接近机器。据马春波、刘澄泉等回忆，他们在学徒时，先给师傅当佣人，如看孩子、做饭、做零活。到年节时还得给老师送礼。几年之后才能到机器跟前去看看老师操作，徒弟在时，老师不去摸机器的主要部件，机器有了故障背着徒弟去排除。所以在当时真正较熟练的放映人员较少。据他们回忆，在20世纪20年代末30年代初济南的老放映员除他们的老师之外还有师伯罗瑞潮、师叔罗仑潮兄弟俩及徐殿祥等。与刘、马一起学徒并先后能独立工作的有姬广泉、姬广山（兄弟俩）、潘亓、亓怀德、彭寿琴、董寿琴、李月忠等，这些人之后，就是朱鸿恩、高维水、王文祥、马振兴、赵振汉、张文镇（哑巴）等。七七事变之后，随着影院的增多，学习放映技术的人逐渐多起来，如宣瑞珂、芦明文、马金龙等。据马春波、亓怀德回忆，济南最早的专业影院是"小广寒"，第一任经理是德国人，后来是一个"老白俄"，他为了方便，改成中国名字陶福录。他当时既是经理，又是外国片商。陶死后，埋在"老毛子坟"（南郊万灵山附近）。1938年前后，济南有了中国片商，他们是吴纯一、司旭东、王殿元、李七，后来就是张潘深、于海廷等。他们所搞的影片，开始都是无声的纪录片和风景片，除最早上映的《英特大战》和《日兵大操》之外，还有故事片《遗颜人参》《泰山人猿》《荒江女侠》《关东大侠》。

济南的有声电影是从30年代初开始的，据老放映员刘澄泉、马春波、姬广泉等回忆和有关报刊记载，济南第一家有声电影院是大观电影院，是由一架无声手摇放映机在上海改装的。一年之后，"济南电影院"（后改为新华影院）经理张希元，由上海强华公司买来一套德国双头采斯曙锡牌机器也改为有声电影院。当时所放映的片子有《雨过天晴》《歌女红牡丹》《银星新运》《姊妹花》《女儿经》等。民国二十一年10月25日，《济南晚报》登载济南贸易公司大观电影院放映影片《狼狈为奸》，并登出"环球公司最新伟大出品有声对白"字样。第二年"旧济南"映出的第一部有声影片是美国体育片。据老放映员姬广泉回忆："这在当时是一部轰动一时的片子，由该影院的广告主任高万清亲自画广告。"后又放映了国产片《啼哭姻缘》共6集，前4集是无声，后2集是有声。当时的所谓有声电影也有种种解释：即配音有声、磁带有声，而大观和旧济南的有声电影是从机器到影片均符合当时有声电影标准要求。尽管还不尽完善，但它在当时是一个新生事物，受到广大群众喜爱。

《济南解放前电影院概貌》

第八辑

乱世枭雄·
军阀、土匪和好汉

❖ 袁家宾：袁世凯"勤王"——慢慢走，等等瞧

1900年7月，八国联军攻陷天津，慈禧太后圣谕催促山东刘坤一、袁世凯立即出兵保卫京师。袁和刘坤一接到西太后懿旨后，刘竟借口保境安民，置之不理，袁听信了幕后严铭绶的密谋，脚踏两只船的办法，即打电报以山东省的名义参加"东南互保条约"，宣布对外国人"负完全保护责任"，并回奏清廷说他即日调兵一万，兼程北上勤王。

袁世凯把部下淮军总兵夏辛酉、副将张勋叫来，嘱咐他们两人说："我命令你们带兵六营北上'勤王'。你们必须慢慢走，等等瞧，走到了直隶省边境得停下来，看准风色行事，切不可和洋兵冲突，引起战争。如果北京失守的话，两宫必然出走，你们就应找到两宫行在所，带兵前往保护圣驾。这时行动愈快愈好。"袁当时虽然身在济南，但早已料到京城必陷，此次他急于出兵，并不是出于真心"勤王"，而是表面上的应付做作。袁口称出兵1万，实际上只有3000。这支淮军并不是袁的嫡系部队，万一出了乱子，与他也毫无干系。当时山东有人看出了袁并未执行清政府的命令，山东好像一个独立王国，因此在背后闲谈中戏呼袁为"鲁王"。袁听到这样的话，只冷笑说："区区一省之王，老子并不在乎！"

袁由天津去济南就任山东巡抚时，所带去的家属有原配正室于氏，长子克定；妻吴本娴（清湖南巡抚吴大澂女），长妾沈氏，次妾吴氏（朝鲜籍），长女孟祯，五子克权，七子克齐，三妾金氏（朝鲜籍），二子克文，三子克良，三女叔祯，四妾闵氏（朝鲜籍），四子克端，次女仲祯，五妾相氏，五女季祯，六子克桓，八子克轸。其总管及随身保卫、上差等人，均系清一色河南籍贯，计有安立昌、徐天成、符展青、白立堂、申明善、何致祥、韩诚、句克明等人，这些人都是袁精心挑选的对他忠心耿耿的人。

袁在济南时，生活起居，均由徐等侍候。

袁在慈禧太后诏旨下达令其火速出兵时焦急万分，曾由济南数次上书徐世昌；通过徐世昌乞求荣禄以山东防务吃紧，兵力不敷分配为借口，望清廷取消命他北上的命令。袁之目的是拥兵济南，坐守以观成败。

慈禧太后在西安行宫接到山东巡抚袁世凯恭请"两宫回銮"的电报，便取道河南、直隶回京。袁在慈禧太后出走时，便在山东各地急忙采办大宗绸缎用品及食物，另备白银20万两，派差官吴长纯专程送往太原上贡，对于随驾西行的各王公大臣以至宫廷太监，也都馈送不遗。

同年12月15日，袁世凯由山东济南亲到直隶省顺德府迎接两宫圣驾。袁望见太后御辇来到，便匍匐道左，跪请圣安，随即放声大哭。（这是一件犯忌的大事，按清朝制度，王公大臣除了国丧举哀号哭外，平时绝对禁止对皇上哭泣，否则就有大不敬杀头之罪）随驾官员见袁此触犯天条之举，都暗自吃惊，为袁担心。慈禧太后也很觉得奇怪，便问袁因何要哭。袁抽泣回答说："臣见圣容消瘦，痛彻肺肝，不觉失礼，忘却大罪在身。"慈禧太后听了袁的回答后，反倒安慰袁说："瞧你这孩子，咱们今天能够见到面，总算菩萨保佑，现在你也用不着再伤心难过了。"夸奖袁是一个尽情尽理的大忠臣。

▷ 袁世凯任山东巡抚时与德国官员合影

79岁的李鸿章病死在直隶总督任所，后继无人。当李在病笃垂危时刻，上书清廷保荐袁继任其北洋大臣、直隶总督。清廷准奏，便升袁为北洋大臣兼直隶总督，即刻上任。袁在这时因生母刘氏病逝济南任所，根据清廷制度，袁应"丁忧"辞职。慈禧太后认为袁在戊戌变法中告密有功，并有太原进贡及顺德府接驾等忠贞表现，乃亲准袁督直，毋庸再议。袁又指使山东济南各士绅电请清廷夺情应变，"移孝作忠"，使袁得以破格留任，高升极峰，这在清王朝是绝无仅有的。

　　袁在离开济南时说："我在山东巡抚任内，一共做了两件大事，一是剿办山东境内的'拳匪'，另一件是在八国联军入侵时期，保境安民。"

《任山东巡抚时的袁世凯》

❖　靳怀刚：靳云鹏两任总理

　　我的伯父靳云鹏（1877—1951），是靳家唯一念过书的。后来，他参加了袁世凯小站练兵。正是此举，他被袁世凯重用而步步高升。他曾两次做过国务总理。第一次是1919年代理国务总理。当时本该段祺瑞执政，可段不甘心屈居于总统徐世昌之下，就推出了靳云鹏代替他出任国务总理。靳云鹏是从山东督军到陆军总长再升任代理国务总理的。后来在直、皖、奉派系斗争中靳云鹏作为缓冲人物又于1920年前后再度出任国务总理。他前后两次担任国务总理的时间不过两年多。

　　伯父偶尔对我讲，说那时当国务总理最难的就是开军饷，因为当时军阀都尽力扩大自己的军队，多吃空额，除去刮地皮要钱之外还要向政府要钱。伯父在北洋军阀中是很有点政治手腕的。他善于玩弄权术，联络各派。他本是段祺瑞的嫡系，但和直系关系也很密切。所以能在1919年直皖争执中上台。他和奉系也有关系，奉系首领张作霖和他是儿女亲家。张作霖的五女儿与靳云鹏的独生子靳怀旭作的娃娃媒（后来没有成亲）。所以，他第二次又在直、皖、奉派系争执中出任国务总理。

据我所知，靳云鹏开始也是带兵出身，当过镇长（相当于师长），又当过督军，手下也有一部分实力。

▷ 靳云鹏（1877—1951）

1921年他垮台之后，在天津当了寓公。因为他当过山东省督军又当过陆军总长，很有些钱。博山煤矿的华人股份里他占三分之一；鲁大煤矿公司办事处的牌子始终挂在天津靳公馆的门口，这是他经营的最大的企业；其次，鲁丰纱厂和济南大观园的地皮也属于他；仅浙江兴业银行倒闭，他就损失了80多万元。

《靳云鹏、靳云鹗二三事》

❖ 袁静波：熊炳琦时期的山东议会

山东省议会自1913年成立，至1928年结束，前后共15年。此间山东省的军政大权完全操纵在北洋军阀手中。尽管如此，省议员毕竟是由民选而产生的民意代表，绝大多数是地方闻人、有识之士，其主要愿望是想痛斥时弊，为全省民众谋些福利。

山东第一、二两省议会成立伊始，即分别被山东军政要人周自齐、张怀芝、张树元等所把持。他们各通渠道，分化议会，收买议员，拉票竞选议长，造成拉拢利用的局面。以致周自齐离职时12万元巨款的贪污案、张树元克扣军饷案，虽经议员提出弹劾，议会多次酝酿，但长期不能表决通过。第三届议会换届之初，山东督军兼省长田中玉对前任周、张之公然贪污既不敢重蹈覆辙，又亟欲寻求生财之道，乃异想天开，耍了一个在全省"加赋一年，裁兵一半"的花招，以便从中谋利。于是田便乘机向省议会建议，拟在全省增加一年田赋（名曰预征）作为裁军经费。当时每两赋银折合银币4元，总计共征800万元。但省议员们揆诸当时军队中空名很多，如果取消空额，不用加赋，原定军费亦能维持开支。这样可以减轻山东农民的沉重负担。所以田提的这一建议在议员中多次未能通过。田乃又生一计，遂采取包办二届议会，操纵正副议长的选举为对策，意欲使议会作为他自己的御用工具。因而造成山东议员长期斗田的绝大奇闻。

▷ 民国时期山东省长熊炳琦

1922年熊炳琦奉命长鲁，取代了田中玉的省长一职。当时熊已看到本届省议员与田激烈斗争的局面。为了急于健全省议会的组织机构，使其正常工作，以便为曹锟贿选总统做好准备，熊遂于1923年3月1日亲临省议会，在其直接监督下选出了正议长宋传典，副议长陈鸢书、杜尚。正式成立了山东省第三届省议会。

　　熊炳琦鉴于三届的正、副议长既已选举产生，为能使山东的省议会在曹锟的大选中发挥作用，与国会议员取得一致的协调，乃对本届的三个议长曲意怀柔，极尽体贴，主动由省署从实业借款的日本所让利息中提出17万元，作为宋传典、陈鸢书、杜尚等正、副议长竞选的补偿费，另外还从此项余款中归还了二届议长张公制在任内所借的山东烟酒公卖局2万元的借款，从此即以这笔外债利息解决了两届议长竞选的代价问题。造成了山东民意、行政两方之间皆大欢喜的和谐局面。与田中玉的操纵议会，舞弊营私形成了鲜明的对比。

《山东风云人物熊炳琦事略》

❖　楚丘：张宗昌的白俄雇佣兵

　　1922年5月，张作霖在与直系军阀吴佩孚的战争中失败，胡匪高士傧、卢永贵聚众2万余人，组成"奉吉黑三省讨逆军"，趁机宣布独立，反对张作霖。张作霖因新被吴佩孚战败，无力讨伐高、卢。正在一筹莫展之际，张宗昌毛遂自荐，说愿去攻打高、卢，"为大帅分忧"。张作霖喜出望外，欣然应允，因他知张宗昌原系"绿林"中人，或可解他燃眉之急。但因手中无兵，只拨给了张宗昌一营宪兵。以一营宪兵来对付高、卢2万之众，人人都为张宗昌捏一把汗。可张宗昌却利用他过去当过胡匪的身份，瓦解了高、卢2万之众，且收编了高、卢匪众数千人。张作霖闻报惊喜异常，为酬其功劳，立即委任张宗昌为吉林省防军第三混成旅旅长，兼绥宁镇守使和中东路护路军副司令。

　　张宗昌自两年前在军阀战争中失利，走投无路之际投靠了奉系军阀东北王张作霖，虽被张委以"高参"，无兵无权，形同赋闲，而今冒险侥幸为张作霖立了战功，被委以高位，且又有几千匪兵，于是他便想趁机扩充实力。他深知"有了人、枪，便有了一切"，此际正是他东山再起之时，于是便在自己的辖区内遍插招兵旗。这时，恰巧有一支拥有万余人的帝俄部队，因被苏联红军击败，窜入中国东北的五站地区，其首领谢米诺夫闻听张宗昌招兵，便主动前来投效。见了张宗昌，他说，他的部队与红军转战日久，疲惫不堪，如今无饷无粮，走投无路，"务请收留，当效犬马之劳"。张宗昌正在扩军，见有人主动送上门来，喜从天降，于是也就不管是白俄黑俄、中国人俄国人，当即允予收留。这次白俄兵投效，除对自愿退伍给资遣散者外，共收编白俄部队 5000 余人，步枪 6000 余支，另有机枪、野炮、弹药及通讯器材若干。张宗昌将这些白俄士兵单独编为一支白俄部队，由原沙俄军官聂卡耶夫带领，谢米诺夫则被留作军中任顾问。对一些有技术的白俄军人，又编成一支工兵部队。1925 年张宗昌任山东省军务督办后，又多次派白俄军官去哈尔滨、奉天（今沈阳）等地招募白俄青年，在济南成立了俄国军官教导队。后来张宗昌将白俄兵分别编成骑兵部队、炮兵部队、铁甲车部队。对这些亡命中国的白俄兵，张宗昌对他们特别优待，全系双饷（比张部中国士兵每月多一倍工资），且从不拖欠。因而这些俄国亡命之徒也就甘愿为张宗昌效命沙场了。

《张宗昌的白俄雇佣兵》

❖ 袁静波：甘当人质的省长

1923年5月5日，津浦铁路临城（今称薛城）至沙沟间，发生了"临城劫车案"。此次列车为国际联运列车，载有英、美、法、意、瑞等外国乘客26人，这些被劫的外人连同车上的华人一起被土匪扣押起来。

临城劫车案发生后，震惊世界，轰动一时。各国公使马上向北京的黎元洪政府提出最严重的抗议，并组织了五国公使团，面见国务总理张绍曾，气势汹汹地提出"三日之内如不能营救外国人出险，各国将自行采取措施"及"按日赔偿损失"的要求。一时间，以美国驻华公使休士为首的各国洋人厉风暴雨般的向北洋政府一起袭来，使得黎元洪等人六神无主，慌作一团，遂下令停止一切政务，集中全力采取各种营救措施。

为首劫车的是孙美瑶及其兄孙美珠。他们本系鲁南大户、峄县良民，由于当时天灾匪祸，军阀混战，杂税苛捐一起袭向农村，使得生灵涂炭，民不聊生。更加其老父被绑架，财产漂没，弄得他家破人亡，为了求得一线生机，乃毅然毁家聚众，落草为匪。又逢田中玉派重兵长达18个月的围剿，遂铤而走险，以劫持洋人为人质，逼军阀撤兵，要挟政府将其招安，以求生存。

被劫的中外旅客由匪徒押解到了抱犊崮，被安置在崮顶巢云观内。这些人虽然都是被掳来的"客票"，但自到山上后每日吃喝住，倒也颇受匪辈们的礼遇，无甚痛苦可言。从此山上便以被掳洋人的名义通知田中玉进行谈判。

1923年秋，为了洋人早日获释，加速解决国际交涉，北京政府决定谈判招安事宜，乃在枣庄中兴煤矿公司俱乐部举行第一次善后会议。政府方面出席和谈的代表是：交通总长吴毓麟、曹锟的代表杨以德、山东督军田中玉、山东省长熊炳琦、徐海镇守使陈调元、江苏交涉员温世珍等；抱犊崮的代表是：孙美崧、郭祺才、刘清源、郭安等。他们下山时带来了事先议定好的三个条件：1.官兵撤回原防；2.改编"马子"（即孙匪部的别称）为一师二旅；3.补充军火若干。此外还有附加条件是："撤兵后山上即释放全部洋人，但政府尚须交纳军火，收编队伍，因此请派一官员上山作'人质'，一俟军火交齐，队伍收编完毕，即送人质下山。"

　　谈判到此，官方代表田中玉、杨以德、陈调元等人面面相觑，大家都缄口不言。沉闷良久，突然熊炳琦挺身而起说："吾愿为人质也。"田中玉立刻满面笑容，击节赞叹说："熊省长真乃顶天之桩也！我马上拍电总统府，报告你这大仁大勇之壮举。"

　　次日，黎元洪果然对熊打来电报，以"忠勇刚正"四字大加褒奖。所以熊炳琦的"见义勇为"之名在北洋时期一直盛传不衰！

《山东风云人物熊炳琦事略》

❖ 唐志勇：张宗昌烧天祈雨

　　1926年2—6月，济南、泰安、武定（今滨州市）、东昌（今聊城市）10余县滴雨未下，麦苗枯萎，春播误时，粮价飞涨。时任山东军务督办兼省长的张宗昌带头祈雨、逼雨。在下令市民断屠，祭拜龙王庙，铁链锁龙王像，供奉"黄河大王"，用大炮轰天祈雨、逼雨等迷信活动无效后，张宗昌不知从何处听说，在山顶放火烧天，可以变化天气，使久旱致雨。

▷ 民国军阀张宗昌（1881—1932）

于是，他决定在千佛山放火烧天，并令省城警察厅长袁致和派警察将大批柴草运上千佛山顶，做烧天的准备。6月11日凌晨1点，张宗昌亲自登至千佛山顶放火烧天。顿时，千佛山顶火焰冲天，光照周围数十里。凌晨3点，张宗昌下山，大火仍在燃烧。至东方泛白，火焰全熄，但天上仍无丝毫雨意。北洋军阀头目既迷信鬼神，有时又赶时髦演出些貌似相信科学的丑剧。张宗昌这次祈雨、逼雨不成，又在千佛山烧天造雨，充分体现了这一点。

《济南千佛山的几件史事》

❖ **王慰农：** 张宗昌遇刺

1932年9月3日下午，济南市政府快要打铃下班了，突然从市政府的东北方向津浦站（当时市政府设在津浦站南面旧德国兵营）传来一片枪声。大家都愕然，不知发生了什么事。不大工夫，南车站传来消息说，张宗昌被人刺杀了。张宗昌是一周前应山东主席韩复榘的邀请来到济南的，韩复榘很隆重地招待他，大家都有耳闻，今天怎么会有人刺杀他呢？由车站继续传来消息，才知道是郑参议（山东省政府参议郑继成）为父报仇。

原来郑继成的叔父郑金声系冯玉祥的军长，北伐时被张宗昌所俘，于张败退时被张枪决。郑继成为其叔父承嗣，蓄意报仇。这一天张宗昌要回天津了，趁张上火车的时候，郑用手枪将他打死，并且声明是为父报仇，自行投案，已送往地方法院。

当日晚间据在场目睹此事经过者谈：张宗昌是日乘晚6点的特别快车回天津，带着他的旧日参谋长金某及护兵两人，都已上车，车就要开了。张正站在头等车的门口，向站台上送行的人群打招呼告别之际，郑继成突然从送行的人丛中抢前一步，举枪对张宗昌骂道："我打死你这个王八蛋！"不料枪没打响，张回头就向车里跑去，郑上车紧追。张跑到车的尽头，跳下车来就往东北方向跑去，郑随后追来举枪再打，还是打不响。这时张的护兵追在郑的后面，向郑开了一枪，恰巧郑被铁轨绊倒，子弹从头上掠过。郑的枪因为这一摔，就打响了，郑的护兵也赶到，开枪打倒了张的护兵。郑从地上爬起再追，张已倒在十股道附近。郑赶上去连打两枪，结束了张宗昌的性命。在他们开枪互击的时候，停在十股道的兵车开枪弹压，响起一片枪声。郑既打死张宗昌，回到站上高呼"为父报仇，现在投案自首"，当由三路军驻站办事处派了十几名武装人员押送到地方法院。车站送行的人们也散去了，只剩下张的参谋长金某对着张的尸体大哭。有人说郑太侥幸了，因为张宗昌本来带着一支最新式的手枪，前几天为石友三见到，极口称赞这支枪，张即慨然赠给了石。张是红胡子出身，有名的神枪手，如果那支枪在手，再有几个郑继成也不是张的对手。也有人说，前两天韩主席在省政府珍珠泉西花厅设宴招待张宗昌，张入座后，看遍了同席的人，忽然惊慌失色，有如大祸临头地要退席。主人和陪客们也慌里慌张，不知所措，好像有什么不可告人的秘密被发现了似的，气氛非常紧张。过了一会儿，张解释说，他最忌讳13这个数字，今天同席正是13人，一定要有不祥的事情发生。当时陪客中有一人就借故退了席，减13为12，但张始终不愉快，好像觉察到杀身之祸就在眼前。

郑继成为父报仇，枪杀张宗昌，并且自首投案，这个消息很快传遍了山东，郑继成在人们心目中顿时成了新闻人物。济南法院看守所所长的办公室成了郑的临时会客厅，所长又让出自己的住室作为郑的寝室。仰慕这位英雄的人们前来馈送礼物、慰问致敬，络绎不绝。各民众团体、社会组织纷纷向南京发出请求特赦郑继成的电报，主要理由是张宗昌祸国殃民，通缉令尚在，人人得而诛之。这时冯玉祥在泰山叫人搜集了有关郑继成为父报仇的文字，印成了小册子，内容有郑继成生平事略和报仇经过，以及济南72个同业公会请求特赦郑的电文（其实这些文字大半是我写的，捏造的成分很大，因为市长闻承烈将这一任务交给了社会股主任陆实君，我和陆住一宿舍，成了陆的代笔人。写一篇请我吃一顿小馆，是当时酬劳的代价）。这本小册子当时流行得很广泛。时间不久，南京的特赦令来了，郑继成大摇大摆地走出了看守所。

《张宗昌之死》

❖ 郭宗正：韩复榘的卫士

韩复榘主鲁时，他的卫士有杨树森（柘城韩香炉人）、苗自瑞（宁陵杨花楼人）。韩当团长时，杨、苗就跟他当卫士，直至抗日战争，每次战役中都建立不少战功，可以说是韩的左膀右臂、贴身家将。因韩勇敢善战，惯以亲率多者一连、少者一排，甚至只带卫士，插入敌人内部或敌后袭击敌人，因此风险危急尤多。如东征北伐时，1927年12月2日拂晓，漫天大雾，韩亲率十几名卫士袭击柳河车站，击退奉军一旅之众，破坏敌钢甲车五列，俘获老毛子兵（即白俄）40名，类似事例举不胜举。杨、苗明知韩执法如山，但也有些居功自傲，所以就大错不犯，小错不断。

▷ 民国时期山东省政府主席韩复榘

　　1932年，杨又犯了错误，本不该枪决。但韩愤怒之下，要把杨装上八号汽车拉出枪决。韩的夫人高艺珍得知，急忙跑到汽车前不让开车，被韩跺了一脚，说："牛队长，你枪毙不了杨树森，我枪毙你！"说罢回东大楼去了。高艺珍马上打电话请民政厅长李树春赶来，讲情未允。高又打电话请教育团长程希贤讲情。程与韩系同棚当兵的老弟兄，经常在韩面前说笑。程走到东大楼右边楼梯咳一声，急转身从左边楼梯上去。韩听到程的声音在右，即从左边下楼，欲躲之不见。可巧二人相遇，程左手卡腰，右手指着韩的鼻子说："八千岁讲情不准，我穆桂英来了，准也得准，不准也得准。"把韩逗笑了，韩直抽烟不语。程说："向方别生气啦，像杨树森这个冒失鬼很难得，南杀北战跟你一辈子啦。苗自瑞到鄄城去啦，你再遇到危险时刻，谁给你冲杀。"韩说："不杀也得棍责五十，禁闭三个月。"程即叫卫士传牛队长照办。后来济阳一战，韩被数千日本鬼子包围，突围后竟只剩杨树森一人。

《韩复榘轶事轶闻》

❖ 乔新尘：韩复榘审案

1927年到1938年这段时间我在韩复榘部下任军医，对韩复榘的生活、经历略知一二，现仅就韩复榘审案时耳闻目睹的片段谈出来，供后人参阅。

1930年9月至1938年韩复榘任山东省政府主席，驻守在山东济南。此间之中国，军阀割据，兵燹迭起。由于连年战祸，土地荒芜，民不聊生，土匪猖獗，成为农村的第一大祸患。而在城市中，有许多日本人，打着经商旗号胡作非为，中国人称其为日本浪人。济南府当时有许多日本浪人在繁华的闹市区开设洋行，大多专门贩卖毒品（海洛因），内设烟馆，诱引中国人吸毒。由于吸毒而倾家荡产鬻妻卖子者已司空见惯。除农村匪患外，吸毒成为山东当时的第二大祸患。

韩复榘上任以来，即组织部队杜绝这两大祸害，维持社会治安。他在济南成立了戒烟所以及特务队，其任务是到各地抓土匪及吸"老海"（海洛因）的人。吸毒者在第一次被捉到时送到戒烟所，强行戒烟，戒后在胳膊上刺上"戒"字，予以释放。一旦第二次抓到胳膊上有"戒"字的烟鬼，便与捉到的土匪一起关到省府牢狱。每星期六上午韩复榘主持开庭审讯。韩站到审厅约二尺高的讲台上（原清朝巡抚衙门），犯人站到台下一片开阔广场（省府大院），由执法员看押，执法官（军法处长）站到韩的一旁大声宣读犯人的简历和罪行。宣读完后，韩便把右手慢慢地放到前额抚摸，注视单独站出的犯人，闭目思索片刻，把手从前额放下，将手顺便往右一摆，即宣告该犯释放。若韩闭目思索片刻用手把脸一摸拉，将手往左边一挥，即宣布此人已经没有脸面活在世上，应该枪毙。台下的执法员看到这种手势立即上前将犯人捆绑起来推上停在一旁的大卡车上。韩在审讯吸毒者时，注视犯人间或喊两句："看你面黄肌瘦，不是好人！"随后手摸脸向左挥，这个人就算判了死刑。待犯人审完，推上大卡车的犯人就被拉出去全部枪毙。每星期六上午约有20人遭到这种厄运。

韩复榘任省政府主席期间，曾委任山东省一些名流为省府参议，民主人士沙千里当时是参议。一个星期六的下午，沙千里的一名勤务（侍从）到省府送信，送完信后看到审厅前站满了人，韩复榘正站在讲台上审案，他从人群中挤进去，恰巧站到了犯人的队伍里观看。执法官站到韩的一旁大声念着犯人的简历罪行，韩用手摸着前额，注视犯人，闭目思索，把脸一摸拉或者把手从前额拿下。沙千里的勤务员惊奇地看着，琢磨着什么手势是释放，什么手势是捆绑起来送上汽车。当他正似懂非懂看得入神时，犯人们或是被推到汽车上或被释放，宣判结束，最后人群中只剩他一人穿着便衣。这时执法官停止了宣读犯人简历。但是韩发现了他，盯着他大声问道："你是干什么的？"沙千里的勤务员没有料到韩复榘对他说话，慌乱地回答："我是送信的。"韩认为此人是给土匪送信的，厉声道："送信的也得枪毙！"一旁的执法官这时也懵懂了，不知怎么又多出了一名土匪，一时没有说话。顷刻间四周的执法人员不顾送信的喊辩，七手八脚将此人捆绑起来扔上了囚车。这名无辜者就被拉去枪毙了。没隔多久，沙千里亲自到省府找人，这时才真相大白，但为时已晚。

韩复榘审理土匪案子，大部分犯人被他判处死刑。

又是一个星期六的上午，他照例开庭审案，台下站着一群犯人，其中有一名年轻犯人眉清目秀，面貌清雅，惹人注目。韩根据法官宣读的简历逐个进行判决，轮到此犯时，执法官念着他的罪状。该犯是一名土匪小头目，按照惯例应该宣判死罪，然而韩复榘用右手抚摸前额注视犯人，破例的将手从前额拿下往右边一摆，此人竟宣判无罪释放。

该犯释放后，被留在韩的身边，成了一名副官。

韩复榘任省政府主席期间不审理民事案件，民事诉讼归济南高等法院审理，但韩也破例亲自裁决了一件民间离婚案。

30年代的山东农村，有钱的人给儿子娶媳妇，都要比儿子大几岁的姑娘。当时鲁西的一位农民女儿18岁，嫁给一个12岁的男孩做媳妇。婚后女方取得家里同意执意离婚，男方坚决不离。官司打到济南高等法院，两年多也没有裁决。为此女方家里很伤脑筋，有些亲朋好友出主意，让他到韩复榘处告状。女方家长请人写了状子，在省府门口恭候。韩乘车出门，见到有人捧状纸下跪，韩叫汽车停下，看过状子，叫双方星期六出庭候审。审案的那天只见受审的夫妇，男的个子瘦小，女的个子高大，丈夫比妻子矮一头多。韩复榘站到讲台上，看着台下这一对既是夫妻又不像夫妻的少男大女，开始了审问。韩先向女方问道："你为什么离婚？"女方答道："他比我小，两人不般配。"韩转向男孩问道："你这个媳妇还要不要？"男孩答："还要。"韩复榘紧跟着大声说："你还要个啥？跟你娘一样，散了吧！"男孩没有回答。双方家长在旁毕恭毕敬地站着谁也没有吭声。韩环视了一下周围的人，把手一挥，意思是判离婚。就这样三言两语了结了一桩长达两年的离婚案。

韩对于自己审案，后来曾说过这样一段话，那是在1937年1月的一个星期五晚上，在少尉以上军佐学习《曾胡治兵语录》之后，韩复榘开始与他们聊天了。他侃侃而谈："我来到山东将近8年了，经我手批示枪毙的土匪，抽老海的人差几十不到1万。我看着应该给他凿眼的就给他凿了眼（即枪毙）。至于今后我的结局怎样，我就不管他啦……"

《韩复榘审案实录》

❖ 郭宗正：不满韩复榘的六种人

韩复榘主鲁八年，有六种人对他不满。第一种人就是司法界和法院的人。在旧社会打官司，张三送礼就是张三有理，李四送礼更多，就是李四有理，经过三年两载，张三和李四都花得倾家荡产，案件得不到终结。韩主鲁后，这个财源茂盛的热门生意，竟被人们称为"一言堂"的"韩青天"给夺去了。当时有的老百姓说，打官司还是上"一言堂"，一文钱不花，有理的回家，无理的受罚，三言两句真干脆。第二种人是土匪盗贼。只要是抓着土匪，韩不分首犯和胁从，也不分情节轻重，一律枪决。例如张黑脸一伙，一网打尽，一天处决。刘桂堂大股土匪，祸及全国十多个省份，到了山东，被八十一师唐旅打得无立足之地。韩初到济南时，从张庄营房到商埠，经常发生截路伤人的案件，由于四路民团清乡剿匪办得好，人民得以安居乐业。第三种是吸毒、贩毒的人。韩规定吸毒贩毒价值超过一元的，一律枪决。吸毒的人在日本洋行吸过了瘾，就编了个顺口溜："三口白面两口烟，好比神仙入云端。白面吸过瘾，神鬼都不怕；怕只怕出洋行，似老鼠，左右观察，若遇到侦探队把咱来抓，绳捆索绑见老韩，脑袋就开花。"第四种人是贪官污吏。韩主鲁时最反对贪官污吏。他认为坐办公室听报告，是得不到农民疾苦实情的，只有学包拯那一套，着便衣接近农民暗查私访，才能给人民除害。他这种办法，使一些贪官污吏时刻提心吊胆。如国民党沾化县党部主任马某，依仗有蒋介石作后台，在沾化敲诈勒索，作恶多端。被韩私访属实后，没通过什么法律程序就把他干掉了。韩这些做法虽为民除了害，也枉杀多杀了一些人。第五种人是娼妓。韩要求官兵和公务人员戒嫖，要求特别严厉。在抗日战争前，他曾为官兵编写了《烟酒嫖赌四戒军歌》，要求各连队值日官每天教士兵唱三至五遍，夜晚在讲堂时间并详加解释。总部执法队遇到军人由八卦楼（旧济南妓女院）通过时，必带到军法处拘留审查，通知主管官亲自领回，在大众面前不是棍责便是开革。对妓女也有严厉规定，妓女上街必须外罩背心，胸前佩戴妓女小牌，否则经便衣或警察察觉，就停止营业，怕丢人就别上街，或是从良为善，改行最好。第六种人是洋车夫。在1930年以前，济南街上洋车往来穿梭，生意很好，一个车夫每天能挣到三四元钱。自韩到山东后，济南经常住有上万的军队，但街上很少见到兵，军人坐车的更没有。军人不准坐车，这是韩遵循西北军的老传统。冯玉祥1928年为此写过打油诗："一人坐车一人拉，同是人类有牛马。重层压迫真痛苦，惟望仁者解放他。"洋车夫因坐车的人少，就有很多改行了。

《韩复榘轶事遗闻》

❖ **魏健：**崔云章一拳震山东

崔云章（1875—1949），阳信县河流乡崔家池村人。他自幼爱好武术，8岁就跟本村老拳师张焕学八极拳和刀术。后拜师于王木匠村王宪章学花枪，经数年苦练，十八般兵刃件件皆通。19岁又拜少林寺门徒丁四学少林武功。同时，还跟吴子会练内气功，武术根底已达炉火纯青的程度。但虚心好学的崔云章仍身感不足，20岁后又离家远游，在武林中寻师访友，习练招数，弥己不足。他的武德很好，在外多年从不以武欺人。他练就了一身纯熟的少林拳，30岁以后成为武林高手。军阀吴佩孚曾聘他为武术教练，后又到章丘县旧军孟家任武术教师。40岁时，正处于军阀混战时期，他为了保卫家乡，回家设拳坊，收徒练习武功。

崔云章个头不高，但身子骨却很结实。每年元宵节该村舞狮为戏，他在广大观众面前大显身手，赤臂运气，用拳打石磙，一拳打出，石磙就远远滚去。他在水落坡乡孙家村见一赶马车的青年人在车上打盹，便伸手抓住车尾，车立刻停下了。青年人一看，忙笑着说："崔老师，想和这匹马较量力气吗？"说着跳下车扬起鞭子赶马，吆喝一阵，马车纹丝未动，围观的人们拍手喝彩。

民国二十一年（1932），山东省政府主席韩复榘召集全省武林高手会集省城济南，摆擂比武——夺金牌。阳信县县长派崔云章、刘子祥、程凤阳三人赴济参赛。第一天立擂者是冠县的一个回民，绰号"飞脚铁锤"，此人膀宽腰圆，身高力壮，正血气方刚，他武艺高强，连挫数人，一时威名大震。第二天该崔云章登台比赛，擂台前立有3把粗的18根木桩，均深埋1米左右。"飞脚铁锤"一出场，一脚把一根木桩踢断，观者惊叹不已。崔云章擂台一站，"飞脚铁锤"见是一个比他矮小的老头，没有放在心上，就想一脚把崔云章踢下台。当他的右脚飞出，崔云章闪身躲过，"飞脚铁锤"脚尖刚落地，崔云章的左脚腕便压住了他的右脚面。"飞脚铁锤"用力抬了抬，好似被钉住一般。霎时，崔云章一抬脚，他才抽回脚。"飞脚铁锤"觉得太丢脸，转身用铁拳向崔云章打来，崔云章不但不躲，反而运足气挺胸迎去。"飞脚铁锤"哎哟一声，转身就走。崔云章赶前一步，一拳打在他的后背上。"飞脚铁锤"摇晃了一下摔到台上，只好甘拜下风。台下一片喝彩声。

擂台主持人多次摇铃要人登台比武，却再无人上台。崔云章一拳震山东，他荣获武术第一名，并赢得金质奖章一枚，武术器材一套，银币70元。

《一拳震山东的崔云章》

❖ **沈云、孟蒙：** 硬汉武思平

1944年秋，武思平担任中共济南地下工委书记期间，他受党组织的委托，护送晁苏民等三同志赴天津、青岛等地工作，被叛徒单景春发现报告了泺源公馆特务头子武山英一。单景春，化名徐奇才，莱芜县人，曾任我山东纵队司令部科长，1942年在济南做地下工作时被捕叛变，成为臭名昭著的日特分子。早在抗日根据地工作期间，他与武思平相识，深知武思平一家的情况。武思平这次来济，曾与三名战友在其族叔武子章家落过脚。武子章是日寇武山的一个密探，当敌人向他调查武思平的情况时，武子章透露了这个情况。1944年中秋节之后，日寇宪兵闯进了顺河街武子章家，将睡梦中的武思平拖了起来，当夜带到城内县学街18号郭同震家。郭曾任我军一一五师科长，1940年因受托派嫌疑，竟骑马携枪叛变投敌，成为武山英一最为得宠的日本特务。武思平被带进郭的客厅里，武山英一及其亲信、翻译何继会、特务单景春都等候在这里。他们首先采取软的办法，诱使武恩平叛变，以点心、牛奶、高级香烟相待。武思平说："我是穷苦人出身，没有吃夜餐的习惯，也享不了这个福气。"武山英一一连串提出了几个

问题："武钟玳改名武宗戴的是谁？""延安去了几次？""在抗大学习多长时间？""什么时候参加的共产党？""和你一块来的三个人都叫什么？"武思平说："我是中国人，当然要参加抗战！我去延安用不着人介绍。我不是共产党员，我因病早就不干了，这次是为治病来到济南的。你们说的三个人我都不认识，你们不是说抓住他们了吗，那就让他们来对口供好了。"

软的一套失败了。武思平被带到了设在西门路南的洡源公馆。守候在这里的是武山的助手寺田清藏、杀人不眨眼的宪兵军曹高桥虎鹿，还有一名陈翻译。陈翻译是日寇豢养的一个忠实鹰犬。早年他在东北与我军作战时，日军丢弃在战场上一面国旗，他捡了回来，被日寇封为"功臣"，成为谁也不敢惹的特殊汉奸。这次武山特地从德县把陈翻译叫来参加审讯，说明了对武案的重视。武思平被五花大绑带进洡源公馆后院一间热气蒸腾的浴室，4个宪兵架起他来向池子里扔去。"你快说吧，承认那三个人来济南干什么工作，要不把你烫死！"陈翻译恶狠狠地说。武思平忍着被热水浇烫的痛楚，一言不发。鬼子又把他拖出来，扔进了一个冷水桶里，盖上水桶盖，冷水从鼻、口进去，直往肚子灌。寺田清藏站在一旁高喊："不讲就闷死你！"武思平还是一言不发，这是第一次酷刑。

第二次酷刑是"滚肉蛋"。四个宪兵把倒剪着双手的武思平从三楼楼梯上往下滚，日寇则站在楼梯上拍手狂笑。当第四次被拖上来的时候，皮开肉绽的武思平用尽全身的力气，冷不防一头将宪兵渡部和陈翻译撞倒在地，三人扭成一团顺着楼梯滚了下来，陈翻译摔伤了脚脖，渡部也摔得头破脸肿，敌人恼羞成怒，对武思平又是一顿毒打。

第三次酷刑是"好汉床"和"火刑"。几个宪兵把武思平带到浴室里，抬来"好汉床"，用绳子把武思平的手脚绑在4根棍上，解开了他的裤子，渡部从酒精盒里取出棉花，放在武思平的肚脐上，棉花燃着了，肉被烧得滋啦滋啦地响，武思平骂声不绝。渡部又加上一团酒精药棉，肚脐已变成了一片烧熟了的油洼，辟啪辟啪地迸着油星。武思平痛得汗流如雨，全身抽搐，但仍不断高呼："打倒日本帝国主义！"敌人追问他的口供，他就以口号代替回答。高桥虎鹿又命令两个宪兵用两根铁棍撑裂武思平的嘴，用铁钳把他的门牙连根拔掉。高桥又拿出一柄小刀，往武思平的嘴上猛力一划，割下一片肉来，接着用铁棍一拍，一口鲜血和几个牙齿喷了出来。敌人又往他的两个鼻孔放上点着了的灯捻，霎时，火苗燎着他的皮肉，武思平终于昏厥了过去。

这时已是受刑第四天了，一次次的审讯，一次次的酷刑，武思平滴水未进，遍体鳞伤，但是他没有暴露党的任何秘密，并且向敌人作了顽强的斗争。

第四次是"刑罚大检阅"。第五天武思平又被抬到"好汉床"上，旁边摆着刀子、钢针、皮鞭等凶器。陈翻译首先开口："今天要给你来个刑罚大检阅，问不出你的口供不算完！"武思平骂道："你这个鬼子养的奴才，中国人都像你这样给鬼子当孙子，早就完了。我们抗战的不怕你这一套！"这时渡部拿起一把匕首向他的腿肚一扎一绞，两腿各扎三刀。一个宪兵戴上一副打垒球的皮手套，又捧来沙子撒在伤口上搓着，肉搓烂了，血肉模糊。接着鬼子又用通上电的黑漆木柄在武思平身上乱戳，武思平痛得昏死了过去，苏醒后仍是对日寇痛骂不止。渡部又用钢针穿透武思平的10指，逼问道："供，还是不供！"武思平声音微弱地说："我说，我说，你们日本帝国主义是一群野蛮的畜生！"日寇暴跳如雷，两个宪兵用铁棍撬开他的嘴，他向右一躲，胳膊被日寇折断了。宪兵又按住他的头，打开水龙头向他嘴里灌水，肚子鼓起来，日寇又抬起穿着硬皮鞋的脚往他肚子上踢。各种酷刑轮番使用，武思平仍然至死不供。最后渡部哀叹地说："抗战的见得多了！中央军顶厉害的抓起来不服令，两个耳光，最多加上一杠子，什么都说了。妈的，碰见你们这些共产党，真费事……"

《硬汉武思平》

第九辑

消闲生活·
扁舟藕花济南城

❖ 任宝祯：中山公园，山东最早的公园

中山公园坐落在经三路纬五路，是我省兴建最早的以公园命名的公共游览场所。据民国《续修历城县志》载：清朝光绪三十年（1904），胶济铁路告成后，山东巡抚周馥会同北洋大臣直隶总督袁世凯奏准朝廷在济南、周村、潍县三处自开商埠，商埠区内设关、署、局以及菜市、公园等。在那时的济南商埠规划中，确定在经三路与经四路、纬四路与小纬六路之间8公顷的范围内设立公园。这是当时国内在商埠区最早设立的公园，故最初称作"商埠公园"。1925年3月12日孙中山先生逝世，同年4月4日在商埠公园召开追悼大会，大会筹委会及国民党员护送孙中山遗像至公园安放，各公共、工商机构赠送的挽联挂满公园，会上还散发了赞颂孙中山先生事迹的宣传品10万余份。为纪念这位中国革命的先行者，"商埠公园"亦改名为"中山公园"。1929年为纪念济南"五三惨案"，曾一度改称"五三公园"。1948年9月济南解放后，改名为"人民公园"。后经多年重新规划建设，该公园在1986年孙中山先生诞辰120周年之际，重新恢复为"中山公园"。

1915年出版的《济南指南》曾对中山公园在初建时的景况有如下记述：

商埠公园在商埠三马路中间，纬四路南首。为商埠局设立。东西长一百二十五丈，南北宽三十七丈。大门之西为卖票房，中为大厅。南有西菜馆，曰海国春。东面偏南有船式屋一处，中设茶座，迤东接连茶棚一座。再东有广场，周围以铁丝网，为运动场。旁为弹子房及咖啡馆。近东围墙处有土山。东面偏北，有玻璃亭一处，亦可设茶座。迤东有八角亭。再东有屋数间，为游人栖息之所。正厅以西有洋式井，商埠公用之水多取给于此。西有南

北土山，迤西有柏树林，中有音乐台。每逢星期日下午四点钟，有音乐团来此，奏各种西乐。再西则为商品陈列馆，现改建山东展览馆。当日设立此园，一无凭借，而商埠地势偏高。凿池引水，终不能办。以较城内图书馆及行政公署、国税厅各花园有天然景致者，未免悬殊。惟商埠之地，日渐发达。寻芳行乐，消夏品茗，亦为胜地。至夏秋间，男女游者尤众。入览券每人收铜元三枚，卖夜票。园内各处均安电灯，并有亚细亚煤油公司安置大洋灯二盏，尤为焜耀云。

抗战前，公园管理有序，市公署曾制定《商埠公园游览章程》（详见1914年版《济南指南》），对入园游览、经营摊点、爱护公物、宴请宾客等有较详细、严格的管理办法，并委任管理员负责处理公园一切公务。日本侵略军占领济南后，在公园建电台、盖神社、筑炮楼、挖战壕，致使公园面积急剧减小，风景减色，不复旧观，呈现一片凋零景象。1948年9月济南解放，公园隶属建设局管理……

《经三路》

▷ 济南中山公园门前车水马龙

❖ 任宝祯："园子"里看戏看电影

旧时的济南人把娱乐场所都呼之为"园子"，譬如剧场称之为"戏园子"，在这些"园子"里，人们一边嗑着瓜子品茗，一边看戏。在20世纪30年代，济南市有戏院30余家，仅在二大马路纬三路一带就有北洋、中华、庆商、咏仙、聆音等大小戏院七八家。每天晚上华灯初照，"园子"里灯火灿灿，人头攒动，鼓乐笙歌盈耳。那时在新市场对过，现在经二纬一路北的位置，原有家叫"青莲阁"的曲艺场，它是由马玉山和马玉林兄弟俩经营的。马玉山自天津招来包括花莲舫、孙月英、孙艳秋等名角在内的一批女演员，她们在此演唱京韵大鼓、单弦、西河大鼓、天津时调、京剧等，引来济南众多达官显贵的捧场，青莲阁一时成为当时济南较为高雅的文娱场所，名噪一时。1941年，马玉林又邀请了天津相声名家李寿增、孙少林、赵兰亭来青莲阁演出。这三位相声名家的加入，不仅火了当时的青莲阁，还极大地推动了相声艺术在济南的发展。经二路上的青莲阁大概消失于20世纪50—60年代。近两年济南市文化部门又在经四路大观园内新建了青莲阁，专门演出曲艺节目。

20世纪初，电影开始传入济南。由于最初电影多在"茶园"（戏园子）里放映，久而久之，济南人便仿照"戏园子"而把电影院称为"电影园子"。当时济南的"电影园子"大都开设在商埠一带。20世纪30—40年代在经二路上的就有多家甚有名气的"电影园子"，像坐落于经二纬三路的"青光电影院""新济南电影院"，设在普利门外基督教青年会楼上的"大华"电影院，以及市场口的"胜利电影院"，等等。它们后来或焚毁于大火，或改换名号。这些"电影园子"中，改名次数最多的就数着"胜利电影院"了：济南沦陷时期，它改名为"明星"；抗战胜利后，又改名为"明光"；

▷　济南青莲阁茶楼

▷　女艺人表演大鼓书

解放初期叫"青年"，20世纪50年代后期又称"中苏友好"；中苏关系恶化后，影院改成"反修"，"文革"中又改回了"胜利"。

《经二路》

❖ 倪锡英：满城喜听大鼓书

在济南城区一带，民间最普遍的娱乐，便是听大鼓书，因此在热闹的大街上，到处都有大鼓书场。市民在工作之暇，便去听书。那些唱书的全是年轻女子，听书的一边喝着香茗，听那鼓词高亢的音调在耳边转，是很够味儿的一件乐事。济南最出名的鼓书场，有大观园明湖居和趵突泉书场等数处，其余较小的也有十几家。

《济南》

❖ 老舍：看运动会

去年的"华北运动会"是在济南举行的。开会之前忙坏了石匠瓦匠们。至少也花了十万圆吧，在南围墙子外建了一座运动场。场子的本身算不上美观，可是地势却取得好极了。我不懂风水阴阳，只就审美上看是非常满意的。南边正对着千佛山的山凹，东南角对着开元寺上边的那座"玄秘"塔，东边列着一片小山。西边呢，齐鲁大学的方灯式的礼堂石楼，如果在晚半天看，好像是斜阳之光的暂停处。坐在高处往北看，济南全城只是夹着几点红色的一片深绿。

喜欢看人们运动，更喜欢看这片风景，所以借个机会，哪怕只是个初级小学开会练练徒手操呢，我总要就此走上一遭。

爱到这里来的并不止于我个人，学生是无须说了，就是张大娘、李二嫂、王三姑娘——三位女性，一律小脚——也总和我前后脚的扭上前来。于是，我设若听不到"内行"的评论，比如说哪项竞走是打破了某种纪录，哪个选手跳高的姿势如何道地，我可是能听到一些真正民意，因为张大娘等不仅是张着嘴看，而且要时常批评或讨论几句呢。

去年"华北"开会的第二天，大家正"敬"候着万米长跑下场，张大娘的一只小公鸡先下了场，原来张大娘赴会时顺便买了只鸡在怀中抱着，不知是为要鼓掌还是要剥落花生吃，而鸡飞矣。张大娘，于是，连同李二嫂，一齐与那鸡赛了个不止百码！童子军、巡警、宪兵也全加入捉鸡竞走，至少也有五分钟吧——不知是打破哪项纪录——鸡终被擒。张大娘抱鸡又坐好，对李二嫂发了议论：咱们要是也像那些女学生，裤子只护着腚，大脚片穿着滚钉板的鞋，还用费这么大事捉一只鸡？李二嫂看了旁边的小脚王三姑娘；王三姑娘猛然用手遮上了眼，低声而急切地说：她们，她们，真不害羞，当着这么多老爷儿们脱裤子！果然，有几位女运动员预备跳栏正脱去长裤。于是李二嫂与张大娘似乎后悔了，彼此点头会意：姑娘到底不该大脚片穿钉鞋，以免当着人脱肥裤。

▷ 1931年华北运动会济南举行

今年九月二十四举行全省运动会，为是选拔参加"华北"的选手。我到了，张大娘、李二嫂等自然也到了。而且她们这次是带着小孩子与老人。

刚一坐下，老人与小孩便一齐质问张大娘：姑娘们在哪儿呢？看不见光腿的姑娘啊！张大娘似乎有些失信用，只好连说别忙别忙。扔花枪、扔锅饼、跳木棍、猴爬竿、推铁疙疸，老人小孩与张大娘都不感觉兴趣，只好老人吸烟，小孩吃栗子，张大娘默祷快来光腿的姑娘以恢复信用。看，来了！旁边一位红眼少年，大概不是布铺便是纸店的少掌柜，十二分恳挚地向张大娘报告。忽——大家全站起来了。看那个黑劲！那个腿！身上还挂着白字！咦！咦！蹦，还蹦跶呢！大筒子又响了，瞎嚷什么！唉！唉！站好了，六个人一排，真齐啊！前面一溜小白木架呢！那是跳的，你当是，又跑又跳！真！快看！趴下了！快放枪了，那是！……忽——全坐下了。什么年头，老人发了脾气，耍猴儿的，男猴女猴！家走！可是小孩不走，张大娘也不肯走，好的还在后面呢，等会儿，还跑廿多圈呢！要看就看跑廿多圈的，跑一小骨节有啥看头；跑那么近，还叫人搀着呢，不要脸！廿多圈的始终没出来，张大娘既不知道还有秩序单其物，而廿多圈的恰好又列在次日。偶尔向场内看一眼，其余的工夫全消费在闲谈上。老人与另一老人联盟；有小孩决不送进学堂去，连跑带跳，一口血，得；况且是老大不小的千金女儿呢！张大娘一定叫小孩等着看跑廿多圈的，而小孩一定非再买栗子吃不可。李二嫂说王三姑娘没来，因为定了婆家。红眼青年邀着另一位红眼青年：走，上席棚那边看看去，姑娘都在那儿喝汽水什么的呢。巡警不许我们过去呀？等着，等着机会溜过去呀！……

《华年》

❖ **任宝祯：** 大观园，购物娱乐还有美食

济南过去闻名遐迩的大商场有国货商场、万字巷商场、新市场、西市场、萃卖场、大观园商场和人民商场等7座，那时号称为省城济南的"七大商场"，而在经四路上就有两座，它们是大观园商场和人民商场。

毫无疑问，大观园是济南七大商场中历史最久、最具特色、最为繁荣、声誉最高的北方著名商场之一，与北京的东安市场、南京的夫子庙、上海的城隍庙，在地域上有同等的声誉，堪称济南市井文化的一大胜迹。

大观园商场位于经四纬二路交通大干道的中枢，地处经四路、经五路之间，东临纬二路，西接小纬二路。

说起几经浮沉的大观园，还得从百年前的民国初年谈起。民国二年（1913）8月，时任山东都督的大军阀靳云鹏在现在大观园的周围购得百余亩荒地准备开发利用。到民国五年（1916）靳云鹏卸任离济时，百亩荒地除开拓马路占用部分外，穷苦百姓在此搭设窝棚，开荒种植，无人过问。民国十九年（1930），靳云鹏之弟靳云鹗来济，意在此进行商业开发。靳云鹗计划在经四路、经五路和纬二路、小纬二路之间约四五十亩面积的地段仿照上海"大世界"形式，创办一个娱乐场所，决定以古典小说《红楼梦》之"大观园"命名，以期引起济南社会各界人士的广泛关注和兴趣。由于靳云鹗行伍出身，缺乏商业经验，致使此计划进展不大。当时在经一纬四路当过"同兴义"粮栈经理的张仪亭见有商机可乘，即于民国二十年（1931）初与靳签订租赁合同，年租金450元，租期20年，期满地上建筑全部无偿移交给靳所有，同年2月3日破土动工。在建设过程中，张仪亭为急于回笼资金，在第一剧场和共和书场基本建成、中心花园有了雏形时，又在东北角上搭起了布棚，建一马戏团，内有虎、豹等动物展出。在第二、第三剧场之间，有三五个说书场，还有一些小商小贩摊位摆列园内。大观园商场于1931年9月26日（农历八月十五）吉日开业。

大观园创建之初，并不以商业见长，而是一个"游乐场所"。据1934年6月出版的《济南大观》一书记载："大观园在商埠四大马路纬二路西，免收门票。第一剧场，京剧；第二剧场，有声电影；第三剧场，评剧。入门为共和厅名姬书场，如筱月楼之京韵大鼓，包张筱轩和甫之快书大鼓，以及各种杂要，莫不新巧。门外为杂技艺场，如幻术小戏、卖艺打拳者……"到了民国二十七年（1938），大观园显出红火的场面：拥有200多家业户、400多个地摊，经营内容涉及杂货、绸布、鞋帽、文具、食品、钟表、照相、理发、饭馆等20多个行业，成了一所综合性的大卖场。这里的娱乐场所也达20余处，有3个剧场，还有新舞台、民生戏园、连升舞台、永乐剧场等，后又建起新剧场；还有大观、国泰两家电影院，前者放映有声电影，后者放映无声电影；有济南最早的台球厅——丽华台球厅；有歌舞厅以及烟馆、咖啡馆、酒吧、茶馆、算卦馆、妓馆等，真可谓五花八门，像是一个光怪陆离的万花筒。

旧时的大观园还是一个"吃者的天堂"。譬如济南有名的风味小吃高汤米粉、涮火锅、绿豆切糕、油煎包、长清大素包，以及鲁西南的糁、北京的京式烧卖、西安羊肉泡馍、兰州拉面等，都是应有尽有。其中至今仍让老济南回味的当数清真马家馆、"狗不理"包子铺和赵家干饭铺。这里的"狗不理"并非正宗的天津老字号，而是当地人以天津"狗不理"的做法炮制的，但也吸引了不少客人。赵家干饭铺的掌柜叫赵殿龙，起先在普利门起家，后在大观园开设了分号。他去世后，少掌柜赵忠祥将整个家业移到大观园，不仅保留了传统项目大米干饭把子肉，而且还增加了大丸子、排骨。做大米干饭时先将大米过筛，洗净后滚水反复搅匀，先急火，后文火，慢慢烧熟。蒸好的米饭一粒粒的，浇上肉汤佐食，口味绝佳。这一口当时被济南人称为最过瘾的饭。直到今天，济南许多做大米干饭把子肉的业户，还是按当初赵氏的做法。

能购物，能娱乐，又有吃的，自然使大观园成了北方一处难得的"盛景"，也构成了大观园鲜明的商业文化和市井文化特征。难怪1937年7月20日《申报》一篇名为《济南，平民娱乐场大观园暮晚的动态》的文章中说："大观园遂成了一般平民和少数有钱阶级的消夏场所。每至暮晚，有千百的男男女女来此闲逛，大观园立即活跃起来。直到夜12点时许，才渐渐沉寂了……"

《经四路》

❖ 任宝祯：萃卖场，百货大荟萃

在经三路小纬六路路南，中山公园西北端，亦即今珍珠大酒店的所在地，曾经有过一家大型的商场，它便是旧时济南"七大商场"之一的萃卖场。

萃卖场始建于1916年，是一处具有三层楼房，消费档次较高的大商场，其房主为张紫衡。由于它邻近当时商埠区唯一的公园——中山公园，故而游览公园者大都顺便来此逛逛，生意十分红火。

据1934年出版的《济南大观》记载，萃卖场"百货荟萃，内有茶楼、鼓姬及占卜者，式燕番菜馆亦居于此"。所谓"百货荟萃"，主要是指集中在一楼商场内的店铺、摊贩，他们主要经营文房四宝、珠宝玉器、金银首饰、古玩字画、服装、鞋帽、玩具等行业，那时在此仅经营文物字画的店铺就有纯古山房、石古斋、松华斋、冯兆增、瑞华斋和翠林斋六家，还有专门经营新书刊的艺文、萃文、新文等书局，以及经营旧书、文具、笔墨文具的鲁兴、友文等。

萃卖场除了荟萃百货业，也有著名的娱乐场所和饭店。20世纪30年代的济南是大鼓书最为走红的时代，女鼓书艺人占了济南曲坛的大半壁江山。那时，京韵大鼓"小彩舞"骆玉笙在大观园共和厅茶园挑"大梁"，而被誉称为"大鼓皇后"的鹿巧玲则在萃卖场茶园唱"压轴"戏。据说鹿巧玲用她那"铁嗓钢喉"演唱梨花大鼓时，连上海、南京等地听众都特地来此听她演唱。此外，如京韵大鼓名艺人张小轩、白云鹏，绰号"黄小辫"的著名相声演员黄金堂父子等均经常在萃卖场演唱献艺。

位于萃卖场二楼的式燕番菜馆是济南最早的一家由中国人自己开设的大型高级西餐饭店，经理是平度人雍文清（号少泉），店内有员工30多人。其店堂十分阔绰，有大小两个房间，既可承办大型宴会，也卖零餐，可容纳百余人同时用餐。其烹制的菜品以烤小鸡、炸大虾、煎鱼排、牛尾汤、鸡绒鲍鱼汤、芦笋汤等名闻遐迩，生意十分火爆。

在萃卖场北门外还有一"蛐蛐市"。每年金秋季节，蛐蛐爱好者大多在此进行交易、交换，或在沿台阶临时设的"圈"内，把自己带来的"虫"与对手决斗一番，以决胜负。这里也就有了蛐蛐罐和"鼠毛"（斗蛐蛐之专用器具）之类用品的交易。偶有京津地区"大户"到此收购蛐蛐，如能得到一只名列"蛐蛐谱"的名虫，是十分难得的。1949年解放后，由于当时市场经济不景气，房主张紫衡将萃卖场卖掉，这一商场随即关闭，而那每年立秋之后红火的"蛐蛐市"也随之"烟消云散"了。

《经三路》

❖ 倪锡英：客宿在泉城

当一个外乡的旅客，到济南去住几天，在生活上一定也是很舒服的，济南的旅馆业很发达，全城的旅馆不下100多家，就中以胶济饭店的设备最精美，可与上海的高等旅馆相比。胶济饭店共分"总号"及"东号"两部，总号与胶济路济南车站相接连，东号在车站东面，内部的布置和陈设，完全采用德国式，这大概是从前德人所设计建造的，房金每天自二元五角至六元，和上海南京比起来，的确是价廉物美。其他的各家旅馆，设备当然比不上胶济饭店，可是房价却很便宜。

济南的菜馆，以分布在商埠地和西门大街一带为最多，中菜著名的馆子，有"泰丰楼""聚丰园""百花村""悦宾楼"等十数家，菜味很好，价钱也不贵。西菜馆有胶济饭店附设的西餐部和商埠地的式燕番馆菜、梅会楼及城内青年会等数家，设备也以胶济饭店为最讲究，取价大概是早餐一元，午餐一元二角，晚餐一元五角，至于旅客住在旅馆内吃饭，另有经济的中西客饭。

这是客居济南的食宿的大概，如果你要出去游览名胜，或是参观机关学校，那么随处可以雇一辆街车去，那些车夫们大多很老实的，他们不会多讨虚价，或是向乘客额外多需索几个车钱，非常和蔼地对待客人，这是山东人仁厚的性格表现。如果你自己步行到各处去，那么也不会感到十分困难，在大街小巷间，随处有警察站着岗，你不谙路径或是迷了路，警察们会详细的把你要去的目的地的路线指引你，有些时候，他们竟会领你一阵，或是交给另一个站岗警士指引你去。济南市的警政办理得十分完善，可称为各大都市的模范，那班警察们都受过特别的训练，他们尽忠着自己的职务，对待一个路人或旅客，都是十分忠诚和客气。所以当一个外乡的旅客到济南去住几天，随处都能感触着山东人一种仁厚的性格，而好像投入故乡一般，感到亲切的滋味。

《济南》

❖ 张军：老济南的相声

相声原产于北京，清末已有朱少文（穷不怕）等在北京天桥撂地演出。其传入济南却是在民国十年左右。据相声老艺人黄景利（系相声门"德"

字辈）回忆：1920年前后，天津著名相声艺人李德锡（万人迷）最早来到济南，在趵突泉望鹤亭茶社演出。1922年北京相声艺人黄金堂（外号黄小辫儿），与其子黄景利，由烟台来到济南，在南岗子广瑜茶园演出。同"穴"演出的还有北京来的周德山（绰号周蛤蟆），他们出场就红，可容百多人的茶园天天座无虚席。当时上演的节目，主要是《夸住宅》《对春联》《五行诗》《六口人》《八扇屏》等。1924年天津相声艺人来福如全家来济，率女儿来小如，儿子来振华、来平岳（小怪物）献艺于大观园共和厅，其中来小如系女相声演员第一次在济演出。小怪物来平岳脸上带相，天生金嗓，技艺精湛，可谓红极一时。再后，相声世家常连安，率了宝坤（小蘑菇）、宝霖、宝霆等由津门来济，与李寿增、王凤山、孙少林等，在新市场演出，也颇有影响。

相声进入济南，立刻受到听众热烈欢迎，吸引得当地不少艺人改操此业，如新市场以演古彩戏法闻名的崔金林及其弟子们，唱"武老二"的杨凤岐等。黄金堂与崔金林交厚，积极传授相声节目及表演技巧。但北京话难以短时间学成，于是济南方言相声便应运而生。出现了崔金林、杨凤岐、吴景春、吴景松（焕文）、刘剑秋、田茂堂、李大成等一批方言相声演员，以新市场为根据地，在趵突泉、国货商场、大明湖北城头等地演出。演出节目除上述诸种外又增添了《黄鹤楼》《汾河湾》等以学唱为主的"柳活儿"。民国二十六年（1937）3月2日的《申报》二版，载有题为《老舍的老师是济南两个说相声的》短文，说"劝业场的吴景春、吴景松，相声说得很有名，老舍是老主顾，几乎天天必到，在此学了一些使听众欢乐的技巧及俏皮话……"寥寥数语，从对作家老舍先生的影响，道出了济南方言相声演员的技艺成熟，并且得到了听众充分的欢迎与认可。

《曲山艺海话济南》

❖ 许介文：去晨光茶社听相声

晨光茶社是按照启明茶社的做法，在济南开办的。地点选在大观园东门内，与原来天丰园狗不理包子铺比邻。原是一家演皮影戏的场所，是大观园恶霸的房产。孙少林租赁后，修缮粉刷，制作桌椅，中间两排是连椅，两边的中间是连椅，前后是长凳，能坐300多人，后犄角还卖茶水（业务繁忙后就不卖茶了）。孙少林特请他师傅、著名相声演员李寿增为老板，负责业务，安排演出。李寿增原是火车司机，后来下海当了专业演员，开办前他让孙少林到天津邀来了著名相声演员刘广文、高桂清、高少亭、冯立章、冯立铎等参加演出，这些都是艺术造诣颇高，在京津颇有名气的演员。这样在晨光就会聚了一支京津济相声艺术汇流、实力雄厚的艺术队伍，于1943年9月开始营业。他们的表演文野相间，雅俗共赏，因而颇受群众欢迎。一炮打响，越演越红。后来又不断充实全国著名演员，形成南北相声演员荟萃之地，其形势真可与北京的"启明"媲美，真个的实现了"晨光"与"启明"南北辉映的原旨。

晨光茶社成立不久就兴盛起来了，它的兴盛，除演员阵容坚强，艺术水平较高以外，济南的历史欣赏习惯与地理条件的优越也是重要原因之一。从历史上来说，济南人民热爱曲艺，地方上曲艺发达，素有"曲山艺海"之称。从地理位置来说，济南地处南北要冲，北邻北京、天津，南接徐州、南京，这些地区都是曲艺繁盛之处，济南恰在其中。当时艺人多属流动演出，京津演员南下、徐宁演员北上，多在济南停留，形成艺术交流中心。因此当时的相声著名演员，大部分都在济南演出过，有的停留时期很久，如被人称为相声泰斗、相声秀才的马三立曾短期演出，著名相声演员刘宝瑞、吉评三、刘广文、袁佩楼、白全福、罗荣寿、郭全宝、高德光、孙宝才、王世臣、高桂清、高笑林、刘中升、姜宝林、连秀全、张宝屿、王长友等也都在此演出。有的相声演员以能到济南晨光演出为荣。

▷　马三立表演相声

演出时门前挂着一个长方形红底的木牌子，上面用白粉子写着"相声大会"。来了著名相声演员时，就用红纸金字写上著名演员的名字，借以宣传并号召观众。进门后，舞台前边的顶端，挂着一溜写着演员名字的小长方形的木牌子，最著名的挂在中央，"相声泰斗马三立"的牌子常常挂在中间，"刘宝瑞""孙少林""刘广文""王长友""王树田"等的牌子，也在近中间处。后来这种挂牌不见了。

演出一般从下午开始，一场接一场，以对口相声为主，掺杂着单口相声、三人相声、快板、数来宝、太平歌词、双簧等，形式多样，演员们如同八仙过海，各显其能，有的段子火爆明朗，有的含蓄深沉，风格各有不同，把观众逗得笑个不停，前仰后合，在笑声中勾勒出一个个人物形象，把人间的一些不良现象和积习流弊，无情地加以嘲弄鞭挞，拿出来示众，呈现出一份警世的活教材。

《晨光茶社一知录》

❖ 王鉴、张友鹍：游艺园与进德会

　　20世纪20年代，济南市经七路纬五路南头的游艺园，即现在的"济南第一机床厂"所在地。60年前，这里原为荒地一片，业主是张振涛，地基是58亩。开始倡议在此兴建游艺园的是苏古农（安徽亳县人）、济南骨粉厂总经理季海泉（上海人）和王盛三（山东周村人）。他们共同集股几十万元，创建游艺园一所，以繁荣济南市场。园内准备建造京剧大戏院、地方小戏院、电影院、文明戏院、大鼓书场、动物园、台球社、高尔夫球场、脚踏车赛车场、中西饭菜馆、茶社等等，用以供市民消遣娱乐之用。苏古农是济南市当时的大资本家，他独资经营的商号很多，如：庆云金店、通济当铺、恒大银号、福源银号等，还兼任"山东省卷烟特税局"的督办。他在原籍还有良田数百亩，堪称济南当时的富翁。军阀山东省督军田中玉依仗权势，强借苏古农150万元，限期交纳。苏因急于筹款，被迫破产离济。由于苏古农已经破产垮台，无力投资入股，筹建游艺园的筹备主任一席位，就落在季海泉的身上。季海泉以经营建筑公司为业，不是百万富翁。他只有将其多年经营建筑所用设备工具和砖瓦石料等全部作价，以及其多年来的积蓄，共凑得15万元。王盛三做小生意出身，虽有大小生意五六十处，但其入股的数目，不过三五万元。再加梨园艺人等凑集少数股金，总计只有20万元左右。因缺少购买地基的专款，乃烦中间人说妥，变购买为租赁。以五年为期限，每年租价为200元整。由季海泉负责设计绘图，按照计划修建落成，呈报股金数字为25万元。于1925年旧历后四月（这年闰四月）二十日剪彩开幕，季海泉任经理，副理贾姓（忘其名字），上海市人。薄苒村系骨粉厂的股东，也是游艺园主要筹备人之一。开幕之日，山东省督办张宗昌偕褚玉璞、潘福等人，同来游艺园，参加开幕式。

该游艺园的经营管理方式是，进门买门票。进入园内后，除饭馆、茶社照价付钱，大京戏院场内的楼座、池座、月台、包厢，另外按照临时规定价格买票外，其他如电影、话剧、大鼓、地方小戏、动物园，以及大京戏院中的边座、普通散座，概不另外收费。每逢新年、春节或元宵之夜，燃放五光十色的焰火。在此期间的门票价格略有增加，但观看焰火，不另外收费。凡属游艺园的工作人员，如经理、副理、庶务、勤杂等人，统由该游艺园的总收入项下，按月发给工资。其他如中西饭菜馆、茶社、照相馆等各种生意，凡属借地生财者，皆按照其占用面积，向游艺园分期交租。动物园的动物如虎、豹、熊、狐狸、蟒、蛇、五爪龙、孔雀，及各种鸟类（都是购自前大总统曹锟的官邸花园）的饲料费及喂养动物的四名专人的工资，由游艺园按月支付400元。

"五三"惨案后，山东省政府迁往泰安，济南暂时成立所谓"维持会"。由于地方秩序混乱，游艺园生意困难，事端纷起。在此期间，《济南晚报》社长郭伯洲，曾发起组织"艺林社"，由社会上几个知名人士和部分艺人短期接管，但对外仍用游艺园的名义。不久，通过谈判，日军撤出济南。先由陈调元，继之韩复榘，先后来济，主持山东全省的军政大计。国民党山东省党部主任委员张苇村到济南后，与郭伯洲关系密切。1933年，由张苇村、何思源、张鸿烈三人，代表山东省党部接收了游艺园。那时季海泉已离济返沪，由游艺园主要筹备人之一薄苇村全权代表，出让了游艺园的全部建筑及设备。表面规定让价为53万元，实际上只给了4.5万元，其中5000元作为游艺园职工们的工资及零星费用，4万元为实际出让的价款。从此，改名为"进德会"。

《解放前济南的游艺园与进德会》

❖ 张成铨: 围棋场上的当年名手

在当时供济南棋手下棋的地方有三个，一个是趵突泉内吕祖庙，内有一道士，叫冷一垂，在庙主持，应付来往士大夫之流，他的棋虽不甚高，但能应付。再一个是朝山街星宿庙和尚本秀，爱好围棋，棋艺尚佳。当时有王子湘、张叔捷、张振卿、李俊民、张星五等常在那里下棋。其中以李俊民为最好，后来李到曲水亭后即成为济南的高手。另一个是曲水亭茶馆，这是济南最大的围棋活动场所，全国驰名，历代济南名手多出于此。在茶馆下棋的人，大多是济南的好手，那时老一辈的徐慧生、王衡秋已退出棋坛，王湘岑和吴志宣就成了济南的名手。不久，李俊民也以青年棋手挤入他们的行列，称为济南"三杰"。这时北京的屠又新来到济南，屠的棋艺甚高，与王、吴的对局皆胜，李后到，与屠下了一盘，结果李大败，竟输了30余子。这时，王湘岑忽然对屠说，李的棋是否稍差，可能得让二子，屠说是稍差一些。

▷ 下围棋

李听后气愤之极，又不好发作，就向屠要求再下一盘，这一局李胜，以后，李又对屠下了十几盘棋，屠竟一盘没赢，李获大胜。这可说是一激之下李的棋突然跃进，随成为济南的最好手，超出王、吴之上。但王不服，对李的棋总有些批评之处，李非常不满，向王挑战，提出下十盘决战棋，并下大彩（一元一子），十盘以三七决胜负，胜七盘者即永执白棋。征得王的同意后，于1933年春开始了这场决战。一上来王连胜两盘，王甚高兴，观棋者这时对李说，这十盘棋恐不易取胜了。李那时气焰正盛，听了后笑着说，别看我连输两盘，以后八盘棋我顶多再负一盘也有把握连胜七盘，取得胜利。李这样夸口，王都听见了，王也很气愤，但考虑大敌当前，要谨慎从事，不能做无谓的口舌之争。随后向李提出要求两天下一盘棋，一天一盘时间不够用。实际上是想先下半盘后，回去复盘研究，以便找机会获胜。这样能下得仔细一点，以免应了李的大话。他以为李不会答应，但李毫不迟疑地答应了。这十盘棋，下了半年多，结果应了李的预言，李果然以七胜三负的成绩获胜。王负了这局棋后，竟息影棋坛不再下对手棋了。可见当年老棋手对名誉的争夺是很激烈的。直到解放后王湘岑又回到济南，重新开始了棋艺的生活。从那以后，李成为济南的名手（称雄棋坛达二十余年）。

《济南围棋百年史话》

❖ 张成铨：上海棋手VS济南棋手

1932年上海围棋名手张衡甫到济南探亲，来到曲水亭茶馆，访问济南棋友时，曾发生了一个趣闻。有一天，忽然来了一个年轻学生模样的人，来室饮茶，倒上茶后，就听他问济南有没有围棋好手，主人答复说有，但时间尚早，还没有来。他要求主人给他介绍一下，主人立即派人去找李俊民（因李当时是济南的最高手）。这时茶馆里已来了很多下棋的人，内中有一个姓于的（当时李让五子），问青年来客要求下一盘，这人慨然允诺，于执黑棋先走，终局于胜数子。这时李已来到，棋室主人当即对来人介绍说，这位先生就是李俊民，是我们这里的高手。又对李说：这位先生是从外地来的，想会会济南的棋友，你们二位可下上一盘吧！这时于就介绍说，这位李先生是济南的高手，让我五子，刚才我与你下了一盘，可能你比我稍强一些，就请李先生让四子吧。说完，就把白棋从来客的那边拿过来，放到李一边，又把黑子放在来客的那边，并替他在棋盘上放上四个黑子，说你们开始下吧。但是来客没答话，也不说下，僵持了有五六分钟。李一看情况不对，立即把棋盘上的黑子取下放入盒内，并把黑子拿过来，把白棋让给对方，不料对方毫不客气地就把白子接了过去（按我国古代和现代的下围棋规矩，总是要把白棋让对方，下第一子时要下在对方的左上角，这是下棋的礼节，日本也如此），这样，来客就显得不够谦虚了。李有点不高兴，认为对方太傲慢，但也不好说别的，只好执黑棋先走。结果李大败。这时来客出去解手，李对看棋的人说，这人杀棋比我力量大，拼杀我不行，下一盘我采取守的办法看如何。但第二盘李又输了，这才请问来客姓名及从何处来。来人说，我叫张衡甫，从上海来。大家一听吃了一惊。

《济南围棋百年史话》

❖　张利、金之勇：摔跤之城

民国前，山东人摔跤，土名叫"摸泥鳅"，因对摔时不穿跤衣，出汗后，上肢和躯干均光滑难以抓握，故得此名。民国四年（1915），北洋政府官员马良（名子贞）任山东督察使，在他倡导下，成立了山东武术技击队，面向全国聘请各派名师任教，后改名"山东武术传习所"（场址设在皇亭内），这是我国近代最早的一所官办武术专科学校，向全国推动中华新武术科目。应聘之名师有：保定摔跤宗师张凤岩，沧州"铁拐子"王振山，以及马庆云、王子平、李大德、王福章等摔跤名家，传授摔跤法。诸位名师在此合编了《摔跤科》一书，后被中央国术馆采用为正式教科书。书中将中国式摔跤定为二十四式，分上、中、下三把，每式多按四个动作组成，左右式均练，结合武术基本功训练灵巧；配合三十六种器械训练力量，使中国跤术走向了科学系统化。诸位名师还给济南地区培养出很多摔跤高手，普及了这项运动的发展，为济南摔跤运动争霸全国跤坛，打下了坚实的基础。张凤岩在技击队中挑选了4名少年作为重点培养，他们是杨法武、法仙洲、黄成玺、彭寿惠。当时人们称他们为武坛上的"四大小孩"（即小武术、跤术家）。"武术加跤，越练越高"，几年后，他们技艺超群，跤坛难逢对手，又称北方跤坛上的"四大金刚"。王振山在济南培养的跤手最多，并且也选中张孝太引为入室弟子重点培养。数年后，这位爱徒即在全国跤坛上常胜不败，名扬大江南北。

1928年10月，南京举办了第一届国术国考，取前15名为最优等获得者。全国几百名武林精英，经过半月异常激烈的争夺，杨法武、杨松山、马裕甫3名济南回族武术、摔跤、技击家名列金榜。杨法武获金榜后，被中央国术馆定为一级教授，留馆任教。1930年随张之江（国术馆长）访日时，在东京皇家操场，当着天皇的面，接连摔败了4名日本柔道高手，其中一名是打遍12国无敌手的佐藤次郎，弘扬了国威。

1929年10月，杭州举办了全国第一次武术擂台赛，取前10名为最优等奖获得者，各路武林名家云集于此，经各门派实际较量，宛长胜、张孝才两名济南回族武术专家，以其无可争议的精湛技艺，力挫群雄，又是金榜题名。

法仙洲在济南清真北大寺设场开班授徒，培养了张登魁、杨春智、宛典文等名徒。1933年秋，张登魁在南京举办的第五届全运会上获得亚军，杨春智获第四名，同年，张登魁参加第二届国考，他年仅22岁，击败了跤坛称霸多年的名将阎善益，摘取了全国桂冠。新中国成立后张登魁任广州体院教授，中国武术、摔跤、举重协会副主席等职。宛典文也成为深有影响的一代名师。

▷ 民国摔跤高手

　　前南京中央国术馆，创办于1927年（馆长张之江，副馆长李景林），是我国武术界最高学府，也是各派武术家荟萃之地。曾在这个高等学府任教、学习过的济南武术界前辈，据不完全统计，有于振声、马金镖、杨法武、杨松山、马裕甫、张孝才、张登魁、杨春智、周子和等名家。抗战前，全国各省、市、县、区设有国术馆、社等组织，当时，规模较大的运动会均设摔跤一项。全运会、国考大赛、擂台大赛、华北运动会，摔跤是最盛行、竞技最激烈的比赛项目。自民国初，至七七事变，20多年间济南地区获得省考优等奖及省级、全国级冠军以上者，除了以上提到的，还有崔凤岐、张孝田、赛标、马永魁、杨丰玉、马清河、金胜利、金增孝、谢得标、马鸿志、李振西、左锡五、马杏田、王传恩、李胜章、李传忠等武坛名将，均威震一时，与北京的宝善林、沈友三、张文山、单士俊、熊德山，天津的张魁元、阎士风、张连生、穆祥魁、刘少增、卜恩福，保定的常东升、常东起、常东如、常东坡、马文奎、石乃堂、尹世杰等一大批跤坛名将争霸跤坛。形成了以此四地市跤术家为主要对手，在全国各大赛上，四地市各有胜负的鼎立局面，"四大跤城"也由此而来，流传至今。

　　就此所述，足见济南市武术与摔跤运动有着广泛的群众基础，技术水平是全国一流的，得到了国内外体育界的公认。在旧中国苦难的岁月里，我们的前辈们为强国、强种、弘扬民族体育，历尽千辛万苦，取得辉煌的成绩，同时也为现代武术、跤术的发展与提高做出了巨大的贡献。

《"跤城"济南的由来》

❖ 刘金生：打乒乓

乒乓球运动，20世纪30年代初在济南市尚处于萌芽阶段。参加这项活动的人，大部分是机关职员和学生，人数比较少，没有什么球队组织，也没有单位或个人出面组织比赛，只是同事、同学或朋友们聚在一起，打打球消遣而已。

公共活动场所有两三处，皇亭体育场阅览室内有副球台，贡院墙根民众教育馆游艺室内也有球台，还备有围棋、象棋，免费供给使用，不过球和球拍都是自备的，普利门外基督教青年会前大厅有台球，也有乒乓设备，少年部也有，并有灯光设备，晚上也可以活动，但要按小时计付台球租用费。这三处地方，经常有人参加活动，使用的球拍，有独木的球拍，也有三层或五层胶合板球拍。当时一般使用盾牌乒乓球。

计分方法最早是四个球为一局，三平以后，一方须连胜两分才算胜利。随后改为六个球为一局，五平以后连胜两分为胜利。双方轮流发球，每人每次发一个球。1935年前后改为11个球为一局，双方轮流发球，每次发五个球，十平以后连胜两分才算胜利。这种计分法，一直延续至1953年，以后才改为21个球为一局，直到现在。当时是清一色的直握球拍，在山东一直到50年代后期，才有了横握球拍的乒乓选手。

1935年前后，喜欢打乒乓球的人，逐渐多起来了，部分乒乓爱好者，会同青年会发起组织成立了"济南市乒乓联合会"（以下简称乒联）这样一个群众性体育组织，会址设在青年会，由该会干事刘宜生、赵亚民以及乒乓爱好者刘金镛、叶纪梅等人具体负责。自从"乒联"成立以后，济南市一切乒乓球比赛，均由"乒联"组织安排。经常参加乒乓活动的人，大都是"乒联"会员，会员练球，折半价收费，以示优待。技术水平较好的球手，都集中在青年会，自由结合组成若干球队，如学生中有"小毛队"（队长康学曾），成年人中有"紫燕队（队长刘金镛）、"白蜂队"（队长叶纪梅）。技术水平较高的球手是刘金镛、叶纪梅等人。

每逢春秋季节，"乒联"便在青年会开展活动，组织各队比赛，青年会免费提供比赛场所。团体比赛都采用5—7人的对抗赛。参赛人员轮流担任裁判。当时以紫燕队和白蜂队较强，主要打法是左挡右攻。

当时球台台面两方，各沿球台两边以及靠近球网的一方，距边沿约10厘米处，画有一条白线，各成"Ⅱ"形，叫界外线。发球方必须将球发在对方球台的白线以内，否则属界外球，被判失分；因此发球方势必被动，尤其是当时尚处在木板时代，都使用木板球拍，发球基本不旋转，所以开球抢攻的打法很少见，由于对接开球方有利，接开球抢攻的打法反而较多。

运动器械的革新换代，有关竞赛规则的增删修订，对于各项运动战略战术的运用，以及技术的提高和发展，起着决定性的作用。例如乒乓球台上那条白线如不取消，那么开球抢攻的打法肯定会受到很大的影响，球拍如仍停留在木板时代，那强有力的弧圈球就很难问世了。

正式比赛采用五局三胜制：比赛使用连环牌乒乓球，这种球分01和02两种。01是硬球，是国际比赛公认标准用球，02是软球，是国内比赛标准用球。这两种球都是国产品，是上海乒乓球厂制造的，质量良好。

约在1935年左右，青岛乒乓球代表队一行7人，利用休假机会，在名手颜世俊率领下，长途跋涉来到济南。颜是远台左右开弓打法，命中率高，力量大，接开球抢攻打得好。其次是司书栋，他远台削球稳健，步伐灵活，身手不凡。此外尚有关同椿等一些队员，都各有千秋。他们抵济后下榻青年会招待所，由青年会"乒联"接待。他们不顾旅途疲劳，当晚就与济南队挥拍练球，交流经验。第二天，济南组成联队迎战青岛队。比赛地点在青年会前大厅。因济、青两地乒乓队是首次交锋，所以吸引了很多观众，拥挤在大厅内观看比赛。刘宜生、赵亚民临场担任裁判。青岛队出场队员有颜世俊、司书栋等五位高手，济南联队也派出了刘金镛、叶纪梅等五员大将应战。采取五人对抗赛，每场五局三胜。两队短兵相接，打得十分精彩，博得了观众阵阵掌声。颜、司二位，果然名不虚传，打来得心应手，先声夺人，连战皆捷，分别战胜了济南好手叶纪梅和张成纲。济南名手刘金镛等二人，虽夺回两分，但为时已晚，客队终以3比2战胜了济南联队。

▷ 打乒乓球

济南队虽然输了，但两队技术水平差距不大，基本接近。不过颜、司二位确有独到之处，他们训练有素，技高一筹，因此占了上风。

这场比赛对于我市乒乓运动的开展起到了一定的推动作用，尤其是对青年一代启发很大。在战略战术方面，以及进攻和防守技术方面，济南乒乓爱好者都学到很多东西，同时也引起了广大观众对乒乓运动的浓厚兴趣。

《三十年代济南市乒乓运动概况》

图书在版编目（CIP）数据

老济南 /《老城记》编辑组编 . — 北京：中国文
史出版社，2018.4

ISBN 978-7-5205-0176-7

Ⅰ . ①老… Ⅱ . ①老… Ⅲ . ①文化史—济南 Ⅳ .
①K295.21

中国版本图书馆 CIP 数据核字（2018）第 053678 号

责任编辑： 张春霞 牛梦岳

出版发行：**中国文史出版社**

社　　　址：北京市西城区太平桥大街 23 号　　邮编：100811

电　　　话：010-66173572　66168268　66192736（发行部）

传　　　真：010-66192703

印　　　装：北京地大彩印有限公司

经　　　销：全国新华书店

开　　　本：710mm×1010mm　1/16

印　　　张：18.25　　字数：270 千字

版　　　次：2018 年 5 月第 1 版

印　　　次：2018 年 5 月第 1 次印刷

定　　　价：52.80 元